KOTRA 자료 25-095

2026
한국이 열광할
세계 트렌드

2026 한국이 열광할 세계 트렌드

Vol. 15

KOTRA가 엄선한 비즈니스 게임 체인저

KOTRA 지음

SIGONGSA

프롤로그

AI가 불러오는
기회의 파도를 탈 때다

    2025년 1월, 미국 라스베이거스에서 개최된 CES 2025 현장에서 글로벌 기술 트렌드를 선도하는 한국 기업의 열정을 느끼고 돌아왔다. 미국, 중국 다음으로 가장 많은 기업이 참가한 한국은 미국 소비자 기술 협회가 수여하는 CES 혁신상 중 절반에 달하는 166개를 휩쓸었다.

    15주년을 맞는 《2026 한국이 열광할 세계 트렌드》 출간을 준비하며, 현장에서 만난 우리 기업을 떠올렸다. 혁신 역량을 성과로 이어 가기 위해 변화하는 글로벌 트렌드를 정확히 읽어 내고 발맞춰 나가는 것이 무엇보다 중요한 시기다.

    이에 KOTRA는 《2026 한국이 열광할 세계 트렌드》에서 해외 무역관이 포착한 30개의 글로벌 혁신 사례들을 소개한다. AI와 스마트 의료, 에너지 경제를 망라하는 최신 트렌드들은 우리에게 창의적인 영감을 주기에 충분할 것이다.

각 사례는 AI가 전 산업으로 확산되고, 여러 기술과 융합되는 현장을 보여 준다. AI는 헬스 케어 기술과 만나 개인 맞춤형 치료를 가능하게 하고, 접근성 기술과 융합하여 작업이나 일상 생활을 편리하게 하는 역할도 수행한다.

AI 혁신은 더욱 빨라질 것이다. 우리도 그 흐름에 올라서야 한다. 아무쪼록 쏟아지는 기술 혁신의 파도를 타고 우리 기업이 기회의 바다로 나아가는 데 이 책이 유용한 길잡이가 되기를 바란다.

2025년 9월,
KOTRA 사장 강경성

차례

프롤로그　AI가 불러오는 기회의 파도를 탈 때다　　　　　　　　　　04

TREND REPORT 1
인간과 기계를 이어 주는 AI 시대

인간을 닮은 로봇이 재정의하는 평범한 일상　▶ 시카고　　　　11
휴머노이드 로봇 혁명의 선두주자　▶ 토론토　　　　　　　　　23
스마트폰부터 자동차까지, 불 꺼진 공장의 혁신　▶ 베이징　　　35
최대 보상금을 산정해 주는 법률 인공지능 서비스　▶ 뉴욕　　　52
인공지능 로봇이 진단하고 원격으로 수술하는 시대　▶ 선전　　63
스포츠를 더 깊이 이해하게 만드는 인공지능　▶ 뉴델리　　　　79
인간과 기계의 경계를 허무는 뇌-기계 인터페이스　▶ 청두　　　89

TREND REPORT 2
스마트 의료 기술로 건강도 설계하는 시대

올인원 알레르기 테스트　▶ 빈　　　　　　　　　　　　　　　101
라이프 스타일이 된 자가 건강 진단　▶ 로스앤젤레스　　　　　112
움직이는 캐스트 골절 치료　▶ 코펜하겐　　　　　　　　　　　125
정확한 분석으로 완치 확률 높이는 AI 암 진단 설루션　▶ 파리　135
병원에 도입된 인공지능　▶ 청저우　　　　　　　　　　　　　148
마음 먹은 대로 살 수 있는 세상을 꿈꾸는 기업　▶ 실리콘 밸리　161

TREND REPORT 3
지구를 치유하는 에너지 경제학 시대

뜨거워지는 지구, 마지막 1도를 되돌리려는 노력 ▶ **실리콘 밸리**	**177**
기후 위기 시대, 나무 심는 법 ▶ **부쿠레슈티**	**189**
에너지 절감도 되고 하늘도 볼 수 있는 반투명 지붕 ▶ **프라하**	**204**
탄소 중립 건축의 미래, 태양 전지 창문 ▶ **타이베이**	**217**
커피 향기 따라 자라는 버섯의 기적 ▶ **브뤼셀**	**232**

TREND REPORT 4
대자연, 우주와 인간이 소통하는 시대

인공지능이 지키는 우주의 안전 ▶ **리스본**	**247**
우주 탐사 로봇 제어를 위한 프로젝트 ▶ **뮌헨**	**264**
작은 위성이 만든 커다란 변화 ▶ **시드니**	**278**
야생어 번역기가 확인시켜 준 공존 가능 ▶ **취리히**	**292**
자연을 닮은 로봇 벌 ▶ **프랑크푸르트**	**308**

TREND REPORT 5
따뜻한 감성과 혁신 기술이 조우하는 시대

시각 장애인의 새로운 동반자 ▶ **홍콩**	**325**
인간 이동의 한계를 넘는 발걸음의 진화 ▶ **시카고**	**340**
스마트 의수로 회복하는 일상 ▶ **멕시코시티**	**350**
초고령 사회의 간병 혁신, 스마트 배설 케어 ▶ **후쿠오카**	**361**
글로벌 패션 테크 혁명, 맞춤 의류 시장의 새로운 미래 ▶ **밀라노**	**372**
침대부터 우주까지, 당신의 몸을 읽는 스마트 셔츠 ▶ **밴쿠버**	**382**
시간은 없지만 노래는 부르고 싶어, 사비카라 ▶ **도쿄**	**393**

15주년 기념 에필로그 '한국이 열광할 세계 트렌드'가 예측한 비즈니스 트렌드	**405**

Human-
Machine
Convergence

Humanoid Robot

인간과 기계가 그 어느 때보다도 가까워진 시대, 코트라가 주목한 첫 번째 글로벌 트렌드는 인공지능이다. 인공지능 기술이 발전하면서 로봇 기술 진화 속도가 가속됐고, 로봇과 결합한 인공지능은 인간과 기계의 새로운 협업 형태를 만들어 냈다.

미국의 상해 전문 법률 인공지능, 중국의 무인 24시 공장 다크 팩토리, 원격 수술 로봇 등 새로운 기술들은, 제조업을 넘어 전문 영역으로 AI 로보틱스의 범위를 확장시킨다. 독자 여러분과 만나는 이 첫 번째 리포트에서는 인공지능과 기계가 산업 내에서 어떻게 발전하고 인간과 융화되는지를 다양한 비즈니스 사례를 통해 소개한다.

TREND REPORT 1

인간과 기계를 이어 주는 AI 시대

인간을 닮은 로봇이
재정의하는 일상

시카고

▶▶ 가사 도우미 로봇 헬릭스

바쁜 일상 끝에 밀린 집안일을 보며 한숨을 쉬어 본 경험이 있을 것이다. 지친 몸을 이끌고 설거지, 청소, 정리까지 해야 하는 현실 속에서 문득 이런 생각이 든다. '내가 두 명이면 얼마나 좋을까?' 이어서 이런 생각도 해 본다. '누군가 내 머릿속을 읽고 집을 척척 정리해 주면 좋겠다.' 이제 이런 상상은 먼 미래의 이야기가 아니다.

휴머노이드 로봇 전성기가 머지않을 것으로 예상된다. 그동안 SF 소설과 영화 같은 허구의 세계에서만 존재하던 로봇들이 현실 세계에서 활약해 인류의 역사를 서서히 변화시키고 있기 때문이다.

과학 기술의 일부는 인간이 힘들어하는 작업을 대신 수행하여, 여유와 편리함을 제공하는 방향으로 진화할 것이다. SF 작가 요안나 마치에예프스카는 2024년 초 X(구 트위터)에서 "인공지능$_{\text{Artificial Intelligence,}}$ $_{\text{AI}}$이 내 세탁과 설거지를 해 주면 내가 예술 활동과 글쓰기를 할 수 있을 테지"라는 게시물을 올렸고, 이는 300만 뷰와 10만 개 이상의 '좋아요'를 얻으며 많은 이들의 공감을 받았다. 그리고 2024년에 피규어 AI$_{\text{Figure AI}}$라는 기업은 설립된 지 불과 2년도 채 되지 않았던 시점에 휴머노이드 로봇을 위한 자금으로 6억 7,500만 달러(약 9,450억 원)를 모금하며 화제가 되었다.

피규어 AI는 미국의 로봇 개발 기업이다. 2025년 2월, 차세대 휴머노이드 로봇 헬릭스$_{\text{helix}}$를 공개했다. 헬릭스는 인간과 유사한 방식으로 환경을 인식하고 행동하는 시각-언어-행동$_{\text{Visual-Language-Action, VLA}}$ 모델 기반의 로봇이다. 다시 말해, 헬릭스는 주변을 보고$_{\text{vision}}$, 상황을 이해하고$_{\text{language}}$, 행동하는$_{\text{action}}$ 로봇이다. 가전제품처럼 사전에 설정된 프로그램만을 따르지 않고 사용자의 요청을 실시간으로 이해해 능동적으로 작업을 수행한다. 단순한 청소 로봇을 넘어 가사 노동 부담을 덜어 주고, 고령화 사회에서 돌봄 서비스를 제공할 수 있고, 상업 공간 정리도 할 수 있다. 심지어 다른 로봇과의 협업까지 가능하다.

피규어 AI는 2022년에 피규어 01$_{\text{Figure 01}}$을 물류와 창고 작업을 지원하는 첫 번째 모델로 출시했다. 이후 디자인과 성능을 향상시켜 2024년에 피규어 02$_{\text{Figure 02}}$를 공개했다. 피규어 02는 인공지능 기반 자연어 처리 기능을 탑재해 사람과 자연스럽게 대화할 수 있다. 이 기능은 인공지능을 활용해 인간의 언어(자연어)를 이해·분석·생성하는 기술이다. 이 로봇에 새롭게 설계된 로봇 핸드는 총 16가지의 자유로운 움직임을 구사하는 16 자유도를 갖췄고, 물체는 최대 25kg까지 정교하게 운반할 수 있다. 현재 이 로봇은 사우스캐롤라이나주의 BMW 공장에서 테스트를 진행하며 실사용 데이터를 축적하고 있다. 이러한 기술의 연장선에서 개발된 헬릭스는 우리 실생활 속 인간의 새로운 동반자로 자리 잡을 준비를 하고 있다.

▶▶ 제로샷 학습과 협업 능력

피규어 AI는 2022년에 설립된 로봇 스타트업이다. 설립 초기에는 오픈AI OpenAI와 협력해 인공지능 기반 휴머노이드 로봇을 개발했다. 그러나 2024년에는 오픈AI와의 협업을 중단했다. 기존의 오픈AI 모델인 지피티-4 GPT-4와 달리 DALL·E가 언어와 이미지 생성에는 강점을 지녔지만, 로봇이 실시간으로 판단하고 움직이게 하는 데에는 한계가 있다고 판단했기 때문이다. 이후 피규어 AI는 독자적인 헬릭스 시스템을 개발했다. 그리고 로봇이 스스로 환경을 이해하고 행동할 수 있도록 설계했다. 단순함을 넘어서 현장을 학습하고 스스로 판단하여 인간을 돕는 협업 능력을 끌어올리기 위함이다.

피규어 AI가 개발한 피규어 02 이전의 상용화된 산업용 휴머노이드 로봇은, 출시 전 프로그래밍된 작업만 수행할 수 있었다. 즉, 사전에 입력된 데이터를 바탕으로 특정 환경에서만 작동하도록 만들어졌기 때문에 반복 작업을 효율적으로 수행할 수는 있으나, 새로운 작업을 수행하려면 별도의 프로그래밍이 추가로 필요했다. 이와 달리 헬릭스 시스템을 적용한 휴머노이드 로봇은 주변 환경을 스스로 알아차리고 판단해 움직일 수 있도록 설계되었다. 가장 큰 차별점은 헬릭스가 주변 환경을 인식해 다양한 사물을 능숙하게 다루고, 인간과 동료처럼 소통하며 협력할 수 있는 생각하는 로봇이 되게 한 데 있다.

이 특징은 헬릭스가 지닌 제로샷 학습 zero-shot learning 능력에서 잘 드러난다. 제로샷 학습이란, 인공지능이 학습 데이터에서 직접 본 적 없는 새로운 대상을 곧바로 인식해 처리할 수 있는 능력이다. 가령 주어진 명령에만 따르는 수동적인 로봇은 새로운 물건을 인식하기 위해 그 물건에 대한 수많은 사진을 축적해야 한다. 하지만 제로샷 학습 능력을 갖춘 헬릭스는 프로그래밍되지 않았거나 한 번도 본 적 없는 물건을 마주하더라도, 그 물건에 대한 설명만 듣고 추론하여 그것이 무엇인지 파악할 수 있다. 인간이 유추하듯 헬릭스 역시 본 적 없는 대상을 알고 있는 사실들을 바탕으로 추론하고 이해하는 것이다.

따라서 헬릭스는 사전에 학습하지 않은 새로운 물체도 즉각적으로 인식하고 다룰 수 있다. 그렇기 때문에, 처음 본 가정용 주방 기구라도 직관적으로 용도를 파악해 선반에 차곡차곡 정리할 수 있다.

앞서 설명한, 인간과 유사한 방식으로 환경을 인식하고 행동하는 시각-언어-행동 기반의 기존 로봇이 사람의 동작을 흉내 내는 그리퍼 gripper 기능에 초점을 맞췄다면, 헬릭스는 35가지의 자유도를 활용

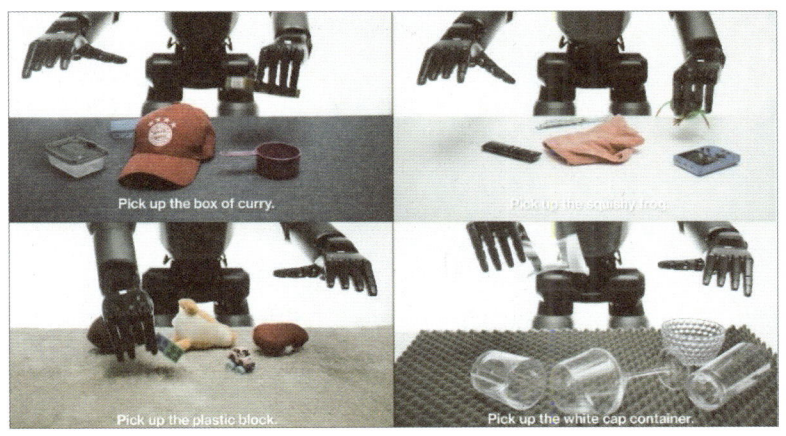

자연어를 이해하고 물건을 집는 헬릭스   출처: 피규어 AI 웹사이트

해 손가락·손목·머리·상체까지 유기적으로 움직인다. 헬릭스는 보다 더 부드럽게 인간과 유사한 수준으로 움직일 수 있다.

나아가 단독으로 작동하는 것을 넘어 헬릭스 여러 대가 서로 협력함으로써 더 복잡한 작업도 수행할 수 있다. 예를 들어 한 로봇이 "오른쪽 로봇에게 컵을 건네줘"라는 명령을 받으면, 다른 로봇이 이를 받아 적절한 위치에 보관하는 팀워크가 가능하다.

무엇보다 헬릭스의 가장 큰 강점은 자연어 이해 능력이다. 사용자가 "디저트와 관련된 물건을 찾아서 치워 줘"라고 하면, 헬릭스는 주변을 탐색한 후 테이블 위의 쿠키 상자나 컵케이크 장식 등을 찾아 정리할 수 있다. 인간의 언어를 이해하고 의도를 파악하는 헬릭스의 능력은, 문제를 함께 해결할 수 있는 진정한 동료로서의 가능성을 보여 준다.

또한 헬릭스는 단 500시간만 고품질 데이터 학습을 하면, 인간 수

마트에서 구입한 식재료를 정리하는 헬릭스　　　　　　　　출처: 피규어 AI 웹사이트

준으로 물체를 조작할 수 있다. 이는 기존 시각-언어-행동 기반 모델들이 방대한 학습 데이터를 필요로 했던 것과 비교했을 때 상대적으로 적은 데이터로 높은 성능을 구현했다고 볼 수 있다. 때문에 인공지능 로봇을 개발하는 현장에서는 효율적인 인공지능 학습의 새로운 지평을 열었다고 평가받는다.

　헬릭스는 새로운 작업을 위해 별도로 학습시키거나 세부 조정을 거치지 않더라도 단일 신경망 모델을 활용해 여러 가지 작업을 처리할 수 있다는 장점도 있다. 문을 여는 법을 알고 있는 로봇에게 물건을 집으라는 명령을 내리더라도 따로 학습할 필요 없이 효과적으로 작동할 수 있다는 의미다.

　헬릭스의 활용 범위는 가정 내 물건 정리와 청소뿐만 아니라, 물류창고·제조업·서비스업 등 다양한 산업으로 확장될 전망이다. 이는 헬릭스가 미래 산업 현장에서 핵심적인 역할을 수행하는 상업용 로봇으로 발전할 수 있음을 보여 준다. 코트라는 이번 취재를 통해, 헬릭스가 일과 가정이라는 우리 일상에 파고들어서 새로운 생활 방식을 제시할 가능성을 엿볼 수 있었다.

헬릭스는 자동화 기기의 수준을 넘어 인간과 함께 움직이며 보조하는, 새로운 동반자로 자리 잡을 준비를 마쳤다. 인간과 로봇의 관계를 재정립하고, 더욱 효율적인 미래를 향해 발걸음을 내딛는 중요한 전환점이 될 것이다.

▶▶ 폭발적 성장이 기대되는 휴머노이드 로봇 시장

글로벌 시장 조사 기관인 포춘 비즈니스 인사이트Fortune Business Insights는, 전 세계 휴머노이드 로봇 시장 규모가 2023년에 약 24억 3,000만 달러(약 3조 5,235억 원)였으며, 2032년까지 연평균 약 45.5%씩 성장하여 약 524억 달러(약 76조 원)가 될 것으로 예상했다. 골드만삭스Goldman Sachs는 인공지능의 급속한 발전이 휴머노이드 로봇 시장의 성장 가능성을 높인다고 분석했다. 인간이 직접 프로그래밍 해야 했던 작업을 인공지능을 활용한 자율 학습 모델로 대체하게 되면서 로봇이 더 다양한 환경에 빠르게 적응할 수 있게 되었기 때문이다. 특히 로봇용 대형 언어 모델Large Language Model, LLM 개발이 이러한 변화를 주도하고 있으며, 공장 외부에서도 활용할 수 있는 범용 로봇 개발이 빨라지고 있다.

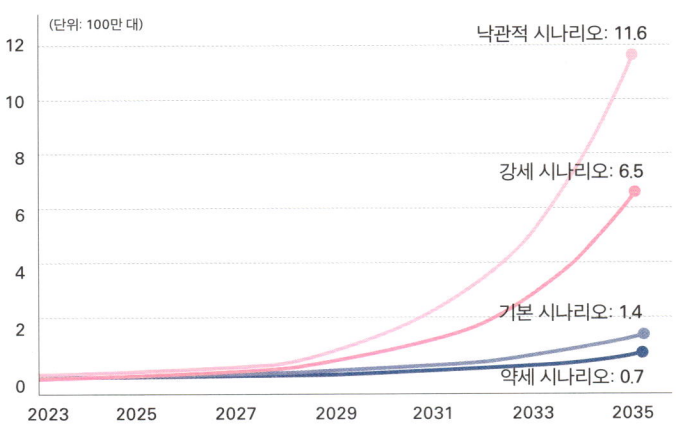

산업용·소비자용 휴머노이드 로봇 글로벌 출하량 전망

- **낙관적 시나리오**: 가장 긍정적인 전망을 반영하는 경우. 시장이 최대한 성장할 것으로 예상.
- **강세 시나리오**: 비교적 긍정적인 전망. 시장이 강한 성장세를 보일 가능성이 높은 경우.
- **기본 시나리오**: 일반적인 예측치. 평균적인 성장 가능성을 반영.
- **약세 시나리오**: 보수적인 전망. 시장 성장 가능성이 낮거나 제한적인 경우.

출처: 골드만삭스

휴머노이드 로봇의 부품 가격 인하로 제조비도 예상보다 낮아지고 있다. 2023년에는 1대당 5만 달러(약 7,000만 원)에서 25만 달러(약 3억 5,000만 원) 수준이었지만, 현재는 40% 저렴한 3만 달러(약 4,000만 원)에서 15만 달러(약 2억 1,000만 원)다. 골드만삭스 리서치팀은 이러한 비용 절감이 공장 내 로봇 도입 시기를 1년 앞당기고, 일반 소비자 시장 진입도 2~4년가량 가속할 것으로 내다봤다. 따라서 2030년까지 약 25만 대가 출하될 것으로 예상된다. 장기적으로는 연간 100만 대 이상 판매될 가능성이 있다고 전망했다.

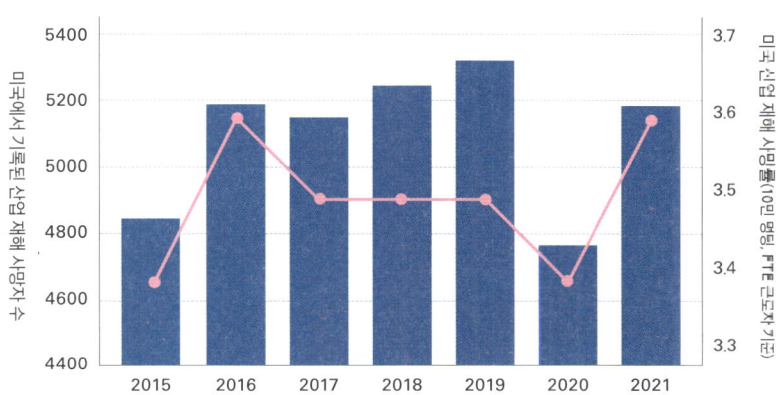

- FTE Full-time Equivalent 근로자: 보고된 근무 시간을 기준으로 산출된 전일제 근로자 환산 수치 (2,000시간 근무 =1FTE)

출처: 골드만삭스

휴머노이드 로봇은 특히 "위험하고, 더럽고, 지루한dangerous, dirty, dull" 작업을 수행하는 데 적합하기 때문에, 자동차 제조, 광산 작업, 재난 구조, 원자력 발전소 유지·보수, 화학 제조 등 고위험 산업에서 수요가 높을 것이다. 사람들이 기피하는 위험한 작업을 대신 수행할 수 있는 로봇에 대한 고객들(기업들)의 지불 의사가 높은 만큼, 해당 산업에서 로봇의 활용 가능성은 더 빠르고 넓게 변화할 것이다. 이에 더해, 노동력이 부족한 산업에서 인력 대체 역할을 할 수도 있으므로 장기적으로는 다양한 분야에서 도입이 확산될 것으로 전망된다.

▶▶ 세상을 변화시킬 휴머노이드 로봇

혁신적인 휴머노이드 로봇의 상용화로 주목받는 또 다른 기업이 있다. 노르웨이 모스와 미국(캘리포니아주 서니베일)에 사무실을 둔 1X 테크놀로지스1X Technologies라는 로봇 회사다.

1X 테크놀로지스는 2025년 2월 21일에 가정용으로 설계한 휴머노이드 로봇 네오 감마Neo Gamma를 공개했다. 네오 감마는 내장된 첨단 인공지능을 통해 스스로 작업을 판단하고 처리하며, 진공 청소, 옷 정리, 커피 만들기 등 여러 일상적인 작업을 수행한다. 인간의 평균 키인 약 167cm에 무게 약 30kg다. 크기가 달마시안 정도 되는 가벼운 디

청소기를 돌리는 네오 감마　　　　　　　　　　　　출처: 1X 테크놀로지스 홈페이지

자인에도 불구하고, 네오 감마는 자기 무게 2배에 달하는 무게인 약 70kg을 들어 올릴 수 있다. 심지어 약 20kg을 운반하며 최고 속도 약 12km/h로 달릴 수도 있다.

네오 감마는 인간의 동작 캡처 데이터를 바탕으로 훈련받았기 때문에 쪼그려 앉기, 의자에 앉기, 자연스러운 팔 흔들기 등이 가능하며, 사람과 비슷한 걸음걸이도 구현할 수 있다. 소재에서도 다른 로봇들처럼 딱딱한 재질 대신 니트로 제작됐기 때문에 더욱 부드러운 촉감과 유연성을 제공한다는 점이 다른 제품과 차별화된 특징이다.

▶▶ 휴머노이드 로봇의 과제와 미래

휴머노이드 로봇 개발은 여러 다른 회사들에서도 활발히 이루어지고 있다. 밴쿠버에 기반을 둔 생추어리 AI$_{Sanctuary\ AI}$는 피닉스$_{phoenix}$라는 휴머노이드 로봇을 개발 중이다. 이 로봇은 사람과 유사하게 세상이 돌아가는 방식을 이해하고 다양한 상황에 대처할 수 있도록 설계되고 있다.

우리는 이번 취재에서 이 회사의 전 CEO인 조디 로즈$_{Geordie\ Rose}$가 "인공지능 기술의 급속한 발전이 휴머노이드 로봇 개발을 가속하고 있다"고 강조했음을 알 수 있었다. 실제로 피닉스 개발을 위해 가상 환경에서 수백만 번의 반복 테스트를 수행했고, 특정 작업을 완벽하게 마스터했다고 판단되면 실제 환경에서 이를 실행해 보도록 명령해 로봇의 정확성을 높였다고 한다.

그렇다면 휴머노이드 로봇 개발에 있어 가장 큰 과제는 무엇일까? 로즈는 로봇에게 촉각을 부여하는 것이 중요한 도전 과제 중 하나라고 말했다. 이는 로봇이 물체를 적절한 압력으로 다루고, 사람과 섬세하게 상호 작용할 수 있도록 인식하게 만드는 기술이다. 촉각 기술이 고도화되면 로봇은 집과 직장에서 발생하는 갖가지 상황에 효과적으로 대처할 수 있을 것이다.

휴머노이드 로봇 시대는 이제 막 본격화되었지만, 점점 더 빠르게 우리 일상에 깊숙하게 스며들 것이다. 과학과 기술이 발전함에 따라 인간이 해 오던 단순하고 반복적인 업무의 상당 부분을 로봇에게 맡기고, 보다 창의적이고 고차원적인 작업에 집중하는 일상을 보낼 새로운 세상이 머지않아 도래할 것으로 기대된다.

By 조민주
시카고에서 새로운 여정을 시작한 지 반년. 낯선 환경이 주는 신선함 속에서 미국 사회의 다채로운 면모를 흥미롭게 탐구하고 있다. 대학 시절 밤샘 팀플의 경험들이 새로운 아이디어와 트렌드를 찾는 즐거움을 알게 했고, 이 원고를 쓰는 데 밑거름이 되었다.

By 이영주
시카고 살이 1년 차. 일상의 순간마다 다양한 트렌드를 관찰하고 분석하고 있다. 보스턴에서 통계학과 컴퓨터사이언스를 전공하며 숫자 너머의 맥락을 읽는 통찰력을 길렀다. 현재는 그 경험을 바탕으로 시카고 무역관에서 트렌드를 해석하고 전하는 조사 담당자로 일하고 있다.

휴머노이드 로봇 혁명의
선두주자

토론토

▶▶ 사람처럼 걷고, 듣고, 말하고, 움직이는 로봇

새벽 3시, 어두운 창고 안. 아무도 없는 공간에서 물건이 정리되고 상자가 포장되며, 바닥이 말끔히 청소된다. 사람의 손길 없이 벌어지는 이 모든 일의 주인공은 바로 사람처럼 걷고 듣고 말하며 손도 움직이는 휴머노이드 로봇 피닉스phoenix다.

피닉스는 캐나다 브리티시컬럼비아주 밴쿠버에 본사를 둔 로봇 기업 생추어리 AIsanctuary AI가 개발한 범용 인공지능 휴머노이드 로봇이다. 섬세한 기술과 뛰어난 환경 적응력으로 효율을 극대화한 이 로봇을 전 세계가 주목하고 있다.

생추어리 AI의 휴머노이드 로봇 피닉스   출처: 생추어리 AI

　생추어리 AI는 2018년에 설립된 스타트업이다. 2022년에는 캐나다 정부의 전략 혁신 기금Strategic Innovation Fund을 통해 3,000만 캐나다 달러(약 297억 원)를 유치하며 본격적인 도약에 나섰다. 2023년에는 링크드인LinkedIn이 선정한 '전 세계 주목할 스타트업 15'에 이름을 올렸다. 시사 주간지 〈타임TIME〉이 피닉스를 '2023 최고의 발명품Best Inventions of 2023' 중 하나로 손꼽으며 세상은 이 로봇에 주목하게 됐다.

　피닉스가 주목받게 된 배경에는 캐나다에서 심화되는 노동력 부족 문제가 있다. 캐나다는 그동안 적극적인 이민 정책을 펼쳐서 인구가 지속적으로 증가했다. 2025년 1월 기준, 캐나다의 총인구는 4,153만 명으로 역대 최대치를 기록했다. 언뜻 보기엔 인구 문제에서 자유로워 보이지만 속사정은 다르다. 출산율은 2023년에 역대 최저치인 1.26명을 기록하며 고령화가 가속화되고 있고, 특히 2024년부터 캐나다 정부가 이민자 유입 장벽을 강화하고 있다. 너무 많은 이민자의 유입으로 주택난·실업률 등의 부작용이 커졌기 때문이다. 이로 인해 물류·제조업·식품 가공업 등 다양한 산업 분야에서 노동력 부족에 대한 우려가 짙어지고 있으며, 심각한 사회적 과제로도 떠오르고 있다.

캐나다 정부는 이에 대한 해법으로 휴머노이드 로봇을 주목하고 있다. 연방·주정부 차원에서 로봇 도입을 적극적으로 지원하고 있으며, 2025년 새롭게 당선된 마크 카니 총리는 인공지능 부처Ministry of AI and Digital Innovation를 신설했다. 해당 부처를 통해 혁신 기술과 로봇 도입을 주도하겠다는 계획을 발표하기도 했다.

이미 제조·유통·식음료 가공 분야 등 노동 집약적 산업에서는 만성적인 인력난이 현실화되고 있다. 그러나 기존 자동화 시스템만으로는 이 문제를 해결하는 데 한계가 있다. 더 정교하고 유연하며, 사람처럼 일할 수 있는 새로운 대안이 필요한 시점이다. 바로 이 지점에서 피닉스가 주목받는다. 이 로봇은 단순한 반복 작업을 넘어 사람의 손처럼 섬세한 조작이 가능하고, 인공지능 학습 시스템을 통해 다양한 작업을 스스로 익히며 수행할 수 있다. 사람이 하던 복잡하고 예외적인 일들까지 처리할 수 있다는 점에서, 피닉스는 단순한 기술의 진화를 넘어 산업 구조, 나아가 경제의 판도 자체를 바꿀 수 있는 잠재력을 지녔다.

이제 우리는 궁금해진다. 피닉스는 어떤 기술로 기존 로봇들과 차별화되는가? 이 로봇은 실제 산업 현장에서 어떻게 활용되고 있으며, 인간의 일자리를 대신할 수 있을 정도로 실용적인가? 그리고 무엇보다, 이 휴머노이드 로봇이 앞으로의 세상을 어떻게 바꾸게 될까? 지금부터 그 가능성과 의미를 하나씩 살펴보려 한다.

▶▶ 사람 손에 근접하는 정밀성과 감각

"정말 이걸 로봇이 했나요?"

눈으로 직접 보지 않으면 믿기 힘든 순간이 있다. 바늘귀에 실을 꿰는 섬세한 동작, 유리컵에 든 물이 넘치지 않도록 조심스레 들어 옮기는 손길, 작은 버튼을 정확히 눌러 조작하는 손끝의 감각. 이런 작업을 수행하는 것은 더 이상 인간만의 영역이 아니다. 피닉스가 지금 그 경계를 허물고 있다.

피닉스는 꾸준한 기술 개발을 거쳐 2025년 3월에 8세대 모델까지 출시됐다. 키 170cm, 몸무게 70kg로 외형은 인간과 비슷하고, 인간과 유사하게 움직일 수 있는 정밀성도 뛰어나다. 피닉스는 기존 전기 모터 기반 로봇과 달리 유압 구동 시스템hydraulic drive system을 적용해, 섬세한 동작과 강력한 힘을 동시에 구현한 것이 특징이다.

피닉스를 돋보이게 만드는 가장 큰 차별점은 바늘에 실을 꿰는 것처럼 매우 섬세한 작업을 할 수 있다는 점이다. 단순한 동작 반복에 그치지 않고, 스스로 환경을 인식하고 학습해 적응하는 능력도 갖추고 있다. 사용자 친화적인 인터페이스 덕분에 조작도 훨씬 직관적이다.

이런 정교한 작업을 가능하게 하는 핵심 기술 중 하나가 바로 아이겐그라스프eigengrasps이다. 아이겐그라스프는 인간 손의 다양한 동작이 일정한 기본 패턴을 기반으로 이루어진다는 원리를 적용한 기술로, 아기가 세상을 탐색하며 손을 쓰는 방식과 유사하다. 피닉스는 이 기술을 통해 손의 움직임을 빠르게 익히고 낯선 작업 환경에서도 능동적으로 적응할 수 있다. 덕분에 작은 부품을 조립하거나 섬세한 촉감을 요구하는 작업도 무리 없이 수행할 수 있다.

피닉스의 손가락 패드에는 고감도 촉각 센서tactile sensors가 내장되어 있다. 이 센서는 7개 셀cell로 구성돼 있으며, 햅틱 피드백haptic feedback 기술을 통해 사람의 촉각과 유사한 감각을 구현한다. 피닉스는 5mN의 압력까지 감지할 수 있는데, 이는 사람의 촉각 민감도(약 3mN)에 근접한 수준이다. 기존 로봇이 주로 시각 정보에 의존해 작업하는 반면, 피닉스는 이러한 촉각 센서를 활용해 훨씬 섬세한 감지를 수행할 수 있다.

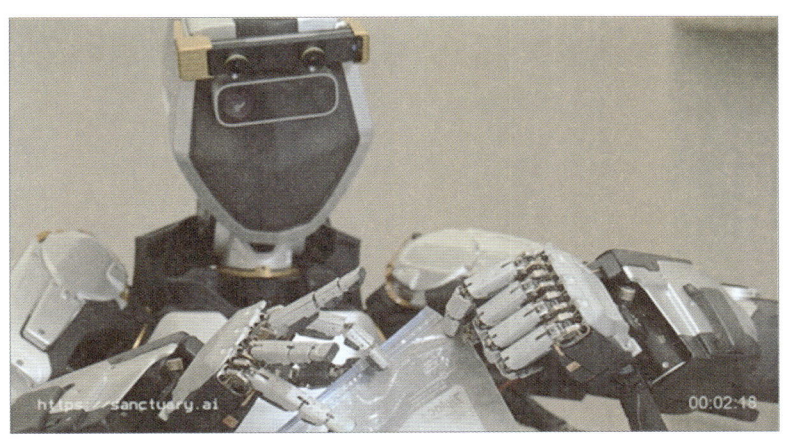

피닉스가 촉각 센서를 활용하여 지퍼팩을 잠그는 모습   출처: 생추어리 AI

예를 들어, 유리컵과 플라스틱 컵이 비슷해 보이더라도 피닉스는 촉각을 통해 유리컵이 더 무겁고 깨지기 쉽다는 사실을 인지할 수 있으며, 이에 맞춘 힘의 강약도 조절할 수 있다. 이처럼 손끝에서부터 정보를 수집하고 판단해 움직이기 때문에, 사람처럼 정교하고 유연한 반응이 가능하다.

생추어리 AI의 연구원 제레미 피셸Dr. Jeremy Fishel은 "촉각 센서를 활용하면 로봇이 물체를 잡기 전과 충돌이 발생하기 전에 접촉을 감지할 수 있다. 이는 기존 방식보다 훨씬 효율적이며, 보다 신속하고 안정적인 작업 수행을 가능하게 한다"고 설명했다.

실제로 피닉스는 물체가 미끄러지는 상황을 빠르게 감지해 즉각적으로 대응하거나, 너무 큰 힘이 가해지는 상황에서도 스스로 힘을 조절할 수 있다.

이뿐 아니라, 피닉스는 데이터 기반 학습과 최적화된 동작 패턴을 적용함으로써 적은 연산량으로도 효율적인 작업을 수행할 수 있도록 설계됐다. 예를 들어 물체를 잡을 때 균형 있게 힘을 배분하거나, 아주 작은 버튼을 누를 때 필요한 압력을 정교하게 조절할 수 있다. 피닉스 특유의 작업 수행력은 보다 빠르고 자연스럽게 움직일 수 있는 바탕이 된다.

이러한 기술적 혁신 덕분에 피닉스는 고도의 손재주를 요구하는 복잡한 작업 환경에서도 안정적으로 작업을 수행하고 있다. 그 결과 제조업은 물론 서비스업·물류 등 다양한 산업 분야에서 피닉스의 활용 가능성이 더욱 확대될 전망이다.

▶▶ 인간 작업 환경에 그대로 투입될 수 있다는 장점

피닉스의 가장 큰 강점은 앞서 이야기한 인간 손과 유사한 정밀한 조작 능력에 있다. 이 강점이 더 특별하게 여겨지는 이유는, 피닉스가 특정 산업에 국한되지 않고 다양한 환경에서 활용될 수 있는 범용성을 갖췄기 때문이다. 제조업은 물론이고 물류·서비스업·가정 등 다양한 분야에 적용 가능하며, 정밀한 조립 작업과 품질 검사, 창고 내 정리 및 포장, 매장 재고 관리, 상품 진열, 고객 응대, 심지어 가사 도우미 역할까지 수행할 수 있다.

기존 산업용 로봇 대부분이 특정 산업과 공정에 맞춰 한 가지 작업에만 특화된 것과는 달리, 피닉스는 다양한 업무를 유연하게 소화할 수 있도록 설계되었다. 이 유연성은 산업 현장뿐 아니라 일상생활에서도 피닉스가 실용적인 로봇이 되는 핵심 요소다.

피닉스에 탑재된 인공지능 제어 시스템 카본carbon은 동작을 반복하는 것이 아니라 움직임의 원리 자체를 학습하는 방식으로 작동한다. 카본 시스템은 개별 작업에 대한 각각의 입력 값을 가진 기존 로봇의 방식과 다르다. 카본은 인간 움직임의 기본 요소인 잡기·회전하기·밀기·놓기 등을 학습해 이를 조합함으로써 다양한 작업을 수행할 수 있도록 돕는다. 이 구조 덕분에 피닉스는 새로운 환경에 빠르게 적응할 수 있고, 기업은 별도의 프로그래밍과 교육 없이도 손쉽게 도입할 수 있다.

피닉스는 노동력 서비스Labor as a Service, LaaS 모델을 기반으로 설계됐다. 이는 기업들이 높은 초기 투자 비용 없이, 필요에 따라 로봇을 유연하게 도입하고 운영할 수 있게 해 주는 방식이다. 기존 자동화 시스템이 새로운 환경에 맞춰 설비를 재설계해야 했던 것과 달리, 피닉스는 기존의 인간 작업 환경에 그대로 투입될 수 있다는 장점을 지닌다. 예를 들어, 창고에서 사람이 하던 방식 그대로 물품을 정리하고 포장하는 작업을 수행할 수 있고, 전용 인프라가 없어도 즉시 운영이 가능할 정도로 실용적이다. 이는 피닉스 사용을 고려하는 기업에 매우 큰 이점이 된다.

피닉스가 산업에 적용되는 사례는 이미 현실에서 찾아볼 수 있다. 2023년 캐나다의 대표적인 의류 소매 브랜드인 마크스Mark's 매장에서 피닉스는 일주일 동안 파일럿 테스트를 통해 실제 업무 환경에 투입되었다. 마크스는 캐나다의 대형 유통 기업인 캐네디언 타이어Canadian Tire 산하에 있는 의류 전문 브랜드다. 피닉스가 일반 소비자 대상의 리테일 현장에서 어떤 역할을 할 수 있는지를 시험하는 데 중요한 테스트 베드 역할을 했다.

이 테스트에서 피닉스는 상품 진열, 포장, 청소, 가격 태그 부착, 라벨링, 옷 접기 등 110개 이상의 작업을 성공적으로 수행하며 실무 능력을 입증했다. 테스트 과정에서 발견된 문제점들은 후속 개발에 적극적으로 반영되었고, 8세대 피닉스 모델에서 구체화되었다. 이러한 과정은 피닉스가 단순한 로봇을 넘어 실제 업무 파트너로 진화하고 있다는 점에서 주목을 받았다.

특히 캐네디언 타이어의 데이터 분석 및 AI 부사장인 카리 코번트Cari Covent는 "피닉스가 마크스 매장의 다양한 업무를 수행하는 동안 기존의 인적 자원은 고객 서비스, 고객 참여 등과 같은 더 높은 가치의 작업에 집중할 수 있었습니다"라고 말했다. 그는 피닉스 도입이 업무 효율성을 높이고 인적 자원을 효율적으로 배분할 수 있어 고객 경험의 질까지 향상시키는 데 기여했다고 평가했다.

2024년 4월에는 생추어리 AI가 캐나다의 글로벌 자동차 부품 제조사인 마그나Magna와 전략적 파트너십을 체결하며, 피닉스를 제조 산업에 본격적으로 투입한다는 계획을 밝혔다. 이 협력의 중심에는 캐오틱 피킹chaotic picking이라 불리는 고난도 작업이 있다. 캐오틱 피킹은 크기와 형태가 다양한 여러 부품이 무질서하게 섞인 환경에서 필요한 부품을 정확하게 식별하고 집어 올리는 작업이다. 기존 자동화 시스템으로는 처리에 한계가 있는 영역이기도 하다. 생추어리 AI는 고성능 촉각 센서, 고해상도 인식 기술, 인공지능 기반의 복합적인 요소를 바탕으로 피닉스가 상황을 명확히 식별하게 한다. 피닉스는 현재 의류 및 자동차 산업을 넘어, 전자 제품 조립, 의료 용품 분류, 실험실 샘플 핸들링 등 다양한 산업 현장에서 테스트를 이어 가고 있다.

작업 환경이 단조롭고 위험과 부담을 주는 환경일수록 범용 로봇의 도입 효과는 극대화된다. 생추어리 AI는 피닉스가 인간보다 훨씬 더 오랜 시간 반복 작업을 할 수 있고 정밀성과 일관성 측면에서도 더 뛰어나다는 강점을 언급하며, 장기적으로 인건비 절감과 생산성 향상에 기여할 수 있는 해법이 될 수 있다고 강조한다. 인간과의 협업이 가능한 지능형 로봇인 피닉스는 미래 산업 환경의 핵심 인력으로 자리 잡을 가능성을 점점 더 분명히 보여 주고 있다.

▶▶ 기술이 앞서가고 사회가 따라가는 시대

전 세계적으로 휴머노이드 로봇 기술은 빠른 속도로 발전하고 있다. 그 활용 가능성도 산업과 일상 전반에 걸쳐 꾸준히 확대되고 있다. 특히 인구 고령화와 노동력 부족 문제를 안고 있는 국가들에게는 이 기술이 지속 가능한 미래 노동력의 대안으로 떠오른다. 광활한 영토와 낮은 인구 밀도로 인해 숙련된 인력을 안정적으로 확보하는 데 어려움을 겪고 있는 캐나다 역시 예외는 아니다.

기술 발전은 기존 시스템의 생산성과 효율성을 획기적으로 향상시킬 수 있는 잠재력을 갖고 있다. 그러나 동시에 사회적·법적·윤리적 과제를 수반한다는 점에서, 단순히 기술만 앞서 나갈 수는 없다. 기술이 사회 전반에 안전하고 안정적으로 통합되기 위해서는 복합적인 고민과 준비가 필요하다.

기술 도입이 일자리를 빼앗는 것이 아니라, 더 나은 일자리로 전환되는 계기가 될 수 있도록 사회적 대응도 필요하다. 가장 먼저 제기되는 문제는 일자리 감소와 경제 구조의 변화 가능성이다.

캐나다의 유통·제조·헬스 케어 산업은 이미 자동화에 대한 수요가 꾸준히 증가하고 있다. 특히 반복적인 작업과 노동 집약적인 분야에서는 대규모 인력 조정이 불가피해질 가능성도 있다. 따라서 새로운 일자리를 창출하고, 직업 전환을 위한 재교육 체계 마련이 무엇보다 중요하다.

　법적 규제와 책임 소재에 대한 문제, 인식과 제도 정비도 중요하다. 유럽 연합EU은 인공지능 및 로봇 관련 법적 책임을 명확히 하기 위한 입법 논의를 활발히 진행 중이다. 로봇이 업무를 수행하는 과정에서 사고가 발생한다면 그 책임 주체를 정할 때 어떤 기준을 둘 것인지, 수집된 데이터와 개인 정보의 보장·보호 범위를 어떻게 정할 것인지 등, 해결해야 할 쟁점들이 산적해 있다. 이처럼 캐나다 정부도 산업계와 협력을 강화하며, 인공지능과 로봇 책임 규정 마련을 위한 논의에 점차 속도를 내고 있다. 하지만 여전히 보다 구체적이고 실효성 있는 제도 정비가 시급하다.

　끝으로, 기술 발전과 함께 반드시 동반되어야 할 것은 윤리 기준 설정이다. 캐나다는 다문화주의와 인간 중심의 사회 구조로 이뤄져 있다. 때문에 로봇이 사람을 대신할 때 생겨날 수 있는 권리와 평등, 정서적 거리감에 대한 논의가 진행되고 있다. 로봇에게 무제한 노동을 요구하는 것이 윤리적으로 허용되는지, 혹은 로봇이 인간을 지휘하는 상급자의 역할을 맡아도 되는지에 대한 사회적 합의는 아직 형성되지 않았다. 기술의 주체가 인간인지 로봇인지, 로봇과 인간에게 각각 어떠한 역할과 책임을 부여할 수 있을지에 대한 질문은 이제 더 이상 SF 소설에만 등장하는 내용이 아니다.

　기술은 계속 앞서 나가고 있지만 사회가 기술을 어떻게 수용하느냐에 따라 그 가치와 영향력은 달라진다. 국가의 특성과 보편적 가치에 부합하는 법적·윤리적 기준이 마련되어야만 로봇 기술이 안정적으로 정착하고 장기적인 신뢰를 얻을 수 있다. 산업계·학계·정부가 긴밀하게 협력하여 책임 있는 로봇 생태계 조성에 나서야 하며, 공감과 신뢰를 기반으로 한 제도적 기반 마련이 지금 이 시점에서 가장 시급한 과제다.

By 윤지원
토론토 주재원 2년 차. 영국의 시스템 안에서 프랑스 옷을 입고 미국과 형제의 우애를 나누던 캐나다가 달라졌다. 발레 공연 전 결연하게 국가 〈오, 캐나다〉를 부르는 모습이라니. 변화의 소용돌이 속에서 앞날이 궁금해진다.

By 유혜리
인생의 반 이상을 캐나다에서 보냈다. 이곳에서 경제학을 전공했고, 토론토 무역관에서 3년째 조사 담당자로 일하고 있다. 여유와 분주함, 다양한 문화가 공존하는 토론토의 매일은 변화의 연속이다. 그 변화의 결을 느끼며 직접 이 글을 쓰는 지금이 참 뜻깊다.

스마트폰부터 자동차까지,
불 꺼진 공장의 혁신

베이징

▶▶ 밤에도 불이 켜지지 않는 곳

중국 제조 업계에서 가장 뜨거운 화두는 단연 다크 팩토리dark factory, 黑灯工厂다. 다크 팩토리에는 사람도 불도 없다. 로봇과 인공지능이 24시간 생산 라인을 가동하기 때문에 조명조차 필요 없는 완전 무인 체제로 운영된다.

전 세계적으로는 다크 팩토리가 실험 단계에 머물러 있지만, 중국에서는 상황이 다르다. 정부 주도의 제조 혁신 정책과 대규모 기술 투자를 바탕으로, 다크 팩토리 상용화에 가장 빠르게 다가서고 있다.

공장 전체를 사람 없는 지능형 공간으로 탈바꿈시키는 이 흐름은 생산성과 효율을 획기적으로 끌어올린다. 그뿐 아니라 제조업의 구조와 경쟁 방식을 근본부터 바꾸고 있다.

이 변화는 샤오미小米, Xiaomi·화웨이华为, Huawei·그리格力, Gree 등 중국의 주요 제조 기업들이 이끌고 있다. 정부의 전략적 지원, 기술 고도화, 산업 전반의 체질 개선 등이 맞물리면서 다크 팩토리는 오늘날 중국 제조업의 미래를 상징하는 키워드로 자리 잡아 간다.

또한 이 흐름은 더 이상 중국만의 이야기가 아니다. 다크 팩토리는 글로벌 제조업의 판도를 뒤흔드는 핵심 변수로 부상하고 있다. 산업혁명이 기존 생산 방식에 대전환을 이끌었던 것처럼 다크 팩토리도 글로벌 제조업의 새로운 전환점을 만들어 내고 있다.

그렇다면, 사람도 불도 없는 공장은 실제로 어떤 모습으로 운영되고 있을까? 샤오미의 스마트폰 다크 팩토리가 그 구체적인 답을 보여 준다.

▶▶ 샤오미를 무인화 혁신의 대표 주자로 만든 공장

샤오미는 중국 다크 팩토리 시대를 선도하는 대표 기업이다. 베이징 창핑昌平, Changping 지역에 완공된 스마트폰 공장은 2024년 7월 8일부터 본격적으로 가동되면서 샤오미를 상징하는 시설이 되었다. 총 24억 위안(약 4,400억 원)을 투입해 건설한 이 공장의 면적은 약 8만 1,000m^2이다. 연간 1,000만 대 규모의 플래그십 스마트폰 생산이 가능하다.

샤오미 그룹의 다크 팩토리 홍보 포스터
출처: 샤오미 홈페이지

　이 공장의 가장 큰 특징은 생산의 전 과정을 완전 자동화했다는 점이다. 원자재 투입·조립·품질 검사·포장까지 모든 생산 공정이 자동화 설비와 시스템을 통해서만 이뤄진다.

　특히 인공지능과 IoT 기반의 실시간 데이터 교환 시스템이 기계 간 협업을 가능하게 했다. 자체 개발한 인공지능 품질 검사 시스템은 생산 중 발생할 수 있는 미세한 이상 신호도 즉각 감지하고 대응할 수 있도록 설계되었다. 먼지 제거 공정 역시 자율화되어서 생산 라인은 미크론(μm) 단위의 청정 환경을 지속적으로 유지한다.

샤오미의 자동화 혁신은 생산 속도를 비약적으로 끌어올렸다. '1초에 스마트폰 1대'를 생산하는 초고속 제조 라인을 구현했고, 에너지 효율성과 폐기물 저감 효과를 강화해서 친환경 생산 체계까지 실현해 냈다. 현재 이 공장은 2024년 출시된 믹스 폴드 4Mix fold 4, 믹스 플립Mix flip 등 플래그십 폴더블 폰 생산의 주력 기지로 가동되고 있다.

샤오미의 첫 스마트 팩토리smart factory는 창핑에서 만들어지지 않았다. 창핑 공장이 세워지기 전인 2019년에 베이징 이좡亦庄, Yizhuang에 공장이 있었다. 이좡 공장은 생산·신공정·신소재·신기술을 연구하고 시험하는 대형 실험실 역할도 병행했다. 창핑 공장은 이러한 경험을 바탕으로 생산성과 기술 혁신을 모두 끌어올린 차세대 스마트 팩토리에 대한 결과물이다.

▶▶ 핵심 제조 기술까지 개발한 샤오미

샤오미는 단순한 스마트 팩토리 운영을 넘어, 생산 과정의 핵심 기술을 직접 개발해 제조 현장에 적용하며 '기술 내재화' 수준을 끌어올리고 있다. 회로 기판에 부품을 자동으로 배치하는 실장 공정SMT을 비롯해, 메인보드 가공·최종 조립·기능 테스트 등 주요 공정에는 샤오미가 자체 설계한 자동화 기술과 통합 제어 시스템이 적용돼 있다. 생산 데이터는 전 과정에서 실시간으로 수집·기록되며, 중앙 플랫폼을 통해 공정 최적화와 품질 제어가 자동으로 이뤄진다. 단순한 자동화를 넘어, 제조 기술의 주도권을 직접 쥔 '지능형 공장'을 구현한 셈이다.

이처럼 창핑 스마트 팩토리는 샤오미가 그리는 미래형 제조업의 청사진이다. 이제는 중국 다크 팩토리 시대를 상징하는 대표 모델이기도 하다. 샤오미는 자동화·디지털화·친환경화 키워드를 가장 빠르고 치밀하게 현실로 구현해 나가고 있다.

샤오미의 선도적인 다크 팩토리 사례를 넘어, 중국 제조업 전반에는 무인화 바람이 거세게 불고 있다. 자동차·가전·에너지 등 주요 업종에서 모두 각기 다른 방식의 무인 공장 구축이 본격화되고 있다. 업종을 가리지 않는 무인화 경쟁의 시대가 온 것이다. 핵심 기술을 도입한 산업별 다크 팩토리는 맞춤형 생산과 초정밀 품질 관리까지 구현하고 있다.

▶▶ 아시아 최대 다크 팩토리를 구축한 장안자동차와 화웨이

중국 다크 팩토리 트렌드를 이끄는 또 다른 대표 사례 중 하나는 장안자동차長安汽車, Changan Auto-화웨이 스마트 팩토리다. 2024년 10월, 충칭重慶에서 문을 연 이 공장은 아시아 최대 규모의 무인 자동차 생산 시설이며, 다크 팩토리 기술 진화의 집약체로 평가받고 있다.

장안자동차가 화웨이·차이나 유니콤China Unicom과 손잡고 약 100억 위안(약 1조 9,000억 원)을 투자해 만든 이곳은, 완성 차 1대가 60초 만에 생산 라인을 빠져나오는 초고속 다크 팩토리다. 2023년 1월 첫 삽

장안자동차의 스마트 팩토리 내 자동차 조립 과정을 담은 사진　　출처: 장안자동차 홈페이지

을 뜬 지 불과 352일 만에 건설을 마쳤다. 현재 아바타 07 Avatr 07 등 장안자동차의 최신 전기차 모델을 쉴 새 없이 쏟아 내고 있으며 연간 생산량은 28만 대에 이른다.

　공장 내부를 들여다보면 무인화라는 목표가 얼마나 집요하게 구현

됐는지 단번에 느껴진다. 약 1,400대의 산업용 로봇, 650대의 무인 운송 로봇, 800대의 스마트 설비가 빼곡히 배치되어, 사람 없이도 주요 공정이 매끄럽게 이어진다. 일부 핵심 공정은 100% 자동화가 이루어져서 인간의 손이 필요 없다.

특히 장안자동차는 이 공장에서 자동차의 생산 방식 자체도 과감히 갈아엎었다. 기존에는 163개의 부품을 따로 생산하고 조립해야 했지만, 이제는 7,700t급 초대형 다이 캐스팅 장비로 2개의 거대 부품을 한번에 찍어 낸다. 덕분에 조립 시간은 2시간에서 단 2분으로 줄었다. 생산 속도와 정밀도를 동시에 끌어올린 혁신이다.

▶▶ 디지털화로 구현한 친환경 경영

이들의 디지털화 수준도 눈여겨볼 만하다. 공장 전역에 4개의 5G 매크로 기지국과 329개의 마이크로 기지국이 깔려 있고, 1만 2,000대 이상의 설비가 디지털 플랫폼에 연결되어 있다. 생산 전 과정이 디지털 트윈 기술로 관리되며, 설비 하나하나가 실시간으로 최적화되고 조율된다. 즉, 가상 공장 virtual factory 시스템 안에서 현실의 공장이 살아 움직이고 있는 것이다.

장안자동차와 화웨이 공장은 친환경 경영에서도 앞서 나가고 있다. 공장에는 36MW 규모, 26만m^2에 달하는 분산형 태양광 발전 시스템이 설치되어 있다. 이 태양광 발전 시스템은 연간 약 2,600만kWh 전력을 생산한다. 이는 공장 전체 전력 사용량의 약 19%를 충당할 수 있는 수준이며, 연간 약 2만 4,000t의 탄소 배출 저감 효과를 거둘 것으로 기대된다.

이처럼 창안자동차의 스마트 팩토리는 단순한 자동화를 넘어, 완전 무인화·초고속 생산성·친환경 운영을 모두 구현한 대표적 다크 팩토리 모델로 손꼽힌다. 중국 제조업이 지향하는 '지능화·저탄소·고효율' 패러다임이 이곳에서 구체적인 형태를 갖추고 있다.

▶▶ 불을 켜지 않는 에어컨 공장

중국 가전 업계도 무인화와 디지털화 흐름에 적극적으로 대응하고 있다. 대표적인 사례가 광둥성 주하이에 위치한 거리전기格力电器, Gree Electric의 진완金湾, Jinwan 스마트 제조 공장이다. 이 공장은 화웨이와 차이나 유니콤이 협력해 구축했다. 산업 인터넷 기술을 통해 설비·자재·인원·품질 관리 등 생산 전 과정을 100% 연결해 고도로 자동화된 무인 공장을 실현했다.

그 결과 생산 효율은 86% 향상되었으며, 연간 1,200만 대 규모의 에어컨 실내기 생산 능력을 확보했다. 특히 제품 불량률 0%에 도전하는 이 공장은 2025년 세계 최대 이동 통신 전시회인 모바일 월드 콩그레스Mobile World Congress, MWC에서 GSMA 최고 혁신상GSMA Global Mobile Awards, GLOMO Awards을 받으며 기술력을 인정받았다. 거리전기는 디지털

중국 주하이 거리전기의 공장 전경   출처: 거리전기 홈페이지

화·지능화 성과를 높이 평가받아 2025년 중국 공업 정보화부가 발표한 제1차 탁월급 스마트 팩토리 명단에도 이름을 올렸다.

전자 제품 회사 TCL 역시 무인화 혁신을 본격적으로 추진하고 있다. TCL은 2023년 3월 후베이성 우한시 둥시후구湖北省武汉市东西湖区에 에어컨 스마트 제조 기지를 공식적으로 가동했다. '불을 켜지 않는 공장'이라는 별칭을 얻은 이 시설은 5개 생산 라인에 42대의 로봇이 배치되어 24시간 가동된다. 작업자는 태블릿 하나로 생산 전 과정을 원격 관리한다. 조립과 포장 공정의 대부분을 로봇 팔robotic arm이 수행하고 있으며, 특히 포장 단계는 전면 자동화되어 '로봇이 스스로 에어컨을 만드는 공장'이라는 평가를 받고 있다.

TCL은 이 스마트 제조 기지 구축에 총 34억 2,000만 위안(약 6,498억 원)을 투자했다. 현재 이 산업 단지는 연간 600만 대 규모의 생산 능력을 갖추고 있으며, 약 8초마다 에어컨 1대가 생산 라인에서 출고되는 초고속 자동화 체계를 구축했다. TCL은 성급省級 5G 전면 연결 공장, 성급 스마트 제조 시범 기업 등으로 연이어 선정되었다. 여기에서 성급이란, 중국의 지방 행정 단위 중 하나인 성省 정부 차원에서 인정하거나 지정한 등급을 의미한다. TCL은 중국 합격 평가 국가 인증 위원회中国合格评定国家认可委员会, China National Accreditation Service for Conformity Assessment, CNAS 인증을 획득한 화중華中 지역 초대형 종합 검사 센터도 운영 중이다.

기술 개발 측면에서도 TCL은 칭화 대학교, 화중 과학 기술 대학교 등 유수 대학들과 산학연 공동 혁신 센터를 설립해 연구 개발 역량을 강화하고 있다.

현재 TCL 우한 스마트 제조 기지와 그 주변에는 41개 공급망 기업

TCL 스마트 팩토리에서 로봇 팔이 에어컨 실외기를 조립하고 있는 사진   출처: TCL 홈페이지

이 집적되어 있다.

특히 TCL은 자동화 난도가 가장 높은 최종 조립 공정에서도 추가 다크 팩토리(무인 스마트 팩토리) 구축을 본격적으로 추진하고 있다. 향후 3~5개의 신규 무인 공장을 추가로 조성해, 가전 제조 분야에서도 완전 무인화를 실현해 나간다는 계획이다.

이처럼 거리와 TCL은 각각 무인화·디지털화·친환경화 전략을 앞세워 불 꺼진 공장 혁신을 주도하고 있다.

▶▶ 정부 정책이 이끄는 제조 혁신

중국 산업 전반으로 빠르게 확산되는 다크 팩토리 열풍의 중심에는 중국 정부가 주도하는 강력한 제조 혁신 전략이 있다.

2015년 '메이드 인 차이나 2025中国制造2025, Made in China 2025'를 내세우며 제조업 고도화에 시동을 건 중국 정부는, 로봇·인공지능·빅데이터·5G·IoT 등 첨단 기술을 적극 지원하며 스마트 팩토리를 국가 핵심 전략 산업으로 끌어올렸다. 여기에 2024년 5월 발표한 '제조업 디지털 전환 행동 계획'을 통해, 제조업의 디지털화·네트워크화·지능화를 한층 가속화할 방침을 분명히 했다. 산업용 로봇·지능형 물류 설비 도입을 대대적으로 지원하고, 다수의 지능형 공장을 건설하는 데도 박차를 가하고 있다.

특히 2024년 10월, 중국 공업 정보화부中华人民共和国工业和信息化部, Ministry of Industry and Information Technology of the People's Republic of China, MIIT를 비롯한 6개 부처가 공동 발표한 '스마트 팩토리 단계별 육성 정책'은 정부의 의지를 더욱 구체화했다. 스마트 팩토리를 기초급·고급·우수급·선도급 등 4단계로 구분해 체계적으로 육성하고, 각 지방 정부와 중앙 기업이 단계별 목표를 세워 지원하도록 독려하고 있다.

중앙 정부의 정책 기조에 발맞춰, 베이징시도 스마트 팩토리 육성에 속도를 내고 있다. 샤오미 공장이 위치한 이좡 개발구를 국가급 산업 인터넷 시범 기지로 지정하고, 인공지능·5G·로봇 기술이 융합된 제조 클러스터 조성에 힘을 쏟고 있다.

2017년부터는 '지능형 제조智造 100 프로젝트'를 추진해 스마트 팩토리 100곳 이상을 구축했으며, 2020년 이후에는 이를 고도화한 '신지능형 제조新智造 100 프로젝트'로 정책을 확대했다. 2025년까지 생산액이 1조 9,000억 원 이상인 세계 수준의 스마트 팩토리 10곳과 디지털 작업장 100곳을 조성하고, 제조 기업 1,000곳의 디지털 전환을 지원하는 것이 핵심이다.

특히, 국가급 스마트 팩토리로 선정된 기업에는 전환 비용의 최대 30%(최대 3,000만 위안, 약 58억 원)를 시 보조금으로 지원하는 등 파격적인 지원책도 지속하고 있다.

광둥·장쑤·랴오닝广东·江苏·辽宁 등 제조업 핵심 거점 지역의 지방 정부도 지원 경쟁에 뛰어들었다. 광저우시는 2024년 7월 기술 개조 촉진 조치를 발표했고, 국가 지정 스마트 제조 공장이나 디지털 선도 기업으로 선정된 기업에 최대 100만 위안(약 1억 9,000만 원)의 상금을 지

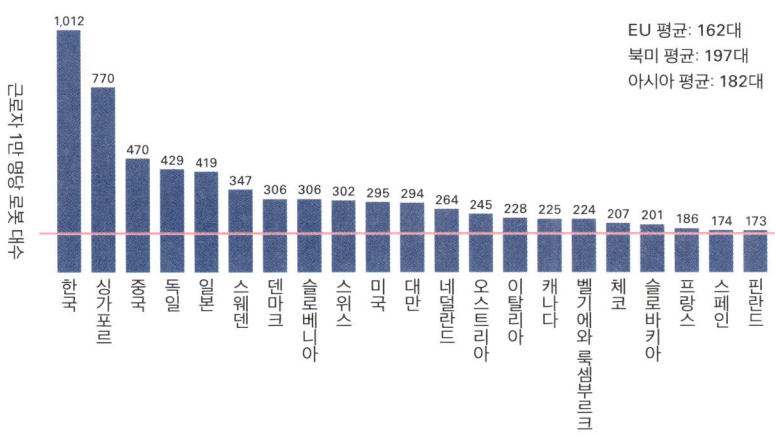

각 국가별 직원당 로봇 보급대수   출처: 국제 로봇 연맹 홈페이지

급했다.

또한 그린 팩토리·5G 완전 연결 공장 선발 기업에는 최고 50만 위안(약 9,500만 원)을 추가 지원하고 있다. 제조업 공장의 기술 개조 자금 조달 비용에 대한 이자·리스비 지원 한도도 연간 500만 위안(약 9억 5,000만 원)으로 상향하는 등, 기업 투자 촉진을 위한 종합적인 금융 인센티브도 아낌없이 쏟고 있다.

이 같은 중앙·지방 정부의 전방위 지원은 이미 가시적인 성과를 만들고 있다. 공업 정보화부에 따르면, 현재 중국 전역에는 3만여 개의 기초급 스마트 팩토리가 운영되고 있으며, 이 가운데 1,200여 개가 고급 수준, 230여 개가 우수 수준으로 평가받았다. 또한 중국 제조업의 스마트 팩토리 도입 덕분에 제품 개발 주기는 평균 28.4% 단축됐고,

생산 효율은 22.3% 향상되는 등 눈에 띄는 혁신 효과가 확인되고 있다. 여기에 중국의 직원당 로봇 보급 대수(밀도)는 불과 4년 만에 2배로 급증해, 2019년 세계 상위 10대 국가에 진입한 이후 빠른 속도로 선진국들을 따라잡고 있다.

▶ 다크 팩토리의 확산으로 알아보는 중국 제조업 구조의 진화

코트라는 중국의 다크 팩토리를 단순한 생산 방식의 변화를 넘어 제조업 구조 자체가 근본적으로 전환되고 있음을 보여 주는 대표 사례로 본다.

다크 팩토리 모델을 통해 중국 제조업은 기존의 인건비 중심 모델에서 기술력 중심 체계로 빠르게 이동하고 있다. 자동화 기반 생산은 인건비 상승과 노동력 부족 문제를 효과적으로 해소하는 동시에, 야간이나 휴일에도 설비를 24시간 가동할 수 있도록 해 생산성과 운영 효율을 극대화하는 데 기여하고 있다.

변화는 생산성 향상에만 그치지 않는다. 로봇과 인공지능 기반 품질 관리 시스템 도입을 통해 제로 디펙트 zero defect 를 목표로 한 무결점 생산 체계 구축이 본격화되고 있으며, 생산 정밀도 또한 획기적으로 향상되고 있다.

또한 고객 수요에 즉각 대응하는 맞춤형 생산 체계, 공정 데이터의 실시간 축적·활용을 통한 생산 최적화가 확산되면서 정밀성과 민첩성을 동시에 강화하는 방향으로 제조업 전반이 진화하고 있다. 이러한 변화는 향후 기술 표준 주도권 확보는 물론, 중국 기업의 글로벌 시장 진출에서도 중요한 전략적 자산으로 작용할 것으로 기대된다.

이처럼 다크 팩토리는 단순한 기술 트렌드를 넘어, 중국 제조업 전반을 지탱하는 전략적 상징으로 자리매김하고 있다. '불 꺼진 공장'이라는 상징성은 중국이 제조업 경쟁력을 근본적으로 재구성하고 있음을 보여 주는 신호일 것이다.

▶▶ 다크 팩토리의 현실적인 과제

그러나 일부 선도적인 다크 팩토리 외에, 대부분의 스마트 팩토리는 여전히 사람과 로봇이 협력하는 부분 자동화 수준에 머물러 있다. 완전 무인화를 실현하기 위한 기술적 완성도에는 아직 한계가 있다. 초기 설비 투자에 따른 막대한 비용 부담은 중소 제조 기업에는 상당한 진입 장벽으로 작용하고 있으며, 생산직 일자리 감소에 따른 사회적 갈등과 노동 시장 불안정성 문제도 점차 부각되고 있다. 또한 인공지능 품질 검사, 디지털 트윈, 자율형 물류 시스템 등 핵심 기술의 독자적 개발 수준은 일부 글로벌 선도 기업에 비해 여전히 뒤처져 있다. 스마트 팩토리 운영에 필수적인 산업 데이터 보안, 사이버 공격 대응 체계 구축 역시 향후 보완해야 할 주요 과제로 꼽힌다. 지역별 디지털 인프라 격차와 공급망 내 협력 기업들의 디지털화 수준 차이 또한 전체 산업 생태계의 스마트화를 제약하는 구조적 문제로 지적되고 있다.

그럼에도 불구하고, 중국 내 다크 팩토리 확산은 일시적 흐름에 그치지 않고 장기적인 산업 고도화 전략의 핵심 축으로 확고히 자리 잡아 가고 있다. 정부의 강력한 정책적 지원과 기업들의 기술 내재화 노력, 적극적인 설비 투자 의지가 결합되면서, 중국은 다크 팩토리 시대의 본격적인 선도 국가로 자리매김하고 있다는 평가를 받는다.

▶ 우리만의 전략이 필요한 때

제조업의 미래는 얼마나 지능적이고 유연한 생산 체계를 구축할 수 있는가에 달려 있다. 다크 팩토리는 이제 실험이 아닌 상업화 단계로 접어들었다. 중국은 이미 정부와 민간이 유기적으로 결합해 미래를 준비하고 있다. 불 꺼진 공장에서 울려 퍼지는 기계음은 단지 생산을 의미하는 것이 아니라, 글로벌 제조 패권 경쟁에서 우위를 점하려는 전략의 신호이기도 하다. 한국 역시 이러한 흐름을 주시하며, 우리만의 차별화된 스마트 제조 전략을 통해 새로운 도약의 기회를 만들어야 한다.

불 꺼진 공장들은 중국 제조업의 체질을 지능화·고효율화·친환경화로 근본적으로 바꿔 나가고 있다. 중국 정부는 스마트 팩토리를 단계별로 육성하고, 대규모 보조금과 금융 인센티브를 통해 스마트 팩토리 보급을 전국으로 확대하고 있다. 베이징·광둥·상하이 같은 주요 도시들은 스마트 팩토리 구축을 지역 성장의 핵심 전략으로 삼고 있다.

이러한 변화는 한국 기업에도 분명한 과제를 던진다. 초자동화·초정밀 생산 체계에 대응할 수 있는 제조 혁신은 물론, 산업용 로봇·스마트 센서·자동화 설루션 등 고부가 가치 분야에서 중국 시장 기회를 적극적으로 포착해야 한다. 동시에 중국이 강화하고 있는 스마트 제조 기술 표준화 흐름에도 긴밀히 대응해, 글로벌 경쟁에서 기술적 주도권을 확보할 전략이 필요하다.

특히 주목해야 할 점은, 다크 팩토리의 확산이 비용 절감이나 생산성 향상에 그치지 않는다는 것이다. 중국은 다크 팩토리를 통해 글로벌 제조 패권 재편을 노리고 있다. 이 과정에서 탄소 중립·에너지 절감 등 지속 가능성 경쟁력까지 강화하고 있다. 한국 역시 제조업 혁신을 이야기할 때 지능화·유연화를 포함해 친환경 요소까지 고려한 전략을 세워야 한다.

By 성희현
중국의 정책은 불시에 바뀌고, 시장은 그보다 더 빠르게 반응한다. 베이징에서 이 두 가지 속도를 모두 따라잡기란 쉽지 않다. 조사 담당 주재원으로 2년째 지내며, 나는 오늘도 그 흐름을 먼저 읽고 따라가기 위해 고군분투하고 있다.

최대 보상금을 산정해 주는
법률 인공지능 서비스

뉴욕

▶▶ 불합리를 개선하기 위해 만든 인공지능

이븐 업Even Up은 인공지능을 이용해 개인 상해 보상금 청구서 작성을 대행하는 리걸 테크 기업이다. 창업자 중 한 명이자 COO인 레이먼드 미에쟈니에츠Raymond Mieszaniec의 경험이 이븐 업을 시작하는 데 바탕이 되었다. 그가 십 대일 때 아버지의 교통사고를 경험했다. 아버지는 사고 후유증으로 장애를 얻었고 가계의 생계는 어려워졌다. 어머니는 직장 세 곳을 전전하면서 가족 다섯 명을 부양해야 했다. 아버지의 보험금 지급은 계속 미뤄졌고 어머니의 체력은 한계에 도달했다. 결국 그의 아버지는 보험사가 제시한 20만 달러(약 2억 9,000만 원)와 타협할

이븐 업의 창업자 레이먼드 미에쟈니에츠, 라미 카라비바, 샘 마샤드   출처: 이븐 업

수밖에 없었다. 레이먼드는 추후 아버지 케이스를 돌아보며 당시 보상금액이 2배로 커질 수 있었다고 회상했다.

2019년, 레이먼드는 우연히 한 모임에서 구글 연구원이던 라미 카라비바Rami Karabibar와 변호사 샘 마샤드Saam Mashhad에게 이 이야기를 했다. 그들은 이런 일이 레이먼드에게만 일어나지는 않을 것이라며, 상해 사건을 분석해 사건별로 최대한의 보상금을 산정해 주는 인공지능이 있다면 피해자를 줄일 수 있을 것이라는 대화를 이어 갔고, 아이디어를 얻었다. 당시 3명 모두 창업을 염두에 두고 있었다. 이들은 본격적인 준비를 거쳐 2022년 1월에 이븐 업을 설립하게 된다.

이븐 업은 창업 후 무서운 속도로 성장했다. 3인으로 시작한 기업은 현재 상해 보험 관련 경력 변호사·법무사·데이터 전문가 등 400명의 직원이 일하는 회사로 성장했다. 현재 로펌 1,000개 이상이 이븐 업의 서비스를 이용하고 있다.

이븐 업은 2024년 10월 시리즈 D 펀딩 이후 10억 달러(약 1조 9,500억 원) 가치의 유니콘 기업으로 발돋움했다. 투자사 베시머Bessemer는 블룸버그Bloomberg와의 인터뷰에서 "지금 막 10억 달러(약 1조 4,500억 원) 가치를 넘긴 이븐 업은 현재 법률 인공지능 서비스 시장에서 가장 성장이 기대되는 회사이며, 데카콘 기업(기업 가치가 100억 달러(약 14조 5,000억 원) 이상의 스타트업)으로 성장할 것으로 내다보고 투자를 했다"고 밝혔다.

복잡한 인공지능 훈련 시스템과는 달리 이븐 업의 사업 구조는 매우 간단하다. 주요 고객은 개인 상해 변호 업무를 하는 변호사 혹은 로펌이다. 고객이 의뢰한 사건 관련 정보를 이븐 업의 인공지능에 입력하면 인공지능이 이 정보를 분석하고 보상금 청구서와 증빙 자료를 결과물로 제공한다. 이 서비스는 구독 방식으로 제공되기 때문에 로펌은 1건 내지 수백 건 단위로 결제할 수 있다. 건수와 검토 항목에 따라 비용은 달라진다.

▶▶ 전문가의 업무 능률을 극대화하는 인공지능

"이븐 업은 보상금 한도를 최대로 올리는 데 중요한 역할을 했습니다. 중재하던 조정 위원도 제출한 청구서에 대한 칭찬을 아

끼지 않았습니다."_인디애나주 상해 전문 변호사

"이븐 업을 통해 작성한 청구서는 33년간 상해 변호사로 일하면서 본 청구서 중에 가장 훌륭했습니다. 상해 보상금 지급을 보류하고 있던 보험사가 청구서를 받자마자 보험금 상한액인 10만 달러(약 1억 4,500만 원)를 지급했습니다."_텍사스주 상해 전문 변호사

"이븐 업으로부터 제공받은 자료는 사건과 관련한 부상 및 피해 추정을 뒷받침할 만한 유사한 사례와 근거가 충분해 많은 시간을 절약할 수 있었습니다."_캘리포니아주 개인 상해 및 고용 전문 변호사

"일관된 논리를 펼치는 꼼꼼한 청구서 내용을 보고 깜짝 놀랐습니다. 이븐 업의 프로그램인 디맨드Demands™는 사건을 변호사나 케이스 매니저의 관점에서 세밀하게 분석해 협상을 하게 되거나 재판까지 갔을 경우도 대비한 자료까지 준비되어 있었습니다."_펜실베니아주 상해 전문 변호사

이븐 업의 인공지능은 의뢰인의 삶이 사건으로 인해 어떻게 변화했는지, 어떤 활동이 불가능해졌는지를 파악해 피해 사항을 계산한다. 그리고 관련 판례를 분석해 의뢰인이 겪는 고통에 합당한 보상금을 산정해 제안한다. 제출할 의료 기록·영수증 등을 검토하고 누락된 서류도 알려 준다. 의뢰인이 기저 질환이 있거나 복합적인 사건으로 인해 변호사의 분석이 필요할 경우, 변호사가 살펴봐야 할 부분을 별도로 표기해 준다.

이브 업을 사용함으로써 변호사는 의뢰인에게 집중할 시간을 확보하게 된다. 또한 이브 업을 통해 변호사가 기존의 방식으로는 소화할 수 없는 방대한 양의 판례를 분석할 수 있어, 의뢰인이 받을 수 있는 최대한의 보상금을 수령할 수 있도록 돕는다.

이브 업을 사용해 본 상해 전문 변호사들은 오랜 시간 상해 사건을 다루며 수많은 의뢰인의 상해 보상금 청구서를 작성해 온 전문가들이다. 이들은 이브 업의 서비스를 통해 의뢰인이 최단 시간에 더 많은 보상금을 받을 수 있도록 도움을 받았다고 했다. 또한 사건에 대한 증빙 자료, 보상금 산정 근거 자료 등을 준비하는 데 드는 긴 시간을 절약하고, 재판에 대비한 자료를 제공받아 의뢰인에게 더 나은 서비스를 제공했다고 말했다. 이들은 이브 업 덕분에 상해 보상금 청구 과정에서 효율성과 정확성을 높일 수 있었다고 평가했다.

▶▶ 전문 변호사의 서류 작업에 투입된 인공지능

이브 업은 상해 사건과 관련된 방대한 양의 문서를 분석해 필요한 데이터를 추출하고 배상금을 산정하고 청구서를 작성하는 인공지능 프로그램을 개발하는 회사다. 이브 업의 디맨드 프로그램은 상해 관련 법률 데이터를 중점적으로 훈련한 인공지능 피아이$_{Piai^{TM}}$를 이용해 상해 전문 변호사·케이스 매니저·법무사 등의 고객이 보상금 청구서 작성 시 도움을 준다. 미국에서 발생한 수십만 건의 상해 사건을 비교 분석해 단 몇 분 안에 해당 사건에 맞는 종합적인 보상금 청구서를 변호사에게 제공한다.

상해 전문 변호사 A 씨는 상해 변호사의 업무에 대해 이렇게 말했다. "상해 사건은 변호사가 고객의 이야기를 듣고 비슷한 판례를 찾아 스토리를 구성하고, 증거와 근거를 찾아 그에 걸맞은 합당한 보상을 받아 내는 것이다. 이때 변호사가 가장 중점으로 할 일은 의뢰인의 이야기를 반영한 스토리텔링이다."

하지만 현실적으로는 의뢰인이 제출한 자료를 살펴보고, 비슷한 판례를 찾고, 빠진 서류를 보완하는 데 많은 시간이 소요된다. 때문에 정작 고객의 이야기를 듣기에 충분한 시간을 할애하지 못하는 경우가 많다. 상해 관련 사건은 케이스별로 상해 종류와 피해 정도가 다르기 때문에 해당 사건과 유사한 판례를 찾아 보상금을 산정해야 한다. 그래서 자료를 찾는 데 많은 시간과 에너지가 든다.

대형 법무법인일 경우, 여러 인원이 분업하여 수임한 내용을 정리하고, 의료 기록을 수집하고, 필요한 자료를 추출해 최종적으로 변호사가 검토할 수 있도록 업무 프로세스를 구축할 수 있다. 그러나 업무 프로세스가 잘 구성된 대형 로펌이라도 인재를 고용하고 교육하며 복지를 제공하는 것은 경제적·물리적 부담이 될 수 있다. 팀을 구성하는 인재가 이탈할 위험도 존재한다. 이러한 경영 리스크는 이븐 업의 디맨드 프로그램을 통해 청구서를 작성함으로써 해결할 수 있다. 변호사나 케이스 매니저가 혼자서도 수임받은 사건을 처리할 수 있게 되어, 업무의 효율성을 높이고 인력 운영에 드는 부담을 줄일 수 있다.

▶▶ 이븐 업의 인공지능 피아이의 차별점

인공지능을 훈련시키는 일은 반려견 교육과 비슷하다. 반려견 교육에서는 '앉아, 기다려' 같은 기본적인 훈련만으로도 생활에 큰 어려움이 없다. 이와 같은 수준으로 훈련된 인공지능이 챗GPT와 같은 일반적인 생성형 AI다.

반면 이븐 업의 인공지능 피아이는 마약 탐지·장애인 안내 등의 특수 교육을 마친 특수견이라고 볼 수 있다. 특정 업무를 수행하기 위해 전문 훈련을 받듯, 이븐 업의 인공지능 피아이도 상해 법률과 관련된 전문적인 훈련을 받았다.

피아이는 이븐 업의 개발팀이 입력한 수천 장의 의료 기록·사건 기록·증언 기록·의사 소견서, 그리고 상해 사건 판례 수십만 건을 학습했다. 피아이는 고객이 입력한 정보를 선별하여 보상금 청구서에 필요한 내용을 가공해 보고서를 생성한다. 이때 앞서 설명했듯이 보완할 사항과 자료에 대해 피드백을 하고, 보험사·사고 유형·지역 등의 항목으로 검색해 정보를 더 얻을 수 있게 하는 기능도 갖췄다.

이븐 업 피아이의 업무 프로세스 출처: 이븐 업 홈페이지

이븐 업의 인공지능 피아이는 챗GPT와 같은 일반적인 생성형 인공지능과 다르게 제한된 데이터로 훈련했다는 것도 차별점이다. 일반적인 생성형 AI는 인터넷에 있는 정보를 학습한다. 때문에 인터넷에 존재하는 정확하지 않은 정보를 통해 답변을 제공할 가능성이 있다. 전문가들은 현재 기술 수준에서 일반적인 생성형 인공지능의 정확도를 60% 정도로 평가하고 있다. 생성형 AI는 학습한 데이터 중 질문에 대한 답변이 없는 경우에도 결과물을 내놓도록 설계되어 있기 때문에 AI 환각 현상의 일종으로 사실과 다르거나 데이터에 근거하지 않는 정보를 그럴듯하게 내놓기도 한다. 이븐 업은 이러한 인공지능의 한계를 최대한 보완하고 답변의 정확성을 제고하기 위해, 사실 관계가 확인된 제한된 데이터만 피아이에게 학습시켰다.

이븐 업의 레이몬드는 한 인터뷰에서 이븐 업은 피아이가 생성한 정보의 완성도를 더욱 높이기 위해 정보 생산의 마지막 단계에서 전문가가 직접 개입하기도 한다고 밝혔다. 이븐 업의 고객은 주로 법률을 다루는 로펌이다. 때문에 이븐 업의 결과물은 법적으로 사실에 입각한 정확하고 품질이 높은 정보여야 한다. 따라서 이븐 업은 전문가를 통해 피아이가 생성한 정보의 사실 관계가 맞는지, 누락된 정보는 없는지 등을 확인하는 작업을 거친다.

만약 사건에 필요한 의료 기록이 세 가지라면 피아이가 세 가지 자료를 모두 검토했는지, 검토한 내용이 정확한지 전문가가 직접 철저히 점검한다. 전문가의 개입이 이루어진다는 사실 때문에, 한때 업계에서는 이븐 업의 인공지능 기술이 사실상 사기이고, 모든 작업이 사람에 의해 이뤄진다는 소문이 돌기도 했다. 레이몬드는 "이븐 업이 다루고 있는 각 사건은 모두 의뢰인이 자신의 인생을 걸고 임하는 사건들"이라며 "우리가 제공하는 정보의 정확성 측면에서는 절대 타협하고 싶지 않다"고 말했다. 그는 "우리의 결과물로 의뢰인의 인생이 바뀔 수도 있다는 생각을 갖고, 이븐 업은 내놓을 수 있는 최선의 결과물을 제공하기 위해 전문가가 직접 정보를 최종 검토하는 과정을 거친다"고 덧붙였다.

▶▶ 확대되어 가는 미국의 법률 인공지능 시장

컨설팅 기업 마켓앤드마켓MarketsandMarkets™에 따르면 글로벌 법률 인공지능 서비스 시장은 2025년 31억 달러(약 4조 5,000억 원)에서 연평균 28.3%씩 성장해 5년 후인 2030년에는 108억 달러(약 15조 6,600억 원)에 이를 것으로 전망된다.

생성형 AI의 등장으로 인공지능에 대한 대중의 인식이 높아졌다. 다양한 분야에 인공지능이 적용되는 것에 대한 거부감도 줄어들고 있다. 의료에서 예술에 이르기까지 다양한 분야에 인공지능이 사용되고 있으며, 법률 분야에서도 활용도가 높아지고 있다.

미국은 글로벌 법률 인공지능 시장을 선도하고 있다. 대형 로펌, 기업의 법무팀 등에서 계약서 분석·법률 검색·서류 검토 등을 도와주는 인공지능에 대한 수요가 증가하고 있다. 또한 법률 인공지능 서비스를 이용하는 고객들이 서비스의 효율성과 규정 준수에 대한 기대 수준이 높아짐에 따라, 해당 서비스는 점점 더 고도화되고 전문적인 방향으로 진화하고 있다. 법률 인공지능 서비스 분야는 기본적인 법률 문서 초안 작성뿐만 아니라, 정교한 계약 협상, 전략 도출, 실시간 법률 지원 등 더 세분화된 분야로 확대되는 추세다.

변호사를 위한 법률 전문 생성형 AI 하비harvey는 미국의 대표적인 법률 인공지능이다. 판례를 포함한 법률 정보 검색, 법률 문서 초안 작성, 복잡한 자료 분석, 근거 자료 검색 등의 서비스를 제공하고 있다. 하비는 미국을 포함한 다양한 나라의 법률 정보를 검색할 수 있어 전 세계 250개 기업과 4만 5,000명의 변호사가 이용하고 있다.

개업 변호사의 개인 어시스턴트 AI인 저스티스 HQjustice HQ도 주목받는 법률 인공지능 기업이다. 저스티스 HQ는 개업 변호사 혼자 처리하기 쉽지 않은 사건을 돕고, 변호사 사무실의 업무를 처리하며 다

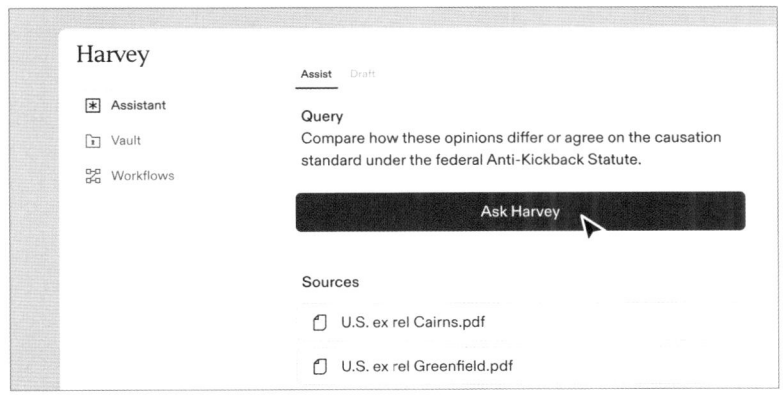

하비의 변호사를 위한 생성형 AI   출처: 하비 홈페이지

양한 분야의 변호사들과 네트워킹도 할 수 있는 서비스를 제공한다.

　기업의 계약 수명 주기 관리contract life cycle management를 전문으로 하는 인공지능 기업 시리온Sirion도 2024년 유니콘 기업으로 성장하며 미국 내 주요 법률 인공지능 기업으로 주목받고 있다.

　도이치 텔레콤Deutsche Telekom의 클라우디아 준커Claudia Junker 변호사는 "내 신입 시절에도 인공지능이 있었다면 더 많은 일을 했을 것"이라고 말했다. "현재 변호사들이 인공지능 사용을 꺼려하는 기조는 10년 내 사라질 것"이라는 의견도 덧붙였다.

　법률 인공지능 시장이 확대됨으로써 변호사들이 반복적이고 일상적인 업무에서 해방되어 서류 작업보다는 의뢰인에게 더 많은 시간을 투자하고, 사람만이 할 수 있는 판단을 내리거나 전략을 세우는 일에 더 집중할 수 있는 날이 가까워지고 있다.

By **정진수**
세계 경제의 중심지인 뉴욕에서 급변하는 미국의 시장 트렌드를 분석하고, 숨겨진 수출 기회를 발굴해 생생한 정보와 뉴스를 전달한다. 한국 기업들의 성공적인 미국 시장 진출을 위한 길잡이가 되고자 한다.

인공지능 로봇이 진단하고
원격으로 수술하는 시대

선전

▶▶ 5,000km를 극복한 원격 수술 로봇

2025년 2월 28일, 상하이 푸단 대학교 안과 및 이비인후과의 타오 레이陶磊 교수는 수술실로 들어섰다. 수술대에는 환자가 없었고, 대신 커다란 모니터 속에 환자의 성문(성대)이 보였다. 환자 이 씨는 상하이에서 무려 5,000km 떨어진 신장 위구르 자치구 카슈가르에 누워 있었다. 이 씨는 5년 전부터 목에서 쇳소리가 났고 올해 초부터 그 쇳소리가 심해졌다. 그가 카슈가르 제2병원에서 치료를 받던 중 왼쪽 성대에 흰색 종양이 발견됐다. 당시 병원은 이를 후두암 병변으로 판명하고 대규모의 절제술이 필요하다고 판단했다. 그러나 이보다 더 큰 문제가

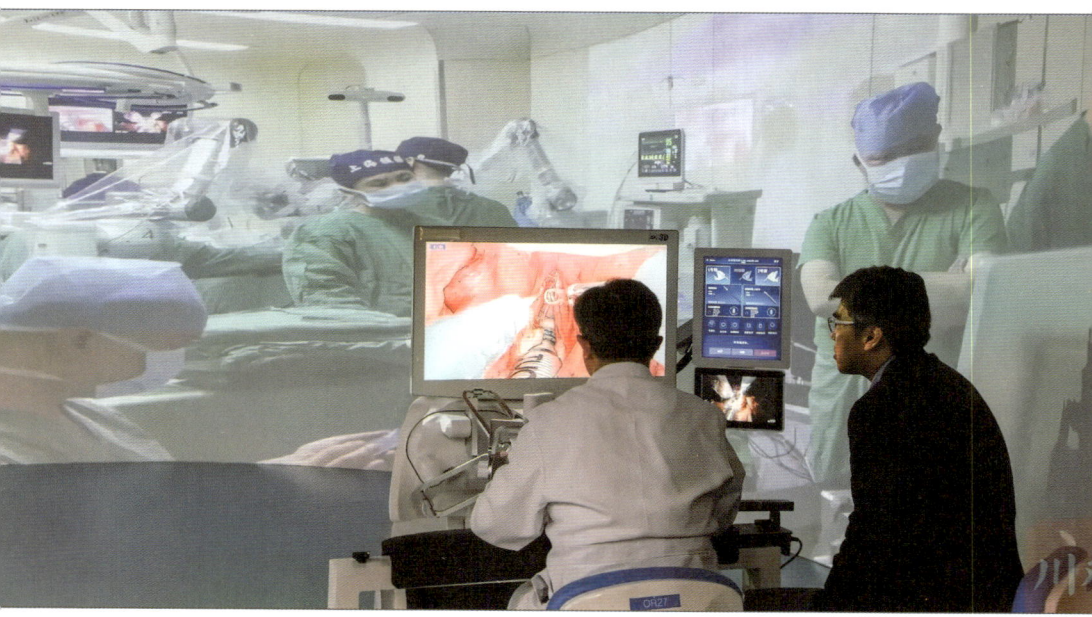

경구 수술 로봇을 활용한 수술 현장 출처: 환관신문

있었다. 카슈가르 병원에는 이런 대규모의 절제술이 가능한 시설과 인력이 없었다.

이때, 타오레이 교수진과 의료진이 구세주처럼 등장했다. 당시 타오레이 교수는 5,000km나 떨어진 장소에서 수술을 할 수 있을 뿐만 아니라 환자에게 후유증을 최소화할 수 있는 방법을 내놓았다. 바로 타오레이 교수진이 오랜 기간 연구 개발한 경구經口 원격 수술 로봇이다.

2025년 2월 28일, 경구 수술 로봇 2대는 각각 상하이와 카슈가르에 있었지만, 한 몸처럼 움직였다. 타오레이 교수는 손끝의 미세한 움직임으로 상하이에서 수술 로봇 팔을 조종했고 그 움직임은 실시간으로 카슈가르에 전달됐다. 좁고 구불구불한 목구멍을 따라 들어간 로봇 팔은 마치 의사가 카슈가르에서 직접 집도하는 것처럼 신속하고 정확하게 종양을 제거했다. 수술은 50여 분만에 성공적으로 끝났다. 출혈량은 1ml도 되지 않았다.

이번 후두암 종양 제거 수술은 전 세계의 수술 로봇 역사에서 매우 의미 있는 돌파구로 작용했다. 수술 로봇으로는 전 세계를 대표할 만한 다빈치 수술 로봇이 닿을 수 있는 가장 깊은 곳은 하인두다. 하지만 후두의 성대 조직까지 닿으려면 3cm 더 깊숙이 들어가야 한다.

타오레이 교수는 "성대 부위에 치료가 필요한 환자가 전체 후두 환자 중 70%를 차지하지만, 기존의 수술 로봇은 성대까지 도달할 수 없었다"며 기술의 한계를 언급했다. 그러나 이번 수술에 사용된 로봇은 다빈치 수술 로봇보다 3cm 더 깊은 부위까지 수술이 가능해졌다.

해당 경구 수술 로봇은 8년 간 중국 본스 의학 로봇 유한 공사中国博恩思医疗机器人有限公司, China Boren Medical Robotics Co., Ltd., BORNS가 연구 개발한 결과물이다. 본스에 따르면, 경구 수술 로봇 모델이 제조되는 데까지 산업 체인 내 165개 관련 기업이 참여했으며 1,760여 가지 부품이 사용됐다. 원격 수술 로봇은 공간과 인터넷 환경의 한계를 뛰어 넘어 실시간 추적·3D 구성·파워 피드백 조작 등 핵심 기술을 탑재했다.

원격 수술 로봇은 로봇의 수술 개입 정도에 따라 조작형 수술 로봇과 내비게이션형 수술 로봇으로 구분된다. 조작형 수술 로봇은 의사가 로봇 팔을 직접 조작하면서 수술 도구를 제어하는 방식이다. 내비게이션형 수술 로봇은 의사가 로봇을 직접 조작하기보다 주로 수술 장비를 특정 위치에 배치하거나 고정해 수술의 안정성을 높이는 역할을 한다. 위에서 언급한 사례 속 로봇은 의사가 직접 로봇을 조종하며 수술을 진행한 것으로 조작형 수술 로봇에 해당된다.

▶▶ 수술 로봇의 활용과 쓰임

수술 로봇은 인공지능·3D 영상 기술·원격 조종 기술 등 첨단 기술이 융합된 결과물이다. 로봇 팔은 사람 손의 움직임과 매우 유사하지만, 정확도와 정밀도는 사람 손보다 뛰어나다. 이는 로봇 팔이 제조될 때 감속기와 서보모터servo motor 같은 핵심 부품이 입체적으로 움직일 때 주요한 역할을 하기 때문이다. 수술 로봇에는 원격 제어 기능이 있기 때문에 원격 수술을 해낼 수 있다. 또한 고도화된 인공지능과 5G 기술은 더욱 정교화된 원격 수술을 가능하게 한다.

인공지능과 머신 러닝Machine Learning, ML 기술은 원격 수술의 사전 준비 단계부터 수술 중 결정, 수술 후 회복 관리 전반에 관여하고 있다. 원격 수술 로봇에 인공지능 기능이 적용되면서 이미지 분석과 3D 재구성이 가능해졌기 때문에 수술의 정밀도·안전성·효율성이 크게 향상됐다. 인공지능은 딥 러닝deep learning을 통해 CT·MRI 등 의료 이미지를 분석 처리하고 3D 모델을 자동 생성해 의사의 수술 계획 수립에 도움을 준다. 특히나 신경 외과 또는 복잡한 정형외과 수술에서 종양·골절 등을 정확히 찾아내 혈관과 신경의 손상을 최소화한다. 수술 과정에서는 의사에게 혈압·출혈량 등 실시간 데이터를 분석해 전달하고, 수술 도구 선택에 대한 조언과 수술 방식 제안 등의 보조자 역할도 해낸다.

▶▶ 한 몸처럼 움직이는 로봇과 통신

원격 수술에서 수술의 완성도를 결정하는 기술 핵심은 바로 통신 기술이다. 끊김 없는 통신 서비스를 제공해 의사가 마치 현장에서 직접 집도하는 것처럼 구현해야 한다. 2025년 1월, 중국에서는 인공위성을 활용한 원격 수술 성공 사례가 나타났다. 의사는 베이징의 인민 해방군 종합 병원에, 환자는 티베트 자치구 라싸에 있었다. 이 둘 사이의 거리는 3,000km였지만 위성 통신 덕분에 수술을 성공적으로 마칠 수 있었다. 이번 수술에 사용된 위성은 지난 2020년 7월 중국 항공 우주 과기 그룹 유한 공사中国航天科技集团有限公司, China Aerospace Science and Technology Corporation, CASC가 개발하고 야타이 위성 통신(선전) 유한 공사亚太卫星宽带通信 (深圳) 有限公司, APT Mobile Satcom Limited가 설계해 발사된 야타이 6D亚太6D, APSTAR-6D* 통신 위성이다. 이 위성은 지구 면적의 3분의 1을 커버하는 고대역폭, 고출력, 높은 처리 속도 등이 강점이었으므로 원격 수술에

* '6-Dimensional Communication', 즉 6가지 차원의 통신 기능을 통합한 위성 통신 시스템. 6가지 차원의 통신 기능은 각각 광역 커버리지·고속 데이터 전송·고정밀 빔·네트워크 지능화·동적 자원 배분·다중 사용자 접속 등이다.

매우 적합하다는 판단이 있었기에 가능했다.

궁극적으로 원격 수술에 있어서 로봇과 통신은 한 몸처럼 움직여야 한다. 데이터 전송이 느려지는 현상은 원격 수술의 걸림돌이 되므로 IT 통신 기술의 돌파구가 필요하다. 통신 기술의 발전이 있다면 시공간의 제약, 자연재해의 제약을 받지 않고 우주에서도 원격 수술이 가능한 시대를 기대해 볼 수 있을 것이다.

▶▶ 중국의 원격 수술 로봇 시장의 발전사

세계 최초의 수술 로봇은 미국에서 발명됐다. 1985년 미국의 연구자들이 개발한 퓨마 560PUMA 560이라는 로봇이다. 퓨마 560은 외과 수술 발전에 매우 중요한 이정표가 됐다. 산업 현장에서 재료 이동·용접·조립 등 작업을 수행하던 로봇이 수술실까지 사용 범위가 확대된 것이다. 특히, 2000년에 미국 식품 의약국FDA 승인을 받은 다빈치 수술 로봇Da Vinci surgical system이 상용화되면서 전 세계 수술 로봇 시장의 문이 열리기 시작했다. 다빈치 수술 로봇은 미국의 의료 기기 제조사인 인튜이티브 서지컬Intuitive Surgical에서 개발한 수술 로봇이다. 현재까지 가장 널리 사용되는 수술 로봇 중 하나다.

중국의 수술 로봇 시장은 세계 주요국들에 비해 출발이 늦었다. 그러나 현재 중국의 수술 로봇 수준은 의사의 수술을 보조하는 장치로 의료 전문가가 수술을 보다 정확하고 안전하게 수행할 수 있도록 돕는

내시경 수술 로봇

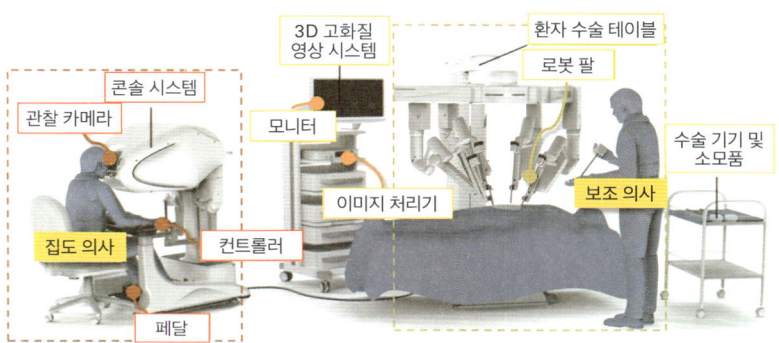

정형외과 수술 로봇

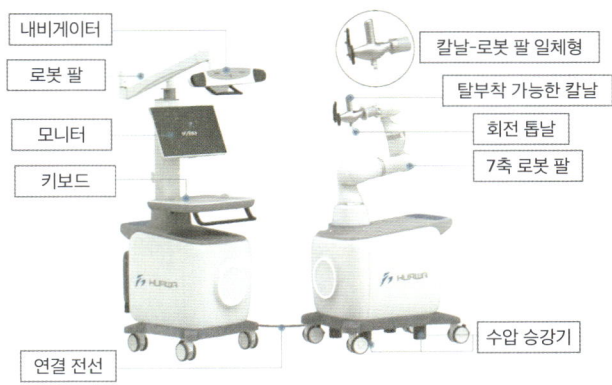

내시경 로봇과 내비게이션 로봇 주요 구성

출처: 광다증권

중국의 수술 로봇 시장 변천사

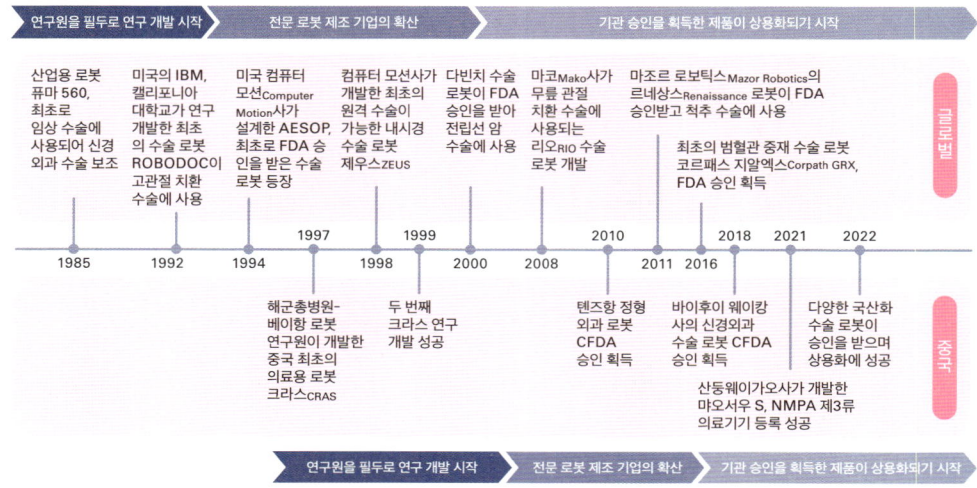

출처: 광다증권

데까지 이르렀다.

중국에 있는 수술 로봇 대부분은 의사가 직접 조작할 수 있는 콘솔을 갖추고 있어서 의사가 물리적으로 환자 옆에 있지 않아도 수술을 진행할 수 있다. 이 로봇을 활용할 수 있는 분야는 비뇨기과·정형외과·일반 외과·신경외과에 집중되어 있다. 내시경 로봇·정형외과 로봇·신경외과 로봇의 활용도가 가장 높은 것으로 나타났다. 내시경 로봇은 의사의 콘솔과 로봇 팔, 영상 송출 시스템 등으로 구성돼 있으며 정형외과 로봇은 내비게이션 컨트롤 시스템, 광학 위치 시스템과 로봇 팔 등으로 구성돼 있다.

중국은 1997년에 처음으로 수술 로봇 개발에 성공했다. 중국 최초의 수술 로봇은 1997년 중국 해군 총병원과 베이징 항공 우주 대학이 공동으로 개발한 CRA-S 모델이다. 중국의 수술 로봇 기술 발전에는 중앙 정부의 정책적 지원이 있었다.

중국은 1986년 첨단 과학 기술 독립과 국가 경쟁력 강화를 위해 국가 과학 기술 발전 프로젝트인 863 프로젝트를 발표했다. 863 프로젝트는 과학 기술 강국으로 부상하는 데 반드시 필요한 핵심 기술 분야를 집중적으로 지원하는 프로젝트다. 바이오·항공 우주·정보·첨단 방어·자동화·에너지·신소재·해양 등 8개 분야가 포함돼 있다.

중국의 수술 로봇 시장 발전에 있어서 863 프로젝트는 기술 혁신·응용 범위 확대·인재 육성 등 다양한 방면에서 큰 영향을 미쳤다. 특히 중국 정부는 수술 로봇 연구 개발을 위한 자금 지원을 아끼지 않았다. 그 결과 2010년 개발에 성공한 중국 최초의 최소 침습 외과 수술 로봇 마이크로핸드 에이MicroHand A, 妙手A가 탄생했다. 이 로봇은 매우 정밀한 움직임으로 최소 침습 수술에 특화된 로봇이다. 이 프로젝트의 또 다른 중요 성과 중 하나로 2010년 상용화된 톈즈항天智航, TINAVI Medical Technologies Co., Ltd사의 정형외과 로봇이 있다. 이는 중국에서 최초로 중국 식품 약품 감독 관리국中国食品药品监督管理局, China Food and Drug Administration, CFDA 승인을 받아 상용화에 성공한 수술 로봇이다.

2010년대에 접어들며, 중국은 수술 로봇 시장의 국산화 실험실을 본격적으로 가동하기 시작했다. 그 시작을 알린 건 2018년, 베이징의 의료 기기 스타트업 바이후이 웨이캉柏慧维康, Beijing Baihui Weikang Technology

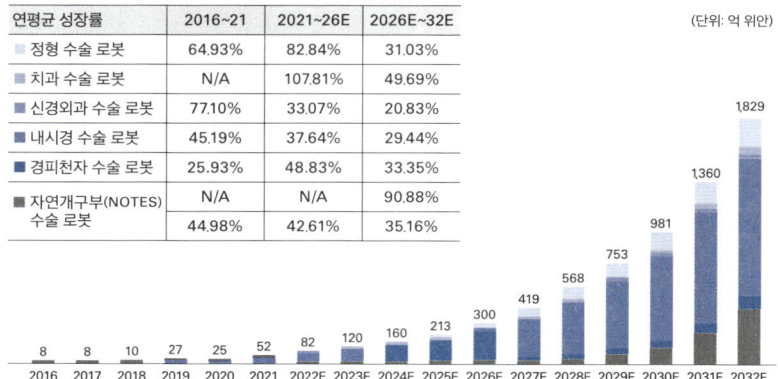

Co., Ltd.이 개발한 신경외과 수술 로봇이었다. 이 로봇은 중국 식품 약품 감독 관리국의 허가를 받으면서 본격적인 임상 적용의 길을 열었다.

뒤이어 2021년, 산둥웨이가오山东威高, WEGO는 톈진 대학교와 공동 개발한 수술 로봇 먀오서우S(마이크로핸드 에스)妙手S, MicroHand S로 주목을 받았다. 특히 이 제품은 제3류 의료 기기 인증을 획득했는데, 이는 인공 심장이나 인공 관절처럼 인체에 직접 작용하는 고위험 의료 기기로 분류되는 등급이다. 중국 내에서도 인증 기준이 까다롭기로 유명한 이 문턱을 넘었다는 건, 중국 기술의 완성도가 국제적 수준에 가까워졌음을 보여 주는 신호탄이었다.

그러던 중, 중국의 수술 로봇 국산화 노력에 상징적인 전환점이 찾아왔다. 2023년 10월, 미국 인튜이티브 서지컬과 중국 푸싱 의약 그룹

中国复星医药集团, Fosun Pharmaceutical(Group)이 함께 설립한 즈관푸싱直观复星, IntuitiveFosun이 마침내 중국산 다빈치 Xi 수술 로봇을 세상에 선보인 것이다. 같은 해 6월에는 중국 식품 약품 감독 관리국의 승인을, 8월에는 생산 허가증을 받아 정식 제품으로 인정받았다. 즈관푸싱은 보급을 가속화하기 위해 3,000명 이상의 의료진을 대상으로 로봇 수술 훈련 프로그램도 운영했다.

이러한 기술적 성과는 시장 성장세로도 이어지고 있다. 글로벌 조사기관 프로스트앤드설리번Frost&Sullivan은 2025년 세계 수술 로봇 시장이 285억 1,000만 달러(약 41조 3,300억 원) 규모로 성장할 것이라 전망했다. 중국의 경우는 더욱 가파르다. 카이위엔증권开源证券에 따르면, 2021년 약 51억 위안(약 9,690억 원) 규모였던 수술 로봇 시장이 2026년에는 300억 위안(약 6조 165억 원) 이상으로 성장할 것으로 예상된다. 불과 5년 만에 시장이 6배 가까이 커지는 셈이다.

▶ 국가가 설계하고, 로봇은 수술하는 세상

중국은 중앙 정부 차원의 원격 수술 로봇 산업 육성에 주력했다. 2023년 1월 중국 공업 정보화부는 17개 부서와 공동으로 '로봇+ 응용 행동 실행 계획机器人+ 应用行动实施方案'을 발표했다. 중국 정부는 수술 로봇과 인공지능 의료의 기본 이론부터 핵심 기술·혁신 응용 방안 등 다양한 혁신을 목표로 삼았다. 특히 수요가 있는 병원에서는 수술 로봇을

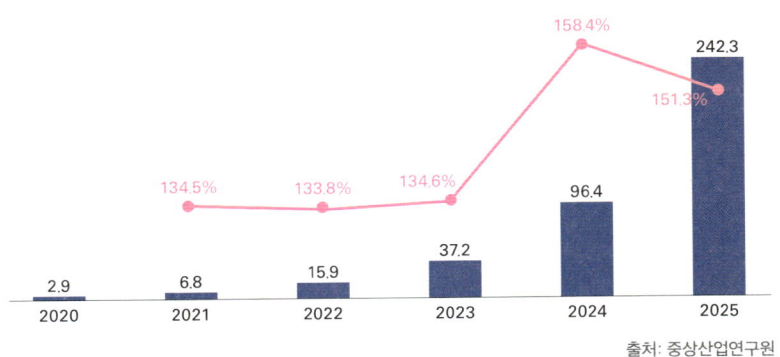

중국의 인공지능 의료 기기 시장 규모 추이

출처: 중상산업연구원

활용한 최소 침습 수술 등을 할 수 있도록 적극적으로 장려했다.

중국은 수술 로봇을 포함해 인공지능과 의료 기기가 결합된 새로운 기술을 개발하고 제품을 제조할 수 있는 기업을 적극 육성하고 있다. 2025년 1월, 중국 공업 정보화부와 중국 식품 약품 감독 관리국은 '2025년 인공지능 의료 기기 혁신 과제 및 리더 발굴 프로젝트 2025人工智能医疗器械创新任务揭榜挂帅工作'를 발표했다. 중국 정부는 이번 프로젝트를 통해 스마트 의사 결정 보조 제품 혹은 뇌-컴퓨터 하이브리드 제품 개발을 위한 사전 연구를 마치고, 관련 지적 재산권을 보유한 기업을 모집하고 있다. 선정된 기업과 기관은 2년 동안 정부의 정책과 금융 지원을 받을 수 있다. 이외에도 국가가 인정한 제품으로서 브랜드 영향력을 확대할 수 있는 좋은 기회를 얻는다.

중국 중앙 정부 차원의 적극적인 지원 정책에 힘입어, 중국의 인공지능 의료 기기 시장도 빠르게 커지고 있다. 중상 산업 연구원中商产业研究

院이 발표한 보고서에 따르면, 2023년 전 세계 인공지능 의료 기기 시장은 84억 달러(약 12조 1,800억 원)로 2024년에는 100억 달러(약 14조 5,000억 원)를 넘긴 것으로 추정된다. 이러한 추세라면, 2025년에는 127억 달러(18조 4,100억 원)에 이를 것이다. 2024년 중국의 인공지능 의료 기기 시장 규모는 96억 4,000만 위안(약 1조 9,300억 원)이다.

2021년부터 중국의 인공지능 의료 기기 시장은 매년 130% 이상의 증가율을 유지하며 빠른 속도로 커지고 있다. 중상 산업 연구원은 2025년 중국의 인공지능 의료 기기 시장 규모가 전년 대비 151.3% 늘어난 242억 3,000만 위안(약 4조 8,600억 원)에 달할 것으로 예상했다. 중국식 의료 혁신 모델은 단순히 정책 제안에서 그치는 것이 아닌, 실제 병원에서 로봇이 수술을 할 수 있게끔 인공지능 의료 생태계를 구축하는 것이 핵심이다. 정책적 지원과 기술 혁신이 맞물리면서 관련 시장은 더욱 성장할 것으로 보인다.

▶▶ 한국의 로봇·통신·인공지능 기술 기업

원격 수술 로봇은 수요자와 공급자 모두에게 큰 영향을 미치는 시장이다. 원격 수술 로봇 시장이 더 발전하려면 의료 기술자뿐 아니라 로봇을 사용하는 데 필요한 엔지니어·데이터 분석가·인공지능 전문가 등이 필요하다. 의료진을 보조하는 로봇이 제대로 작동하기 위해서는 로봇 전문가의 역할이 상당히 중요하기 때문이다.

수술 로봇 산업 체인

업스트림	미드스트림	다운스트림
원재료: 철강, 플라스틱 등 핵심 부품: 센서, 감속기, 컨트롤러, 반도체칩 등 인공지능 기술: 머신 러닝, 음성 인식, 데이터 수집 등 첨단 기술: 5G 통신 기술, 빅데이터, IoT 등	소프트웨어 개발 설루션 로봇 조립	대학 병원 요양원 의료 기관 실험실 등

출처: 중관춘산업연구원, 중산산업연구원

원격 수술 로봇은 수요자인 환자가 겪는 경제적·지역적 의료 격차를 해소하는 데 기여한다. 위에 소개한 사례 속 신장 위구르 자치구와 같이 의료 자원이 상하이보다 많이 부족한 지역에서도 앞으로는 원격 수술 로봇을 통해 환자들이 고품질의 의료 서비스를 제공받을 수 있을 것이다. 고령화 사회로 진입한 많은 나라에서는 원격 수술 로봇이 중요한 대안이 될 것이다.

한국의 로봇 본체 및 부품 제조 기업, 의료 기기 제조 기업, 반도체 관련 기업, 통신 기술 기업, 인공지능 기술 기업 등은 중국의 원격 수술 로봇 시장을 주목할 수 있다. 관련 기업이 중국의 원격 수술 로봇 시장에 진입하기 위해서는 기술적 측면과 제조적 측면을 고려해야 한다. 우선 제조적 측면에서 보면 업스트림의 핵심 부품과 미드스트림의 로봇 본체 분야를 공략할 수 있다.

원격 수술 로봇의 정밀도와 효율성을 높이는 데 센서는 핵심 부품이다. 주로 힘 센서·촉각 센서·광학 센서 등이 사용된다. 힘 센서는 로봇이 가하는 압력을 조정해 과도한 손상을 방지하는 역할을 한다. 촉각 센서는 환자 상처·조직·피부 등의 상태를 감지해 실시간 데이터를 전송한다. 광학 센서는 고해상도 이미지를 통해 로봇의 정확한 위치를 확인해 준다. 센서 외에도 로봇 팔을 움직이는 서보 시스템·감속기·컨트롤러 등이 있다. 현재 중국은 핵심 부품의 대외 수입 의존성이 높은 편으로 주로 미국·일본·독일로부터 핵심 부품을 수입한다.

원격 수술 로봇의 또 다른 핵심은 정밀 제어 기술에 있다. 정밀 제어 기술에는 센서 기술·데이터 처리 기술·인공지능 등 다양한 기술이 포함된다. 우리 기업은 인공지능 기술·5G 통신 기술 등 기술적 측면도 고려할 수 있다.

인공지능은 수술 로봇에 있어서 진단 및 수술의 정확성을 획기적으로 향상시키는 데 기여했다. 인공지능을 활용한 여러 응용 프로그램은 진단 과정에서의 오류를 최소화하고 수술 과정 중에 발생할 수 있는 여러 위험 요소를 사전에 제거해 준다. 한국의 인공지능 기술 기업과 스타트업 등은 특히나 인공지능을 활용한 영상 진단 분야에 큰 두각을 나타내고 있다. 의료 분야에 특화된 인공지능 설루션을 개발하는 우리 기업은 영상 진단에 그치지 않고 수술 전후의 예측 및 의사 결정에도 도움이 될 수 있는 기술 개발을 지속적으로 이어 나갈 수 있다.

한국의 인공지능 기술 기업과 스타트업 등은 이미 제조 역량과 첨단 기술 개발 역량을 모두 갖춘 것으로 세계적인 인정을 받았다. 코트라는 우리 기업이 원격 수술 로봇 시장에 성공적인 진출이 가능할 것으로 예상하고 있다. 초고감도 센서 혹은 수술 로봇에 적용되는 특수 센서에 대한 시장 수요가 명확함도 확인했다. 글로벌 반도체 유통 플랫폼의 중국 지역 담당자는 코트라 선전 무역관과의 인터뷰에서 "지금 당장 수요가 폭발적이지는 않지만, 의료 분야에 적용되는 특수 목적 센서는 분명 시장성이 있다고 본다"고 밝혔다.

By 이종은
중국 선전에서 근무한 지 2년, 아시아의 실리콘 밸리라고 불리는 이곳에서 식견을 넓히고 있다. 중국에서 어린 시절을 보내고 대학 시절 중국 외교 통상을 전공했으나 여전히 보고 배워야 할 것이 많다. 트렌드를 바라보는 다양한 시선을 기르고 시각을 넓히는 과정에 있다.

스포츠를 더 깊이 이해하게
만드는 인공지능

뉴델리

▶▶ 인공지능이 바꾸는 스포츠 팬 경험

"이제 스포츠의 승패는 데이터로 결정된다." 인도의 스포츠 기술 기업 드림 스포츠Dream Sports의 최고 기술 책임자 아밋 샤르마Amit Sharma의 말이다. 드림 스포츠의 자회사인 드림11Dream11은 인도만의 독특한 게임 형태인 판타지 스포츠 플랫폼이다. 플레이어는 실제 스포츠 선수로 구성된 가상의 팀을 만들고 크리켓·축구·하키·등을 플레이할 수 있다.

인도 판타지 스포츠 연맹Federation of Indian Fantasy Sports, FIFS과 드림11은 2025년 2월 '스포츠 데이터 게임톤Sports Data Gameathon'이라는 행사를 개최했다. 인공지능과 머신 러닝 기술을 활용해 스포츠 리그에 적용할 수 있는 예측 모델을 설계하는 기술 경연 대회다. 참가한 팀들은 실제 스포츠 데이터를 기반으로 한 경기 결과 예측 모델, 선수별 성과 분석 모델, 최적의 팀 구성 알고리즘 등을 개발해 겨룬다. 인도 공과 대학교Indian Institute of Technology, IIT 등 유수의 대학과 연구 기관 등으로 구성된 52개 팀이 참가했고, 30개 이상의 기술 기업과 교육 기관이 후원했다. 멘토단에는 크리켓 전문가 등 스포츠 업계 전문가부터 머신 러닝 및 인공지능 연구진이 참여했다.

'스포츠 데이터 게임톤'은 스포츠 팬의 역할을 바꾸었다. 이제 그들은 수동적으로 시청하는 데 머무르지 않고, 데이터와 알고리즘을 활용하는 참여형 전략가가 되었다. 인공지능을 팬 경험의 전면에 배치하여 전통적인 스포츠 소비 방식을 다시 쓰고 있는 것이다. 인도는 스포츠 분야의 이러한 변화를 가장 빠르게 일으키고 있다.

▶▶ 프랑스 그랜드슬램 테니스 대회의 인도 인공지능 혁명

프랑스 파리의 봄을 가장 아름답게 만드는 스포츠 경기가 있다. 바로 4대 그랜드 슬램 테니스 대회 중 하나인 롤랑가로스다. 봄철 클레이 코트 시즌의 마지막 대회이기도 한 이 전통 깊은 무대가 열리면, 전 세계 시선이 경기장 한가운데 붉은색 클레이 코트로 모인다. 1800년대 후반에 시작된 이 대회에 2019년 시작되어 2026년까지 인도의 IT 컨설팅 기업, 인포시스Infosys와의 협업으로 데이터 혁명이 일어나고 있다.

인포시스는 롤랑가로스와의 전략적 협업을 통해 스탯츠 플러스 stats+와 슬램 리더보드 slam leaderboards라는 인공지능 분석 플랫폼을 출시했다. 이 시스템은 인포시스가 일반적으로 제공하는 자체 스포츠 분석 플랫폼의 일부 기능이다. 인공지능은 선수의 움직임, 위치 변화, 반응 시간, 공의 회전과 속도 등의 경기 정보를 실시간으로 수집해 시각화하고 분석했다. 한 포인트가 끝나기도 전에 수백 개의 데이터가 정리됐고, 실시간으로 코치진에게 전술 조언을 했다.

인포시스는 테니스 팬들의 경험도 설계했다. 선수들의 경기 데이터는 코치뿐 아니라 관객의 스마트폰과 경기장 스크린으로도 전송됐다. 이 시스템은 공이 날아간 각도, 회전, 코트에 닿을 때의 기울기 등을 모두 3D 이미지로 재현했다. 경기장을 위에서 내려다보는 드론처럼, 팬들은 기술적으로 이해된 경기를 관람하게 되었다. 이 인공지능 시스템은 특정 선수가 어느 쪽 구역에서 실수가 잦은지, 어떤 포지션에서 위력을 발휘하는지도 한눈에 볼 수 있게 했다. 팬들은 경기의 흐름을 읽는 통찰력을 키우는 특별한 경험을 할 수 있었다.

팬들은 게임의 형태로 경기를 즐길 수도 있다. 경기가 끝난 후 점수만 확인하는 것이 아니라, 자신의 예측과 실제 데이터를 비교할 수 있게 되었다. 스스로 전략가가 되어 보는 체험을 하게 된 것이다. 누가 다음 포인트를 따낼지, 어느 쪽으로 서브를 넣을지 맞혀 보는 것은 재미를 넘어서 데이터 해석으로 이어졌다. 경기장 밖으로 이어진 이 게임은 관중과 인공지능이 함께하는 롤랑가로스 경기로 그 의미를 넓혔다. 양사는 2026년까지 파트너십 계약 연장을 발표했다.

▶▶ 선수의 경기력을 개선하는 인공지능 기술

인도에서는 스포츠의 인공지능 혁명이 더욱 빠른 속도를 내고 있다. 크리켓과 양궁이 대표적이다. 인도 크리켓 리그의 로열 챌린저스 벵갈루루 팀 분석실에서는 매 경기 후 인공지능이 쏟아 낸 데이터가 정리된다. 이 데이터는 인도 공과 대학교 마드라스IIT Madras의 성과다. 이들이 개발한 인공지능은 선수들의 패턴을 읽고 다음 경기 전략을 제안한다. 가령 한 선수가 약점을 드러내는 경우를 인공지능이 포착하게 되면, 이를 바탕으로 맞춤 전략을 제안하는 것이다. 수비 라인 배치를 다시 하라는 제안을 하는 수준까지 가능하기 때문에 감독과 코치의 경험과 지식에 의존했던 경기가 이제는 인공지능이라는 조력자를 얻게 된 셈이다.

인도의 프로 크리켓 구단인 콜카타 나이트 라이더스에게도 인공지능 조력자가 있다. 이 팀은 인공지능 피트니스 기술을 도입했다. 선수들은 웨어러블 기기를 통해 체온·심박수·피로도를 실시간으로 측정한다. 인공지능은 이 데이터를 분석해 훈련 방식과 출전 시점을 조율한다. 실제로 이 팀은 2023년 시즌에서 인공지능이 제안한 일정에 따라 에이스 선수의 휴식을 제안했고, 후반기 경기에서 피로 누적으로 인한 부상을 방지하는 데 성공했다. 또한 인공지능 분석을 통해 투수 수닐 나린의 공 던지는 타이밍과 전략을 재설계했다. 그 결과, 공식 인디언 프리미어 리그 기록에 따르면 2022년 대비 2023년 그의 경기당 평균 실점이 12% 감소했다.

인포시스-롤랑가로스 파트너십 홈페이지   출처 : infosys.com

    인도의 양궁 대표팀은 인도 공과 대학교 마드라스와 인도 스포츠청이 공동 개발한 인공지능 기반 양궁 훈련 플랫폼을 활용한다. 이 플랫폼은 훈련의 방식을 바꾸었다. 과거에는 활을 쏘고 나서 코치가 영상을 되짚어 보며 개선점을 찾았다면, 현재는 활을 쏘기도 전에 인공지능이 자세를 분석해 실시간으로 피드백을 준다. 선수는 자신의 미세한 습관을 인공지능을 통해 인식하게 된다.

이 훈련 시스템에는 증강 현실AR 요소도 결합되어 있다. 실내 양궁 연습장에는 실제 경기장 환경을 시뮬레이션 할 수 있는 디지털 타깃 시스템이 설치되었다. 관중의 소음, 경기장의 조도, 바람의 방향까지 고려된 훈련으로 선수의 집중력을 강화하는 데 결정적인 역할을 한다.

2024년 아시아 대회 전까지 약 6개월간 이 시스템을 도입한 인도 양궁 대표팀은, 전체 명중률을 평균 8% 향상시킬 수 있었다. 이제 인도 양궁 대표팀은 올림픽에서 반드시 메달을 획득하겠다는 의지로, 기술이라는 조력자를 등에 업고 활시위를 조용히 당기고 있다.

▶▶ 머신 러닝으로 진화된 스포츠 중계

6개 나라에 지사를 둔 뭄바이의 스포츠 미디어 기업 비디오버스VideoVerse는, 인도에서 스포츠 미디어 콘텐츠 제작을 지원하는 인공지능들을 선보이고 있다. 이를 통해 인도 크리켓 리그인 인디언 프리미어 리그, 베트남 프로 농구 협회, 미국 대학 축구의 마운틴 웨스트 콘퍼런스 등의 경기 하이라이트를 최대 15배 빠르게 생성했고, 시청률도 높였다.

특히 비디오버스의 기술 매그니파이magnifi는 경기를 지켜보는 이들의 눈과 귀 대신, 인공지능이 주요 장면을 포착해 하이라이트를 구성한다. 특히 이 플랫폼은 단순한 영상 편집 도구를 넘어, 경기 중 발생하는 주요 이벤트를 자동 감지하고, 해당 클립을 실시간으로 편집해 다

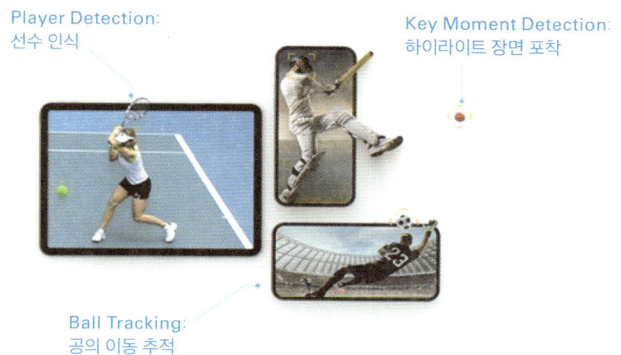

매그니파이 활용 화면   출처 : Sports Video Group

양한 플랫폼에 최적화된 형태로 배포할 수 있도록 설계되었다.

　매그니파이는 스포츠 딥 러닝 모델이다. 경기의 맥락, 경기장 분위기, 선수의 감정, 해설의 톤 변화까지 감지해 장면의 극적 구성을 이해하고 하이라이트로 재구성한다. 약 70종 이상의 국제 스포츠 데이터를 학습한 이 인공지능 모델은, 동작을 인식하고 영상의 장면을 구분하는 수준을 넘어선다. 각 종목의 고유한 흐름과 맥락을 이해하는 학습 방식을 갖춘 것이 강점이다.

　예를 들어, 축구에서는 골 직전의 패스 연결이나 골키퍼의 반응 속도가 중요하고, 크리켓에서는 타자의 자세와 타구 궤적이 핵심 포인트다. 이처럼 스포츠마다 결정적 순간이 다르기 때문에, 이를 포괄적으로 학습한 매그니파이의 모델은 의미 있는 장면 추출을 수행할 수 있다. 해설자의 격양된 목소리의 크기, 관중의 함성이 커지는 순간, 심판의 제스처 등도 감정적 고조로 인식된다. 인공지능은 이 순간들을 하

매그니파이 활용 화면   출처 : Sports Business Journal

이라이트 콘텐츠의 재료로 사용한다. 매그니파이는 팬이 기억하고 싶은 순간, 경기의 흐름을 말해 주는 순간, 그리고 스토리를 만들어 내는 순간을 포착해 내는 진화된 스포츠 인공지능 편집 기술이다.

매그니파이는 2024년 한 해 동안 약 600개 이상의 스포츠 경기에서 활용됐고, 1,200시간 분량의 영상 콘텐츠를 생산했다. 비디오버스가 주간지인 〈스포츠 비즈니스 저널Sports Business Journal〉을 통해 발표한 바에 따르면, 기존 대비 제작 시간은 5배 이상 단축되었으며, 비용은 약 80% 절감되었다.

또한, 이 플랫폼은 인도의 복잡한 언어 환경과 사용자 환경을 고려해 개발되었다. 힌디어·벵골어·타밀어 등 다중 언어 자막 생성을 지원하며, 모바일 네트워크 환경에서도 가볍게 작동하는 경량 알고리즘을 채택하고 있다. 이는 인도와 같은 디지털 격차가 큰 국가에서 영상 접근성을 획기적으로 끌어올리는 요소로 평가받고 있다.

베트남 농구 협회와 프로 스쿼시 협회에서도 이 기술을 도입했다. 전 세계 수백 경기에서 관중은 실시간으로 감정을 공유하고 있다. 경기장을 찾지 않아도, 경기를 생생히 느낄 수 있는 새로운 방식이 탄생한 것이다.

▶▶ 스포츠 산업의 미래를 선점하는 인도

눈에 보이지 않는 알고리즘이 인도의 스포츠 시설과 필드 곳곳을 누비고 있다. 수천만 개의 데이터가 매 순간 선수의 한 동작, 한 호흡을 기록한다. 그것은 기술이 경기장을 읽는 방식이자, 인도가 미래를 준비하는 방식이다. 인공지능은 인도 스포츠의 전략을 바꿨고, 팬의 시청 방식을 바꿨고, 그리고 이제는 선수 개인의 한계까지 다시 정의하고 있다. 크리켓·하키·양궁·탁구에서 나아가 판타지 스포츠까지를 아우른다.

2022년 기준 약 12억 달러(약 1조 6,000억 원)규모였던 인도의 인공지능 스포츠 테크 시장은 5년 만에 35억 달러(약 4조 8,300억 원)까지 확대될 것으로 전망된다. 인도 정부는 디지털 인디아Digital India, 스타트업 인디아Start-up India 같은 국가 차원의 프로젝트를 통해 스포츠와 기술의 융합을 적극적으로 뒷받침하고 있다.

인도의 인공지능 산업에서 최대 강점은 연구 재원이다. 인도 공과대학교, 국제 정보 기술 연구소IIIT 등 기술 인재들이 인공지능 개발에 참여하고 있다. 이들은 스포츠 언어를 이해하는 엔지니어로 성장하고 있다. 인도의 수많은 스포츠 스타트업은 이 인재들을 바탕으로 인공지능 기술을 제품화하고, 이것을 훈련 시스템과 팬 경험으로 연결한다.

기록되지 않던 움직임이 저장되고, 해석되지 않던 패턴이 전략이 되며, 느끼기만 하던 경기의 감각이 숫자로 번역된다. 이는 스포츠를 잃어버리는 일이 아니라, 스포츠를 한층 더 깊이 이해하는 방식이 된다. 지금의 인도는 스포츠의 미래를 기술로 다시 쓰고 있다. 세계는 그 페이지를 주의 깊게 읽고 따라 쓰기 시작했다. 스포츠 인공지능 기술의 방향을 가장 앞서 그리는 국가로 주목할 만하다.

By 한종원
되는 것도, 안 되는 것도 없는 나라 인도에서 2년째 살고 있다. 오늘은 정전, 내일은 인공지능. 뭔가 늘 막히지만 또 늘 흘러간다. 그걸 관찰하고, 질문하고, 기록하는 법을 배우는 중이다.

인간과 기계의 경계를 허무는 뇌-기계 인터페이스

청두

▶▶ 중국 정부의 뇌 과학 계획

중국 정부는 2016년에 '뇌 과학 계획中国脑计划, China Brain Project'을 발표했다. 이 계획에는 다음과 같은 목표가 있었다. '2030년까지 뇌의 작동 원리를 탐구하고, 뇌 질환 치료법을 개발하며, 뇌 기반 인공지능 발전에 기여하는 기술을 개발한다.' 일부는 상용화를 목표로 한다고 했다. 이를 위해 지금까지 약 100억 달러(약 13조 8천억 원)라는 막대한 예산을 투입했다.

중국의 뇌 과학 계획이 진행됨에 따라 기술적 과제에 대한 윤리적 고민과 기준도 계속 발전하고 있다. 인간의 뇌에는 800~1,000억 개의 뉴런이 있지만, 지금의 최첨단 기술로도 한 번에 1,000개 미만의 뉴런만 기록할 수 있다. 전극을 직접 뇌에 삽입해 신호를 수집하는 침습적 뇌-컴퓨터 인터페이스Brain Computer Interface(이하 BCI)는 개두술이 필요하다. 감염 위험도 있으며, 뇌파 기록으로 인한 개인 정보 보안 위협도 존재한다. BCI는 인간의 뇌와 외부 장치 사이에 직접적인 통신 경로를 구축하는 기술이다. 쉽게 말해 생각만으로 기계를 제어할 수 있게 해주는 기술이다. SF 소설에서나 볼 법한 이 기술이 중국에서는 빠르게 현실화되고 있다.

이 뇌 과학 계획의 중심에 있는 텐진에 위치한 뇌-기계 상호작용 및 인간-기계 융합 하이허 실험실은, 2020년에 정식 설립된 BCI 연구의 핵심 기관이다. 비침습적 BCI 기술과 재활 공학 응용 분야에서 중요한 연구 성과를 내고 있다.

중국의 BCI 연구는 미국이나 유럽과 비교했을 때 임상 적용 속도가 빠르다. 또한 정부 차원의 체계적 지원, 산학연 협력 체계, 비침습적 및 침습적 기술이 병행 발전하고 있다는 특징도 있다. 중국이 변화시키고 있는 뇌 과학 산업에 대해 알아보자.

▶▶ 뇌에 이식된 칩이 만든 기적

"다리를 들어 올려 볼까요?"
의사의 말에 샤오린 씨는 깊게 호흡하며 의사의 지시에 집중했다.

그가 지상 3m 높이에서 추락하는 사고를 겪고 척수가 손상된 후, 그는 2년 동안 의지대로 다리를 움직이지 못했다. 그런데 2024년 3월 3일, 그의 뇌에 이식된 작은 칩이 새로운 기적을 만들어 냈다.

"움직였어요! 제 다리가 움직였어요!"

중국 푸단 대학 부속 화산병원复旦大学附属华山医院에서 벌어진 이 감동적인 장면은 BCI 기술이 이론에서 현실로 옮겨지는 순간에 대한 짧은 기록이자, 중국 BCI 기술에서 대표적인 사례다. 샤오린은 수술 첫날부터 다리를 들어 올릴 수 있었고, 2주 만에 보조 장치를 사용해 일어설 수 있게 됐다. 상상만 했던 일이 현실로 이뤄진 것이다.

중국 정부는 2025년 3월 12일, 침습적 BCI 이식 및 제거 비용에 대한 의료 보험 항목을 신설했다. 이는 이 첨단 기술이 일반 환자들도 접근할 수 있는 실용적인 단계에 진입했음을 보여 주는 신호다.

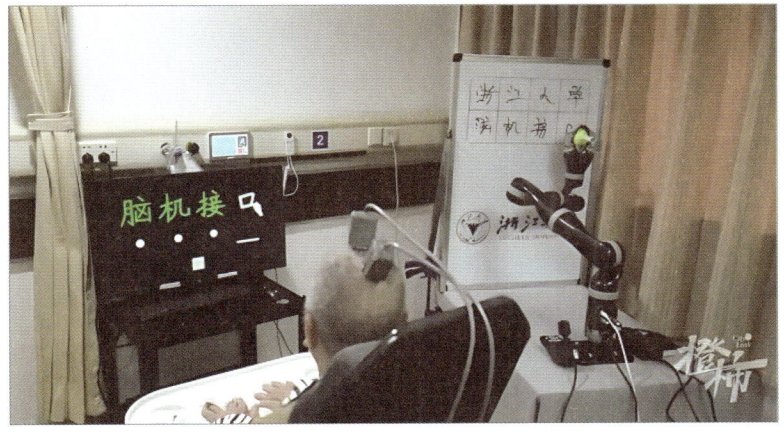

저장 대학교 의과 대학에서 BCI 시스템을 통해 한자를 쓰는 마비 환자의 모습　　출처: 차오신문潮新闻

중국의 BCI 연구는 2000년대 초반 중국 과학원과 칭화 대학교의 초기 연구인 톈진의 하이허 실험실을 시작으로, 앞서 이야기한 것처럼 2016년에 '뇌 과학 계획'이 국가 전략에 포함되면서 본격화됐다. 특히 2021년부터는 이 기술이 실제 환자들의 삶을 변화시키고 있다.

▶▶ **전 세계 단 네 명에게 건넨 기술**

"저장 대학교."

77세 노인의 입에서 나온 말은 아니었다. 교통사고로 목 아래가 완전히 마비되어 8년 간 호흡기에 의존해 온 이 환자는 입조차 움직일 수 없었다. 그러나 그의 뇌에 이식된 4mm 크기의 미세 전극 배열이 그의 생각을 읽어 화면에 글자를 만들어 냈다.

"오늘은 어떤 글자를 써 볼까요?" 연구원이 물었다.

노인은 눈을 깜빡여 의사 표현을 했다. 수술 후 3개월, 그는 의도만으로 기계 팔을 제어할 수 있게 됐고, 이제는 100개의 상용한자를 96%의 정확도로 쓸 수 있다. 글씨를 쓰는 속도가 일반인보다는 느렸지만, 그 차이는 0.2초로 거의 비슷하다고 할 수 있다.

저장 대학교 뇌-컴퓨터 조절 임상 중개 연구 센터 신경 질환 분과浙江大学脑机调控临床转化研究中心神经疾病分中心의 이 성공 사례는 마비 환자들에게 큰 희망을 안겨 주었다. 하지만 이것은 시작에 불과했다.

베이징 수도 의과 대학 쉬안우 병원首都医科大学 宣武医院에서는 더욱 놀라운 일이 벌어졌다. 14년 간 사지 마비 상태였던 40대 양 씨. 그는 무선 마이크로 침습적 BCI 시스템을 이식받은 후, 외골격 로봇 장갑을 통해 물병을 집어 물을 마시는 복잡한 동작까지 수행할 수 있게 됐다.

"처음으로 제 손으로 물을 마셨어요. 14년 만에요." 양 씨의 눈에는 눈물이 고였다.

푸단 대학교 화산 병원에서는 더 혁신적인 접근을 시도했다. 바로 앞서 소개한 샤오린 씨의 이야기가 그 예다. 직경 1mm의 전극 칩 2개를 뇌 운동 영역에, 1개의 전극을 척수에 이식해 신경 다리를 구축한 것이다. 이 BCI 기술은 하반신이 마비된 30대 샤오린 씨가 수술 첫날부터 의식적으로 다리를 들어 올릴 수 있게 해 주었다.

"이 기술은 2023년부터 2024년 초까지 전 세계적으로 단 4명의 환자에게만 적용된 최첨단 기술입니다." 수술을 집도한 의사는 자부심을 감추지 않았다.

▶▶ 두피 위에서도 읽을 수 있는 뇌의 언어

모든 환자가 침습적 수술을 감내할 수 있는 것은 아니다. 상하이 신경 과학 연구소에서는 이런 환자들을 위한 대안을 마련했다.

뇌졸중으로 왼쪽 편마비를 겪던 65세 여성 환자가 있었다. 그녀는 고밀도 뇌파Electro Encephalo Graphy, EEG 기반 비침습적 BCI와 외골격 재활 시스템을 통해 치료를 받았다. 움직임을 상상하면 BCI가 이를 인식해

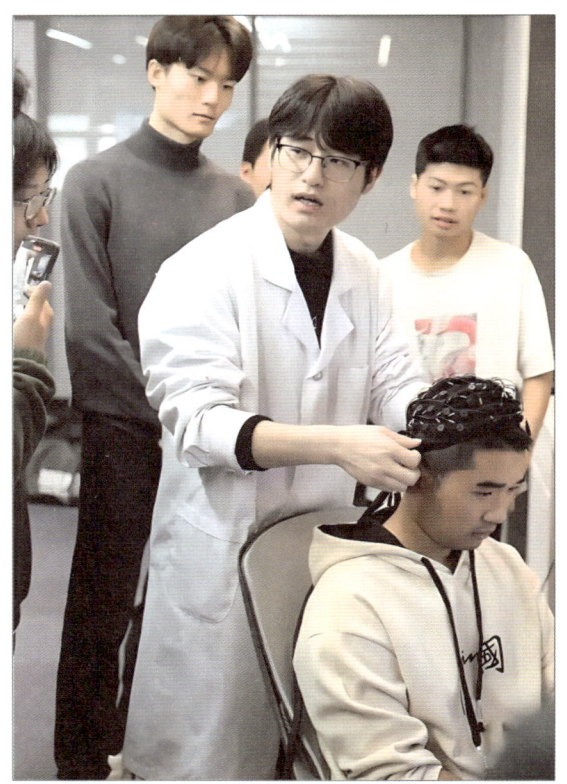

텐진 하이허 실험실에서 개발 중인 비침습적 BCI 헤드셋
출처: 신화망 新华网

외골격 장치를 작동시키는 방식이었다.

"처음에는 전혀 믿지 않았어요. 하지만 12주 후에는…." 환자는 손으로 컵을 들어 보였다. 그녀는 12주의 집중 훈련 후 자연적인 팔 움직임이 부분적으로 회복되어 간단한 일상 동작을 독립적으로 수행할 수 있게 됐다.

베이징 대학교에서는 루게릭 병으로 운동 능력과 언어 능력 대부분을 상실한 58세 남성을 위해 정상 상태 시각적 유발 전위Steady State Visually Evoked Potentials, SSVEP 기반 비침습적 BCI 시스템을 개발했다. 화면에 표시된 문자를 응시하면 뇌파 변화를 감지해 선택하는 방식으로, 분당 15~20자의 속도로 기본적인 의사소통을 할 수 있게 된 것이다.

"오늘은 날씨가 좋군요. 창문을 열어 주세요." 3년 간 거의 소통하지 못했던 그에게는 놀라운 발전이었다.

톈진 하이허 실험실은 한걸음 더 나아갔다. 교통사고로 외상성 뇌손상을 입은 35세 남성 환자에게 고밀도 뇌파와 안구 추적을 결합한 하이브리드 BCI 시스템을 적용한 것이다. 사고 후 4년 간 중증 운동 및 인지 장애로 신체 제어가 불가능했던 이 환자는, 생각과 시선만으로 휠체어를 이동시키고 스마트홈 시스템을 제어할 수 있게 됐다.

"기술이 발전할수록 환자들의 삶의 질도 크게 향상됩니다." 하이허 실험실의 연구원은 말했다.

▶▶ 경계를 허물고 희망을 주고받는 뇌 신호

앞으로 중국의 BCI 기술은 인공지능과의 결합을 통해 뇌 신호 해석 정확도가 크게 향상될 전망이다. 또한 더 소형화되고 안전한 침습적 장치, 사용하기 쉬운 비침습적 장치의 개발로 더 많은 환자들이 혜택을 받을 수 있게 될 것이다.

푸단 대학교 화산 병원의 샤오린 씨는 이제 매일 조금씩 걸음 수를 늘려 가고 있다. 저장 대학교에서 치료받은 77세 노인은 가족들과 편지를 주고받으며 새로운 소통의 기쁨을 누리고 있다. 베이징 쉬안우 병원의 양 씨는 로봇 팔을 이용해 자신의 얼굴을 만져 보는 감동적인 순간을 경험했다.

"BCI 기술은 단순한 의학적 치료를 넘어 인간과 기계의 경계를 허무는 새로운 패러다임을 열고 있습니다."

중국 뇌 과학 계획의 책임자는 말한다. "이것은 기술의 진보를 넘어 인간의 가능성에 대한 재정의입니다."

사고나 질병으로 자유롭게 움직이거나 소통할 수 없게 된 사람들에게, BCI는 새로운 희망이자 삶의 방식을 기대하게 하는 기술이다. 그리고 중국은 이 희망의 기술을 현실로 만들어 가는 최전선에 서 있다.

By 박근영
중국 전문가를 꿈꾸며 중국 대학원에 입학했고, 중소기업의 든든한 지원군이 되고자 코트라에 몸담았습니다. 칭다오에서 코로나 시기 위기를 기회로 전환한 왕홍 마케팅 경험을 쌓았으며, 현재는 청두에서 소비재 마케팅을 담당하고 있습니다. 중국 시장의 생생한 현장에서 한국 기업의 성공적인 진출을 위해 전문성을 발휘하며, 새로운 트렌드를 포착하고 이를 실질적인 비즈니스 기회로 연결하는 일에 열정을 다하고 있습니다.

Future Health Tech

Preventive Medicine

스마트 의료 기술이 인간의 건강을 설계하는 시대다. 혁신 기술은 우리 신체와 정신을 이해하고, 예방부터 치료까지 맞춤형 건강 관리법을 제공할 수 있게 됐다.
개인의 건강 위험 요인을 미리 알려 주는 오스트리아의 알레르기 및 DNA 검사, 자유로운 움직임이 가능한 덴마크의 신소재 캐스트, 진료와 암 진단의 효율성을 높여 주는 인공지능 기술 등은 세계 곳곳에서 삶의 질을 개선하고 있다.
이번 두 번째 리포트에서는 인류 건강 증진에 기여하는 스마트 의료 기술 사례와 그로 인한 변화를 소개한다.

TREND REPORT 2

스마트 의료 기술로 건강도 설계하는 시대

올인원 알레르기 테스트

빈

▶▶ 모르고 살았던 알레르기

오스트리아의 식음료 문화는 다양성 측면에서 굉장히 발달해 있다. 식료품 종류도 많고 채식주의처럼 기호를 가진 사람들을 위한 선택지도 폭넓다. 식당 대부분은 음식에 사용된 재료 정보를 메뉴판에 상세하게 적어 고객에게 제공한다. 이런 문화는 음식물 알레르기를 가지고 있는 경우, 또는 기호의 문제 등으로 특정 식재료를 피하고 싶은 소비자에게 매우 유용하다.

에바 씨는 점심 식사를 위해 빈에 있는 아시안 레스토랑에 갔다. 그녀는 식당에서 재료 정보가 꼼꼼히 잘 정리된 메뉴판을 확인한 후 음식을 주문했다. 견과류·닭고기·야채·쌀·코코넛 우유로 만든 요리로 만족스럽게 식사를 마치기도 했다. 그러나 에바 씨는 구토와 설사 증상을 겪었다. 에바 씨는 자신에게 집 먼지 진드기 알레르기가 있다는 건 알고 있었지만, 식품 알레르기 유무에 대해서는 알지 못했다. 그녀는 자세한 검사가 필요하다고 느꼈다. 혈액 검사 결과 견과류에 대한 알레르기 반응에 양성이 나왔다. 의사는 그녀에게 견과류를 섭취하지 않도록 권고했다.

문제는 명확한 진단을 내리기 위해 병원에서 재차 시행한 피부 단자 검사였다. 혈액 검사 때와는 달리, 이 테스트에서는 견과류에 대한 알레르기 반응이 전혀 나타나지 않았다. 구강 검사도 마찬가지였다.

▶▶ 검사 한 번으로 알레르기 300종 진단

오스트리아 기업 엠에이디엑스MADX는 에바 씨의 이야기 같이 부정확한 알레르기 테스트 문제에 착안해 제품 개발을 시작했다. 해답은 교차 반응성 탄수화물 결정 인자 반응 차단Cross-reactive Carbohydrate Determinants Blocking, CCD Blocking 기술에 있었다. 이 기술은 알레르기 검사에서 나타나는 교차 반응성 탄수화물 결정 인자(이하 CCD)에 대한 반응을 차단한다. 알레르기 교차 반응을 나타내는 특정 요인은 주로 꽃가루·채소·과일 등에 포함돼 있다.

알레르기 환자의 약 25%가 교차 반응성 탄수화물 결정 인자에 대

엠에이디엑스 하드웨어 기기를 통해 알레르기 테스트를 진행 중인 모습   출처: 엠에이디엑스

한 알레르기 항체를 가지고 있다. 이 항체는 실제로는 알레르기를 유발하지 않는다. 다만 알레르기 유발 물질인 알레르겐에 대한 가짜 양성을 나타내고, 실제보다 높은 항체 수치를 만든다. 이 때문에 실제 알레르기를 갖고 있지 않은 경우에도 테스트에서 결과가 양성으로 나올 수 있다.

CCD 반응 차단 기술을 이용한 검사는, 가짜 양성 결과가 나타날 가능성을 막기 위해 CCD 항체가 검출되지 않도록 원초적으로 차단한다. 앞선 사례 속 에바 씨의 경우, 엠에이디엑스에서 시행한 혈액 검사에서는 피부 단자 실험과 동일하게 견과류에 대한 알레르기가 없다는 결과가 나왔다. 바로 CCD 반응 차단 기술 덕분이다.

CCD 반응 차단 기술과 더불어 검사의 정확성을 높여 주는 핵심 기술이 또 하나 있다. 바로 여러 가지 알레르기를 동시에 알아내기 위해 검사에 분자 수준의 알레르겐까지 포함했다는 점이다.

엠에이디엑스에서 출시한 알렉스Allergy Xplorer, ALEX는 이처럼 알레르겐 추출물과 분자 알레르겐을 교차 결합한다. 이를 통해 환자의 알레르기를 종류별로 정확하게 밝혀낸다. 현재는 테스트 패널에 탑재하는 알레르겐의 종류를 늘린 2세대 제품 알렉스2ALEX2가 판매되고 있다. 알렉스2는 알레르겐 추출물과 분자 알레르겐을 담은 짧은 스틱 모양 패널에 소량의 혈액을 떨어뜨리는 방식이다. 이 제품은 현 시장에서 117개의 알레르겐 추출물과 178개의 분자 알레르겐을 포함한 패널을 가지고 있어, 가장 폭넓은 알레르기 테스트 제품으로 손꼽힌다. 이렇게 다양한 알레르겐을 포함하다 보니 단 하나의 패널을 통해 멀티플렉스 테스트multiplex test가 가능하다. 멀티플렉스 테스트란 하나의 샘플에서 여러 질병이나 병원체를 동시에 분석하는 방법이다.

알렉스와 알렉스2 모두 1개의 테스트 패널에서 복수의 알레르겐 반응을 확인하는 기법을 사용한다. 검사하고자 하는 알레르겐을 미리 선택할 필요 없이 약 300개의 알레르겐 동시 검사가 가능하다. 단 한 번, 몇 방울의 혈액으로 거의 모든 종류의 알레르기를 밝혀 낼 수 있다.

검사 방법은 아주 간단하다. 소량(0.5μl)의 혈액을 채취해 테스트 패널에 떨어뜨린 후 이를 실험실로 보내면 2~3일 안에 결과를 받아 볼 수 있다. 결과지에는 문제가 되는 알레르겐이 근원별로 구분되어 있다. 조심해야 할 음식과 성분도 이 안내에 포함되어 있다.

테스트는 가까운 병원 혹은 검진 센터에서 가능하다. 만약 보다 간편한 방법이 필요하다면, 엠에이디엑스 웹사이트 혹은 오스트리아의 온라인 약국에서 제품을 주문한 후 테스트기를 회사로 보내 결과를 받을 수 있다. 온라인 주문 과정에서 의사 처방은 필요하지 않다.

▶▶ 20년 경험에서 착안한 창업

엠에이디엑스는 크리스티안 하봐네그Christian Harwanegg 박사와 크리스티안 사샤 덴슈테트Christian Sascha Dennstedt 박사가 공동 설립했다. 두 사람은 20년 동안 알레르기 임상을 한 전문가다. 이들은 보다 정확하면서도 손쉬운 알레르기 테스트를 고안하기 위해 직접 회사를 설립해 시장에 뛰어들었다. 검사·분석·해석·결과까지 포괄하는 테스트 밸류체인value chain을 제공한다는 목표를 가지고 프로젝트를 시작했다.

2016년 설립된 엠에이디엑스가 이듬해 출시한 알레르기 테스트 알렉스는, 여러 스타트업 경연 대회에서 상을 받고 공공 펀딩 연구 프로그램 등에 선정되었다. 국제적으로 그 우수성을 인정받은 것이다.

2018년 유럽 연합의 국제 공동 연구 프로그램인 '호라이즌 2020 Horizon 2020'의 프로젝트로 선정된 것이 도약의 계기가 됐다. 간단한 절

엠에이디엑스의 임원진. (왼쪽부터) CFO F. 슈나블F. Schnabl, CEO·창업자 C. 하봐네그, COO G. 미터러G. Mitterer

출처: 엠에이디엑스

차로 정확한 진단이 가능하다는 알렉스의 특장점을 유럽 공공 보건 시스템 현장에 적용한다면, 유럽 연합 차원 연간 최대 1,400억 유로(약 207조 원)를 절감할 수 있다는 전망 덕분이었다. 이로써 250만 유로(약 37억 원) 펀딩을 지원받으며 연구에 박차를 가할 수 있었다. 2019년에는 홍콩에서 열린 스타트업 투자 유치 대회 '스타트업 런치패드 투자 경진 대회Startup Launchpad Investment Competition'에서 1위를 하며 아시아 시장에서의 가능성을 확인했다. 2020년에는 언스트앤드영Ernst&Young이 수여하는 '스타트업 부문 올해의 기업가상EY Entrepreneur Of The Year, Kategorie Start-ups'을 통해 제품의 경쟁력을 인정받았다.

엠에이디엑스의 제품은 현재 80개 넘는 국가로 진출하면서 큰 성공을 거두고 있다. 이 같은 혁신적인 국제 성과를 인정받아 2021년에는 오스트리아 상공회의소가 수여하는 본 글로벌 챔피언Born Global Champions 상을 받았다.

엠에이디엑스의 기술은 2025년에도 많은 연구자와 의사들에게 환영받고 있다. CCD 반응 차단 기술은 전문가들에게 기존 출시 제품들과 차별화되는 중요한 포인트다. 잘못된 검사 결과로 인한 불필요한 치료법이나 식이 제한 권고를 피할 수 있기 때문이다. 또한 멀티플렉스 테스트, 즉 한 번의 검사로 거의 모든 알레르기 항원 검사가 가능하다는 점도 특별한 장점이다. 개별 테스트를 반복해야 하는 시간·노력·자원을 간소화시키기 때문이다. 한 번의 검사로 종합적이고 정확한 정보를 알 수 있는 이 제품만의 매력은 일반인은 물론, 의사들에게도 혁신적인 성과로 인정받고 있다.

▶▶ 검사·분석·해석의 완성과 확장

엠에이디엑스는 검사 키트 외에도 검사 결과를 분석하고 해석하기 위한 자체 소프트웨어를 보유하고 있다. 키트를 이용해 검사를 진행하면, 엠에이디엑스의 고유 소프트웨어인 랩터raptor와 레이븐raven을 이용한 처리가 시행된다. 랩터는 분석 소프트웨어다. 테스트 결과 분석 및 분석 결과 관리에 사용된다. 글로벌 기업답게 총 24개 언어로 결과를 확인할 수 있다. 분석 결과는 자동으로 랩터에 업데이트 되고, 자동 백

수도 빈 소재 검진 센터 내 엠에이디엑스의 테스트 분석 하드웨어를 설치하는 모습
출처: 엠에이디엑스

업 기능도 갖추고 있어 데이터 유실을 방지한다.

레이븐은 랩터가 시행한 분석을 해석하는 소프트웨어다. 이 소프트웨어는 가장 흔한 알레르기 근원들에 대한 정보와 교차 반응 알레르겐 그룹에 대한 정보를 모두 가지고 있어 사용자로 하여금 종합적인 결과를 받아 볼 수 있게 한다. 이로써 알레르겐 정보에 대한 추가 조사가 필요하지 않고 시간을 절약할 수 있어 의사와 환자 모두에게 경제적 효율이 높다. 알레르기 진단의 검사·분석·해석 세 과정을 아우르는 포괄적인 밸류 체인의 완성은, 사용자의 편리성을 극대화하겠다는 엠에이디엑스 설립 당시의 포부였기에 그 의미가 깊다.

엠에이디엑스는 대표 알레르기 테스트 제품 알렉스 외에 특화 제품 2종을 더 출시했다. 먼저 소개할 폭스fox는 식품 알레르기에 집중해 개발한 제품이다. 알렉스와 동일하게 알레르겐 추출물과 분자 알레르겐을 이용한 멀티플렉스 테스트가 가능하다. 그러나 각 알레르겐에 대해 만성 알레르기 항체$_{IgG}$를 측정한다는 점에서 차이가 있다.

폭스 테스트를 마치면 유제품·채소·육류·어류 등 13개의 음식 그룹에서 약 300개의 음식 항원에 대한 알레르기 프로필 결과를 받아 볼 수 있다. 이에 따라 과민성 대장 증후군, 불내증 등으로 연결될 가능성이 있는 식품군을 확인할 수 있다. 만성 알레르기 항체 수치와 만성 질환 사이 연관성에 대한 연구는 아직 진행 중이다. 아직 학계의 합의가 이루어지지는 않았다.

또 다른 특화 제품으로는 동물 대상의 알레르기 테스트 팍스$_{pax}$가 있다. 반려동물 전문 제약 기업 넥스트뮨Nextmune과의 협업을 통해 분자 알레르기 분석 기술을 동물에 적용한다. 특히 고양이·개·말을 위한 테스트 제품을 개발해 냈다.

수의학에서는 그동안 특정 알레르겐 추출물을 통한 알레르기 테스트를 주로 시행해 왔는데, 엠에이디엑스에서 개발한 알레르겐 추출물과 분자 알레르겐이 모두 포함된 패널을 사용함으로써 한 번의 테스트로 동물에 특화된 다양한 알레르기 판별이 가능해졌다. 반려동물 돌봄을 위한 서비스 수요가 점차 높아지고 있는 상황에서 이 제품 또한 수요가 지속적으로 늘어갈 것으로 기대되고 있다.

▶▶ 소비자 심리에서 발견한 기회

생활의 수준이 높아지고 건강이 삶의 주요한 키워드가 된 지 오래다. 특히 코로나-19 팬데믹 이후 전 세계 사람들의 건강에 대한 관심은 보다 더 세분화된 형태로 증가해 왔다. 가정용 의료 기기를 포함한 헬스 케어 시장 수요가 크게 늘어난 이유다. 관련 시장 역시 빠르게 꾸준히 확대되는 추세다.

산업·비즈니스 데이터 기업 스태티스타Statista에 의하면, 2023년 기준 한국의 전체 의료 기기 시장의 규모는 2013년에 비해 2배 이상으로 커졌다. 국내 디지털 의료 기술 시장 역시 향후 지속적으로 확대되어 2029년에는 약 15억 달러(약 2조 1,750억 원)까지 커질 것으로 예상된다고 한다. 건강 기능 식품 역시 규모나 성장세 면에서 크게 눈에 띈다. 한국 건강 기능 식품 협회에 따르면, 2024년 국내 건강 기능 식품 규모는 6조 원을 넘었다. 전국 6,700가구를 대상으로 시행한 조사를 통해 나타난 건강 기능 식품 구매 경험률은 전년 대비 소폭 증가한 82.1%였다고 한다. 소비층의 변화도 눈에 띈다. 기존에는 고연령층이 주된 소비층을 형성하고 있었지만, 최근에는 2040세대와 아동 소비 비중이 조금씩 증가하고 있다. 평균 수명 80세가 넘어가는 시대, 미리 관리하는 것이 트렌드가 되어 가고 있는 현실을 반영한 결과라 주목할 만하다.

한국의 제약, 의료 기기 기업들 역시 미래 성장 동력 키워드로 토탈 헬스 케어를 앞세우고 있다. 치료를 중심으로 하던 기존 사업 영역을 진단·관리·예방으로 넓혀 포괄적인 제품 포트폴리오를 완성하겠다는 포부를 드러내고 있다.

변화하는 헬스 케어 패러다임에서, 기업에게 더욱 중요한 요소는 소비자 니즈다. 음식·날씨·환경 등 일상 속 다양한 요인으로 인해 누구나 한 번쯤은 관심을 갖게 되는 증상, 알레르기. 이에 주목한 엠에이디엑스의 착안은 그런 점에서 시사하는 바가 크다.

By 김현정
두 번째 고향이 된 오스트리아의 산업과 정책, 트렌드를 살피고 기록하는 일을 하고 있다. 아는 만큼 보인다는 말을 실감하는 순간마다 더 열심히 알아 가야겠다는 생각을 한다.

라이프 스타일이 된
자가 건강 진단

로스앤젤레스

▶▶ 병원에서 가정으로 옮겨 온 건강 진단

전 세계를 휩쓴 코로나-19 팬데믹은 사람들에게 공공 보건의 의미를 되새기게 했고, 백신을 통해 예방 의학을 체험하게 했다. 미국은 코로나-19로 약 120만 명이 사망하는 큰 아픔을 겪었다. 팬데믹 이후, 미국에서 예방 의학은 국민 대다수의 관심사가 되었다. 그리고 기술의 발전은 건강 관리에 대한 사람들의 막연한 욕구를 구체적이고 실행 가능한 형태로 바꾸고 있다.

지금까지 건강 진단 대부분은 병원에서만 가능했다. 하지만 헬스케어 기술이 발전하면서 어떤 건강 진단은 집에서도 가능해졌다. 만약

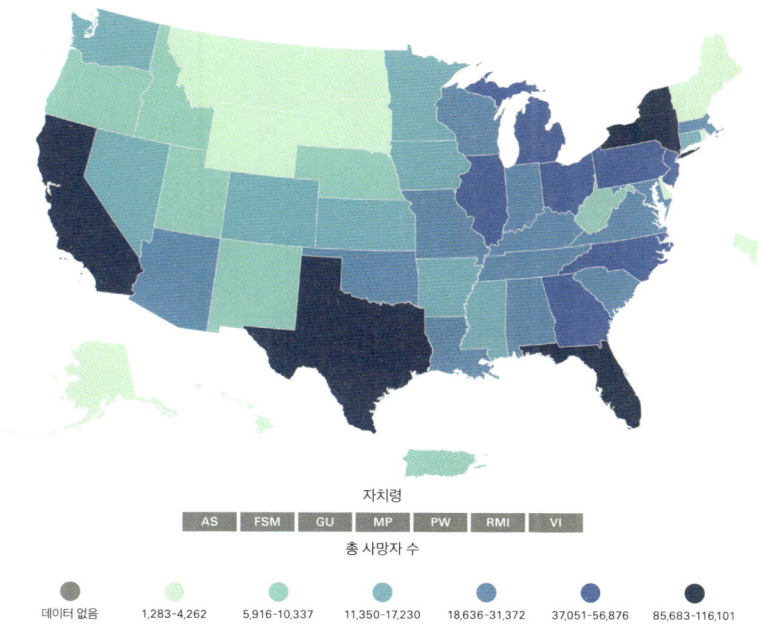

2025년 3월 기준 코로나-19로 인한 미국의 누적 사망자 수   출처: 미국 질병통제예방센터CDC

집 안에서 전문가의 큰 도움 없이 건강 검사가 가능하고, 결과도 즉시 받아 볼 수 있다면 우리는 어떤 변화를 맞이하게 될까?

기술이 뒷받침하는 헬스 케어 산업의 빠른 성장은, 건강 진단을 현대인의 일상 속 하나의 루틴으로 자리 잡게 만들었다. 바쁜 매일을 보내다 보면 자신의 건강 상태가 걱정되더라도 소홀해지기 마련이다. 건강 검진을 예약하고, 연차를 내고, 병원에서 긴 정밀 검사를 받기에 엄두가 나지 않아 검사를 미룬 경험이 있을 것이다.

그러나 이제 많은 사람들은 일기 예보를 통해 오늘의 날씨를 확인하듯, 애플리케이션을 통해 오늘의 자기 건강 상태를 확인하며 하루를 시작한다.

헬스 케어 산업이 전반적으로 성장하는 흐름 속에서 기업들은 보다 정확하고 빠른 진단, 더 전문화된 진단 서비스를 선보이고 있다. 특히 가정용 건강 진단 시장에서 살아남기 위한 저마다의 차별화 전략을 펼치고 있다.

▶▶ 90초 만에 끝나는 건강 검진

가정용 건강 진단 기술이 발전하면서 보다 세밀한 생체 정보 분석이 가능한 솔루션들이 등장하고 있다. 그중 하나가 2017년 샌프란시스코에 설립된 스타트업 기업 비부Vivoo의 '비부 웰니스 테스트Vivoo Wellness test'다. 비부는 소변 검사 키트를 통해 수분 상태·pH 균형·비타민 및 미네랄 수치·항산화 상태 등을 분석하고, 전용 애플리케이션을 통해 실시간으로 맞춤형 건강 조언을 제공하는 시스템이다. 이 기술성을 인정받아 2023년에는 매년 미국 라스베이거스에서 열리는 세계 최대 가전 제품 및 기술 전시회인 CES에서 혁신상을 받았다.

비부의 가장 큰 강점은 편리함과 즉시성이다. 기존의 소변 검사는 병원 방문이 필수였고, 검사 결과를 받기까지도 시간이 걸렸다. 하지만 비부는 이 절차를 대폭 간소화한다. 가정에서 간단한 검사 키트를 사용해 모바일 애플리케이션으로 즉시 결과를 확인할 수 있도록 설계

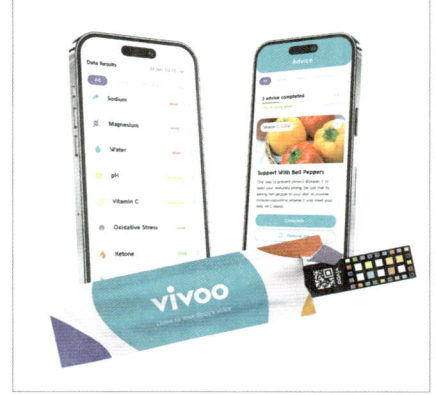

(좌)비부 기업 로고, (우)비부 키트

출처: 비부 홈페이지

했고, 이를 구현하는 데 성공했다. 비부 스마트 키트에 든 가느다란 막대에는 소변과 반응하면서 색상이 변하는 패치가 부착되어 있다. 이 패치는 나트륨·마그네슘·칼슘·비타민 C 등 여러 영양소와 전해질의 농도, pH 수치를 감지한다. 사용자는 소변 검사 막대를 활용하여 샘플을 채취한 후, 90초 뒤 애플리케이션을 통해 검사 결과를 확인하면 된다. 비부의 인공지능 기반 분석 기술이 소변에서 수집한 데이터를 해석하고, 사용자의 건강 상태를 종합적으로 평가한 후 식습관 개선, 수분 섭취 조절, 운동 조언 등 개인 맞춤형 건강 관리 솔루션을 제공한다.

비부는 비교적 합리적인 가격대를 형성하고 있어서 병원 검사를 대신하는 경제적인 대안으로 주목받고 있다. 일회용 검사 키트는 약 40달러(약 5만 6,000원)이며, 월간 구독 서비스를 이용하면 약 30달러 수준(약 4만 2,000원)에서 정기적으로 새로운 검사 키트를 받을 수 있다.

구독 서비스 가입 시, 주기적으로 새로운 검사 키트를 제공받을 수 있어 장기적인 건강 관리가 가능하다. 애플리케이션 역시 일부 고급 분석 기능에 추가 비용이 발생하긴 하지만 기본적으로 무료로 제공되고 있다.

▶▶ 지금 당장 나를 위한 건강 관리 알림

비부가 스마트폰 애플리케이션을 통해 사용자에게 제공하는 데이터는 단순한 숫자가 아니다. 사용자가 생활 속에서 실천할 수 있는 구체적인 행동 지침을 제안한다는 점에서 의미가 크다. 사용자의 수분 섭취가 부족하다고 판단되면 "물을 더 섭취하세요"라고 조언하는 것이 아니라, 현재 사용자의 체중과 생활 패턴을 고려한 최적의 수분 섭취량을 안내한다. 누구나 할 수 있는 건강에 관한 조언이 아닌 데이터를 바탕으로 한 구체적인 진단을 내린다.

잘못된 식습관과 스트레스 등으로 몸의 산성도와 알칼리성의 불균형이 감지되면 구체적으로 어떤 음식이 도움이 될지 추천해 준다. 햄버거와 탄산음료 등 패스트 푸드를 많이 먹고 검진을 한다면, 비부는 알칼리성을 도와주는 구체적인 식단을 다음과 같이 권할 수도 있다. "바나나 1개와 브로콜리 반 컵을 섭취하세요."

비타민과 미네랄 수치가 부족한 경우엔 이를 보완할 수 있는 영양소 섭취 가이드를 제공하고, 애플리케이션을 통해 맞춤형 건강 보조 식품을 주문할 수 있는 기능도 구현하고 있다.

비부는 건강 모니터링 도구를 넘어서기 위해 진단에서 작업을 끝내지 않고, 사용자가 스스로 건강을 적극적으로 관리할 수 있도록 돕는 맞춤형 코치 역할을 수행하려고 한다.

▶▶ 혈액 바이오마커로 꿈꾸는 생명 연장

2009년 미국 매사추세츠주 케임브리지에 설립된 기업 인사이드트래커InsideTracker는 단순한 웰니스 모니터링을 넘어선다. 보다 심층적인 생체 데이터 분석을 통해 전문적인 개인 맞춤형 건강 관리 솔루션을 제공하는 대표적인 기업이다. 인사이드트래커는 혈액 검사와 DNA 분석을 활용하여 사용자의 건강 상태를 종합적으로 평가하고, 이를 기반으로 맞춤형 건강 관리 전략을 제안한다.

인사이드트래커의 핵심 차별점은 과학적으로 검증된 데이터를 바탕으로 한 정밀한 건강 진단이다. 설립자 길 블랜더Gil Blander 박사는 어린 시절 가족을 잃은 충격적인 경험을 계기로 인간이 어떻게 하면 건강하게 오래 살 수 있을지를 평생의 연구 주제로 삼았다. 생물학을 전공한 그는 과학에서 그 답을 찾고자 했다.

길 블랜더 박사의 인사이드트래커는 바이오마커biomarker를 활용해 작동한다. 바이오마커란 생물학적 지표란 뜻으로 우리 몸의 상태를 객관적으로 측정할 수 있는 지표를 말한다. 그중 혈액 바이오마커는 혈

인사이드 트래커 기업 로고

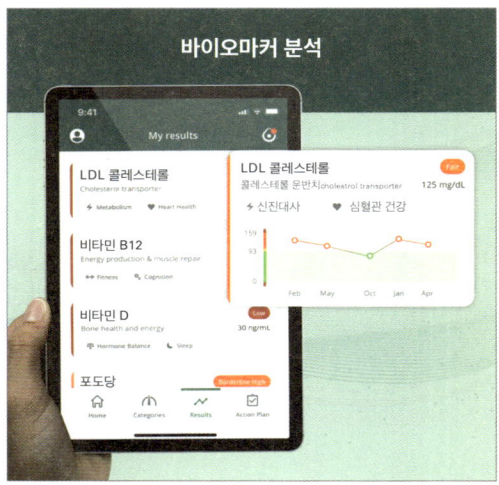

인사이드트래커의 건강 분석 리포트
출처: 인사이드트래커 홈페이지

액 속에 존재하는 지표로 혈당·콜레스테롤·CRP 등이 구체적 예다.

앞서 소개한 비부도 소변 바이오마커를 활용했다. 수분·전해질·pH, 그리고 비타민 배출량 등에 대한 적신호를 소변을 통해 알아보는 것이다. 그러나 혈액 바이오마커가 소변 바이오마커보다 직접적인 생리 기능과 대사 상태를 반영할 수 있기 때문에 더 정확하다. 인사이드 트래커는 혈액 검사 키트를 활용해 혈액 바이오마커를 분석하여 콜레스테롤 수치·혈당·염증 수치·호르몬 균형·비타민·미네랄 상태 등 다양한 생체 지표를 정밀하게 측정해 낸다.

인사이드트래커의 가격은 비부보다 높다. 정밀한 분석과 맞춤형 건강 설루션을 원하는 사람들을 핵심 소비자로 둔 이 혈액 검사 키트의 기본 가격은 340달러(약 48만 원)다. 분석 항목이 많아질수록 비용이 증가한다. 여기에 249달러(약 35만 원)를 추가하면 타액 검사가 추가되어 DNA 분석까지 가능하다. 생활 습관에서 비롯된 몸 상태부터 태어날 때부터 타고난 내 몸의 정보까지 분석해 내는 것이다.

인사이드트래커 역시 구독 옵션을 제공하여 검사가 일회적으로 끝나지 않고, 정기적인 검사가 이루어질 수 있도록 장려한다. 궁극적으로는 체계적인 진단과 관리가 하나의 라이프 스타일로 자리 잡는 것을 목표로 하고 있다.

물론 채혈 방식이 꺼려질 수 있다. 인사이드트래커는 이를 해결하기 위해 두 가지 방식의 채혈 옵션을 제공한다. 간편함을 추구하는 사용자는 직접 손끝에서 피 한 방울을 채취해 키트를 우편으로 보낼 수 있다. 정확도를 추구하는 사용자라면 전문가의 방문 채혈 서비스를 받을 수 있다.

최근에 병원에서 피를 뽑아 당분간은 그 경험을 하고 싶지 않은 사용자가 있을 수도 있다. 인사이드트래커는 이러한 사용자를 위해 기존의 혈액 검사 결과를 활용할 수 있도록 혈액 보고서 업로드 기능을 제공한다. 병원이나 다른 의료 기관에서 받은 혈액 검사 결과를 인사이드트래커 플랫폼에 업로드하면, 인사이드트래커만의 독자적인 알고리즘 인공지능 기반 분석 시스템이 해당 데이터를 검토하고 맞춤형 건강 보고서를 생성한다.

인사이드트래커는 전문적인 수준의 건강 진단을 병원 방문 없이 받을 수 있다는 점에서는 혁신적이다. 그러나 상대적으로 가격이 높아 일반 소비자보다는 운동선수, 피트니스 애호가, 건강을 중시하는 전문가층이 주로 이용하는 프리미엄 서비스로 자리 잡고 있다.

▶▶ 의료에서 문화로 확장되는 바이오마커

소변과 혈액 바이오마커를 활용한 자가 건강 진단 기술은 그 자체로도 의료 혁신이다. 하지만 단순한 건강 관리에만 그치지 않고 개인의 정체성 탐색으로 확장되는 사례도 있다. 예를 들어 미국 유타주에 본사를 둔 앤세스트리DNAancestryDNA는 DNA 분석을 통해 개인의 조상·민족적 배경·유전적 특성을 확인할 수 있는 서비스를 제공하고 있다. 바이오마커를 활용한 자가 진단이 이제는 '나는 누구인가'에 대한 답을 찾는 도구로 활용되고 있는 것이다.

앤세스트리DNA의 접근성은 매우 높은 편이다. 온라인을 통해 손쉽게 이용할 수 있으며, 누구나 자신의 집에서 간편하게 DNA 샘플을 채취하고 보내는 방식으로 시작할 수 있다. 사용자는 99달러(약 14만 원)짜리 키트를 주문하여, 키트 안에 포함된 간단한 면봉을 이용해 입 천장을 긁어 DNA 샘플을 채취한 후, 이를 우편으로 보내면 된다. 이후

앤세스트리DNA 기업 로고

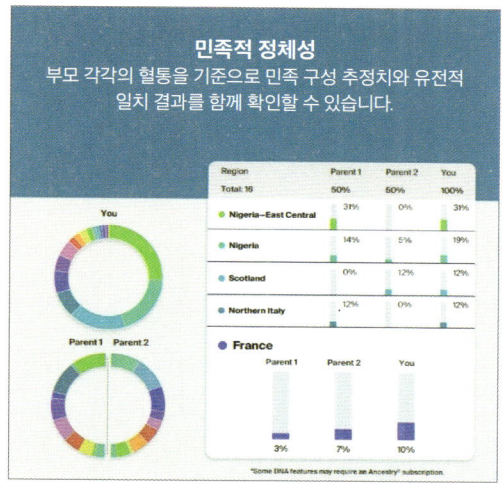

앤세스트리DNA의 DNA 족보 분석 리포트
출처: 앤세스트리DNA 홈페이지

실험실에서 분석을 진행하고, 결과는 앤세스트리DNA의 모바일 애플리케이션을 통해 6주 뒤 확인할 수 있다.

이 키트의 검사 결과는 이전에 소개된 사례들과 달리 유전적으로 주의해야 하는 의학적 정보를 제공하지는 않는다. 하지만 자신이 북유럽·동아시아, 혹은 서아프리카의 특정 부족과 연결되어 있다는 사실을 알려 준다.

앤세스트리 DNA는 오늘날 연 매출 10억 달러(약 1조 4,500억 원) 이상을 자랑한다. 미국 젠지 세대Gen z 사이에 이 서비스를 이용하고 그 결과를 친구 간에 공유하는 일은 이제 흔히 볼 수 있다. 재미로 시작한 검사이지만 막상 그 결과를 받아 봤을 때는 자신의 가족 역사에 대한 새로운 시각을 제공하는 기회가 될지도 모른다. 고대의 특정 민족·문화적 배경 등과 자신이 어떻게 연결되어 있는지를 발견할 수 있으며, 이는 개인의 자아 정체성에 대한 깊은 통찰을 제공한다.

앤세스트리DNA의 흥행은 오늘날의 헬스 테크가 건강을 넘어 정체성의 영역으로 확장되는 흐름을 보여 준다. 향후 바이오 정보 기술이 진단을 넘어서 자기 자신을 재해석하는 기술로 발전할 가능성을 엿볼 수 있다. 소변·혈액·유전자 정보가 우리의 건강 상태를 알려 주는 것에서 나아가 우리 정체성을 담은 이야기를 묘사하는 도구로 확장될 수 있다.

▶▶ 가정용 예방 헬스 케어에서 찾는 공공 의료의 미래

마틴 루터 킹 주니어는 60년 전 이렇게 말했다. "모든 불평등 중에서도, 건강에서의 불의가 가장 충격적이며 비인도적인 것이다Of All the Forms of Inequality, Injustice in Health is the Most Shocking and Inhumane."

미국 사회는 보편적 공공 의료 체계 구축에 어려움을 겪고 있다. 2024년 12월, 대형 건강 보험사인 유나이티드 헬스 케어의 CEO가 뉴욕 맨해튼에서 총격으로 피살된 사건이 발생했고, 이로 인해 건강 보험 시스템과 공공 의료 체계에 대한 미국 사회의 불만과 논의가 촉발되기도 했다.

글로벌 리서치 기관인 갤럽의 최근 조사 결과에 따르면, 미국 성인 인구의 12%에 달하는 약 3,100만 명이 2024년 한 해 동안 본인 및 가족의 의료비를 지불하기 위해 대출을 받아야만 했다. 이 금액은 740억 달러(103조 6,000억 원)에 달하는 규모였다. 실제 의료비 충당을 위해 대출을 받지 않은 미국 국민 역시 불안하기는 마찬가지다. 동일 조사에 따르면 미국인의 58%가 향후 주요 건강 문제가 개인 부채로 이어질 것을 우려한다고 답했다.

가정용 예방 헬스 케어 산업의 최근 두드러지는 성장은 공공 의료의 틈을 메워 줄 수 있을지 모른다. 병원 검진 대비 상대적으로 저렴한 가격과 편의성을 내세우는 가정용 진단 키트는 의료 접근성이 낮은 계층, 만성 질환자, 그리고 건강을 미리 관리하고 싶은 일반 소비자에게 기존 공공 의료 시스템이 미처 다 채워 주지 못한 빈틈을 보완할 수 있는 가능성을 보여 주고 있다. 물론 병원 수준의 전문 건강 검진을 완전히 따라잡기 위해서는 디지털 헬스 케어 기술의 계속된 발전이 전제되어야 할 것이다.

미국 식품 의약국은 산하에 디지털 헬스 우수 센터 Digital Health Center of Excellence를 두고 디지털 헬스 케어 기술의 혁신을 가속화하기 위해 노력하고 있다. 이 센터의 설립 취지는 디지털 헬스 케어 기술 발전을 통해 소비자가 자신의 건강에 대해 더 잘 알고 결정을 내릴 수 있는 잠재력을 최대한 실현시키는 것이다. 이 센터는 자체적인 디지털 헬스 연구와 기업에 대한 기술적 조언은 물론, 디지털 헬스 케어 기술 상용화에 요구되는 절차 요건 간소화를 위해 힘쓰고 있다.

헬스 케어 산업계의 기술 혁신 노력, 정책 당국의 지원, 그리고 소비자의 건강에 대한 관심이 만나 자신의 건강 진단이 하나의 라이프 스타일로 자리 잡아 나가고 있다. 비누의 발명이 공중 위생의 혁신을 가져왔듯, 바이오마커를 활용한 간편한 자가 건강 진단 기술이 공공 의료의 혁신이 될 수 있다.

By 김서원
LA 근무 3년 차. 이제는 서부 해안 600km도 혼자 운전한다. 새로운 경험과 시각을 얻는 데 낯선 공간의 도움을 받고 있다.

By 김동주
LA에서 도시 곳곳의 문화와 변화 속에서 자라왔다. 글을 통해 평소 궁금했던 트렌드와 산업 흐름을 깊이 있게 탐구하며, 일상 속 질문들에 대한 답을 찾아간다.

움직이는 캐스트
골절 치료

코펜하겐

▶▶ 고대 이집트부터 현대까지, 골절 치료의 진화

덴마크 코펜하겐에 사는 62세 건축가 한스 크리스텐슨 씨는 자전거를 타고 출근하던 중 빗길에 미끄러졌다. 손목은 통증과 열감을 동반하며 빠르게 부어올랐고 한스 씨는 즉시 병원으로 옮겨졌다. 엑스레이 촬영 결과 손목 요골이 부러져 뼈가 원래 자리에서 미세하게 어긋나 있었다. 골절 치료가 필요한 순간이었다.

골절 치료는 인류 역사상 가장 오래된 의료 행위 중 하나다. 기원전 1600년경 작성된 고대 이집트의 에드윈 스미스 파피루스에는 골절을 치료한 기록이 있다. 당시 의사들은 부목을 이용해 골절 부위를 고정하고 꿀과 곰팡이 등 천연 항균 물질을 활용하여 감염을 예방하는 치료법을 사용했다. 이후 기원전 400년경 고대 그리스의 히포크라테스는 골절 치료의 원칙을 정립하며, 부목 사용 전에 어긋난 뼈를 원래 자리로 맞추는 정복 기법을 개발했다.

현대의 깁스는 언제부터 시작되었을까? 1851년, 네덜란드 군의관 안토니우스 마티젠은 당시 건축 자재로 사용하던 파리 석고를 이용해 골절 부위를 감싸는 깁스를 개발했다. 석고로 만든 안토니우스의 깁스는 크림 전쟁에서 처음 대규모로 보급되었고, 이후 현대 정형외과에서도 가장 기본적인 치료 방식으로 자리 잡았다. 현재까지도 깁스와 금속 삽입 수술은 골절의 주요 치료 방식으로 활용되고 있다.

수백 년 인류 역사와 함께 외과 수술 기술이 크게 발전해 온 것과는 달리, 비수술적 치료법은 200년이 넘는 세월 동안 큰 변화 없이 전통적인 깁스에 의존해 왔다. 깁스에서 대표적인 문제는 부종(부기) 변화에 대응하지 못한다는 점이다. 대부분의 깁스가 정적인 치료법에 초점을 맞춰 처음 고정된 상태를 유지하는 데 집중하기 때문이다.

현대에 와서 수술적 치료율은 과거에 비해 비약적으로 높아졌다. 하지만 감염·신경 손상·마취 관련 합병증 등 다양한 위험과 부작용 가능성이 있다. 수술은 회복이 빠른 경우도 있으나, 절개와 조직 손상으로 인한 후유증 또는 영구적인 흉터가 남는 등의 문제가 여전히 존재한다. 특히 빠른 성장으로 뼈 변형 위험이 큰 영유아, 회복 속도가 느린 노년층은 수술에 따른 부담을 신중히 고려할 수밖에 없다.

이러한 문제를 해결하기 위해 덴마크의 엑소360 Exo360 연구팀은 골절 치료의 새로운 패러다임을 제시했다. 엑소360 리스트Exo360 wrist는 엘라스토머 메타 물질elastomeric metamaterial을 활용한 적응형 골절 치료 장치다. 부종 변화에 따라 압력이 자동으로 조절되며 지속적인 안정성을 제공한다. 수천 년간 이어져 온 골절 치료 방식이 이제 새로운 국면을 맞이하고 있다.

▶▶ 기존 골절 치료 방식의 한계

한스 씨는 병원에서 뼈를 정렬한 후 깁스를 사용해 손목을 단단히 고정하는 방식의 전통적인 치료를 받았다. 손목이 다시 틀어지지 않도록 보호하는 것이 치료의 핵심이었지만, 한스 씨는 이 과정에서 예상치 못한 문제에 직면했다. 며칠 후 부종이 빠지면서 깁스가 헐거워지기 시작한 것이다. 움직일 때마다 뼈가 흔들리는 듯한 불안감이 들었고 깁스로 감싼 손목 안쪽에서 미세한 통증이 느껴졌다. 한스 씨는 결국 병원을 다시 찾았다. 의료진은 깁스가 제 역할을 하지 못해 맞춰 놓았던 뼈가 다시 틀어지는 골절 재변위 위험이 있다고 설명했다.

이런 일은 한스 씨만 겪은 게 아니다. 네덜란드 에라스무스 의과 대학 의료 센터에서 진행한 연구에 따르면, 전통적인 깁스 치료를 받은 환자의 48%에서 골절 재변위가 발생했다.

뼈가 부러지면 출혈과 염증 반응으로 인해 골절 부위 주변이 붓게 된다. 초기에는 부종이 심하지만 시간이 지나면서 점차 가라앉아 깁스가 헐거워질 수 있다. 반면 부종이 예상보다 오래 지속되거나 환자의 활동에 따라 다시 악화될 경우, 깁스가 과도하게 조여져 혈류의 흐름을 방해하기도 한다. 이렇듯 기존의 깁스는 변화하는 부종에 적응하지 못한다는 결점을 가지고 있다.

이 문제에 대처하기 위해 의료진은 금속 삽입 수술을 고려해 볼 수 있다고 설명했다. 수술적 치료는 골절 부위를 금속 나사와 플레이트로 고정하여 뼈가 다시 틀어지지 않도록 돕지만, 감염·신경 손상, 그리고 2차적인 합병증이 발생할 위험이 따른다. 특히 노년층의 경우 면역력이 약해 감염에 더욱 취약하고, 수술로 인한 신경 손상이 회복되지 않을 가능성도 있다. 한스 씨는 62세였기 때문에 수술은 부담이 컸다.

미국 애틀란타의 에모리 대학 정형외과 연구소는 골절 사고를 겪은 50세 이상 고령 환자 6,500명을 대상으로 수술적 치료 후 회복에 대한 연구를 진행했다. 이 연구에 따르면 신체적으로 허약한 상태에 있는 고령 환자는 수술 후 합병증·재수술·재입원 등의 위험이 증가하는 경향이 있으며, 장기 입원으로 인한 근력 약화는 혈전증이나 폐렴 등의 2차 건강 문제를 야기할 수도 있다.

▶▶ 부종을 감지하는 적응형 골절 치료 솔루션

의사이자 엑소360의 공동 CEO인 매즈 테른드럽Mads Terndrup은 남아프리카의 외상 치료 센터에서 근무했다. 그는 이 기간 동안 부종에 즉각적으로 대응하지 못하는 깁스의 한계를 직접 목격했다. 한스의 사례처럼 전통적인 방식의 깁스가 치료 과정에서 일으키는 문제를 반복적으로 경험한 그는, 새로운 골절 치료 대안이 필요하다고 판단했다. 이에 엘라스토머 메타 물질을 활용한 엑소360 리스트 개발에 착수하게 된다.

기존의 깁스가 부종에 따른 골절 부위의 변화에 대응하지 못하는 이유는, 딱딱한 석고나 플라스틱 재료로 만들어져 한번 고정하면 형태를 바꿀 수 없기 때문이다. 그러나 엑소360 리스트의 핵심 소재인 엘라스토머 메타 물질은 고무처럼 신축성이 뛰어난 탄성 중합체로, 변형이 가해져도 원래 형태로 복원되는 특성이 있다. 실리콘·폴리우레탄 같은 탄성 소재로 만들어진 이 물질은 신체 변화에 맞춰 자연스럽게 늘어나거나 줄어들며 일정한 압박을 유지한다. 마치 신축성 있는 운동복이 몸의 움직임에 따라 적응하는 원리와 비슷하다. 따라서 환자의

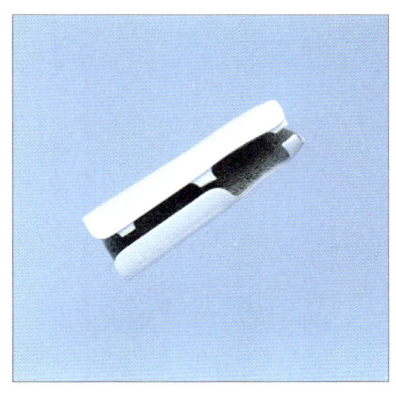
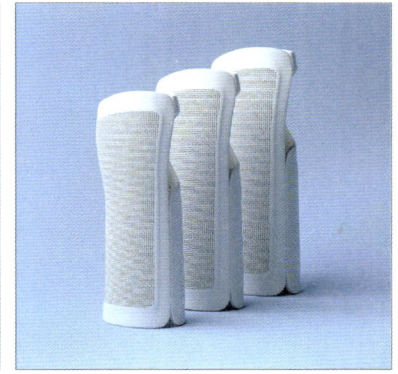

엑소360의 손목용 깁스 외형　　　　　　　　　　　　　출처: 엑소360 홈페이지

상태에 따라 부종이 가라앉거나 다시 악화되더라도 엑소360 리스트는 자동으로 압력을 조절하며 골절 부위를 효과적으로 고정할 수 있다.

엑소360 리스트는 메타 물질의 혁신성뿐 아니라, 3D 프린팅 기술을 활용해 환자 개개인에 맞춘 맞춤형 장치를 제작할 수 있다는 점에서 더욱 빛을 발한다. 엑소360은 덴마크의 첨단 3D 프린팅 기술 업체인 프로토털 담빅Prototal Damvig과 협력함으로써 개별 환자의 손목 형태와 골절 상태에 맞춰 최적화된 장치를 설계하고 있다.

기존 깁스는 모든 환자에게 동일한 형태로 적용되지만, 엑소360 리스트는 환자의 골절 형태·부종 상태·치료 경과에 맞춰 유동적으로 변형될 수 있어 훨씬 정밀한 치료가 가능하다. 또한 통기성이 뛰어나고 세척이 가능하다는 점도 이 제품의 큰 장점이다. 물에 닿으면 손상될 위험이 있고 치료 과정 동안 벗을 수 없어 위생적으로 관리가 어려운 기존 깁스의 한계를 보완한다.

무엇보다 수술 없이 골절을 치료할 수 있는 대안이라는 점에서 엑소360 리스트는 큰 의미가 있다. 기존 치료법은 골절 부위가 불안정할 경우, 깁스로는 한계가 있어서 결국 수술을 선택하게 되는 경우가 많았다. 그러나 수술은 감염·신경 손상·절개에 따른 회복 부담 등 다양한 우려를 안고 있다. 엑소360 리스트는 부종 변화에 따라 압력을 조절하는 적응형 구조를 통해 골절 재변위를 방지하고 추가적인 수술 없이도 치료 성공률을 높일 수 있다. 따라서 이 장치는 수술을 피하고 싶은 한스 씨와 같은 환자들에게 특히 적합하다.

▶▶ 상용화 과정과 미래 전망

2019년 설립된 엑소360은 혁신적인 적응형 골절 치료 설루션으로 인정받아 현재까지 총 900만 유로(약 130억 원)의 투자금을 유치했다. 주요 투자처로는 정부 산하 기술·창업 지원 프로그램인 이노베이션 펀드Innovation Fund와 덴마크 최대 스타트업 액셀러레이터이자 초기 단계 벤처 투자사인 엑셀러레이스Accelerace가 있다.

이노베이션 펀드는 덴마크 정부가 운영하는 연구·기술 개발 및 스타트업 지원 펀드다. 초기 스타트업과 연구 프로젝트를 지원하는 이노파운더 프로그램과 성장 가능성이 높은 기업에 추가 자금을 제공하는 이노부스터 프로그램으로 구성된다. 엑소360은 2022년부터 2023년까지 이노파운더 프로그램을 통해 초기 연구 개발 지원을 받았으며, 2024년부터는 이노부스터 프로그램을 통해 상용화 단계로의 확장을 위한 추가 펀딩을 지원받고 있다.

또한, 엑소360은 2023년 엑셀러레이스의 투자 포트폴리오에도 포함되었다. 엑셀러레이스는 스타트업의 성장을 돕는 액셀러레이션 프로그램 운영뿐만 아니라, 유망 기업에 직접 투자하는 벤처 캐피털 기능까지 수행하는 기관이다. 엑소360은 헬스 테크 및 3D 프린팅 기술을 기반으로 한 혁신적인 치료 설루션으로 시장성을 인정받아 엑셀러레이스의 투자 유치를 받고 있다.

뿐만 아니라 엑소360 팀은 덴마크 최대 하드웨어 및 헬스 테크 스타트업 액셀러레이션 프로그램인 데니쉬 테크 챌린지Danish Tech Challenge

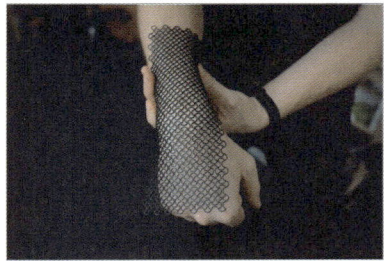

엑소360에 사용되는 엘라스토머 메타 물질   출처: 엑소360 홈페이지

2021에 참가하며 기술력을 인정받았다. 데니쉬 테크 챌린지는 덴마크 공대 산하 창업·연구 클러스터DTU Science Park에서 운영하는 경쟁 기반 프로그램이다. 엑소360 팀은 최종 결선까지 진출하며 사업화 지원과 함께 시장성 및 기술력을 검증받았다.

이와 같은 다양한 지원을 바탕으로 엑소360 리스트는 임상 시험을 위한 핵심 단계에 진입했다. 단순한 개념 검증을 넘어 실제 환자들에게 적용될 수 있도록 과학적 근거를 확보하고 규제 절차를 통과하는 것이 팀의 목표다. 이미 생체 역학 연구와 성능 테스트를 성공적으로 마쳤다. 연구진은 기증된 시신의 손목을 골절시킨 후 엑소360 리스트가 해당 부위를 충분히 지지할 수 있는지, 기존 깁스보다 골절 재변위 방지 효과가 뛰어난지를 평가했다. 또한, 정밀 센서를 이용해 엑소360 리스트가 손목을 감쌀 때 생성되는 압력 패턴을 측정하여 부종 변화에 따라 적절한 압력을 유지할 수 있는지도 검증했다.

현재 엑소360 리스트는 유럽 의료 기기 시장 진입을 위한 CE 인증 절차를 진행 중이다. 이를 위한 환자 임상 시험 준비가 막바지 단계에 있다. 2025년 내로 본격적인 임상 시험을 시작할 계획이다.

또한 3D 프린팅 기업 프로토털 담빅은 개별 환자의 손목 형태와 골절 유형에 맞춘 맞춤형 디자인을 적용하면서도 대량 생산이 가능하도록 3D 프린팅 공정을 고도화하고 있다. 이를 통해 맞춤형 치료의 장점을 유지하면서도 생산성과 효율성을 동시에 확보하는 것이 목표다.

엑소360 리스트는 현재 손목 골절 치료를 중심으로 개발되고 있지만, 향후 발목 골절이나 당뇨병성 족부 궤양 등으로 적용 범위를 넓힐 계획이다. 엑소360의 CEO 매즈 테른드럽은 "임상 시험이 성공적으로 진행될 경우, 스마트 부츠와 같은 새로운 치료 제품으로 포트폴리오를 확대할 예정"이라고도 밝혔다.

▶▶ 고령화 사회, 비수술 골절 치료의 새로운 가능성

국제 연합UN의 '2024 세계 인구 전망'에 따르면, 덴마크와 한국 모두 약 30년 후인 2054년경 65세 이상 고령 인구 비율이 33% 이상에 이를 것으로 예상된다. 하지만 두 나라의 고령화 양상에는 뚜렷한 차이가 있다. 덴마크는 비교적 오랜 기간에 걸쳐 점진적으로 고령화가 진행되어 왔고, 이에 맞춰 의료 시스템 역시 노년층 환자를 위한 비수술적 치료와 같은 대안을 적극적으로 모색하고 있다. 엑소360 리스트 역시 이런 의료 환경에서 등장한 혁신적인 치료 설루션으로 이미 덴마크 의료계 내에서도 수술 부담을 줄일 수 있는 대안으로 높은 관심을 받고 있다.

반면, 한국은 세계에서 가장 빠르게 고령화가 진행되는 국가 중 하나다. 급격히 변화하는 인구 구조 속에서 한스 씨의 사례처럼, 수술의 부담과 깁스 치료의 한계로 고민하는 고령 환자들이 앞으로도 급격히 늘어날 것으로 예상된다. 이에 따라 엑소360 리스트와 같은 비수술 치료법은 한국 의료계에도 더욱 의미 있는 대안이 될 수 있다.

덴마크에서 시작된 엑소360의 의료 혁신이 환자의 안전성과 편의성을 높이는 동시에, 고령화에 대응할 새로운 치료 패러다임으로 자리 잡을지 주목된다.

By Seul Yi
살다 보니 한국어·영어·덴마크어 도합 0.8개 국어짜리 코펜하겐 직장인이 되는 날도 오네요. 휘게Hygge는 아직 잘 모르겠고 겨울엔 비타민D가 필수입니다.

정확한 분석으로 완치 확률 높이는
AI 암 진단 설루션

파리

▶▶ 의료 강국 프랑스도 난항 겪는 암 치료

프랑스는 세계에서 보건 의료 접근성이 가장 좋은 나라 중 하나지만, 암 사망률은 여전히 높다. 프랑스 국립 암 연구소에 따르면, 2023년 기준 프랑스에서 43만여 명이 암 진단을 받았다. 이에 따른 사망자는 약 16만 명이다. 신규 암 발병 건수는 30년 동안 매해 증가하고 있다. 원인은 인구 고령화, 유방암과 전립선 암의 폭발적인 증가, 암 조기 검진 증가에 따른 현상으로 분석된다.

일부 암은 조기 진단만으로도 완치가 가능하다. 그럼에도 불구하고 프랑스에서 암 사망률이 여전히 높은 가장 큰 이유는, 정기적으로 암 검진을 받는 인구가 충분하지 않기 때문이다. 또한 진단 과정의 신속성과 정확성도 암의 완치에 영향을 주고 있다. 프랑스에서는 병리 전문의의 수가 절대적으로 부족해 암 조직과 세포 분석에 시간이 오래 걸린다. 이로 인해 진단이 늦어지고, 치료 시작 시기를 놓치는 사례가 적지 않다. 병리 인력 부족 현상은 프랑스 의료 시스템에서도 심각한 구조적 문제로 여겨진다.

2021년을 기준으로 프랑스에는 병리 전문의가 약 1,600명 있다. 이들의 평균 나이는 50세다. 50세 이상의 의사들이 퇴직하고 난 후에 불어닥칠 상황에 우려의 목소리가 높다. 병리 전문의 부족은 전 세계적으로 나타나는 현상이다. 병리학이 의대 졸업 후 선택할 수 있는 전문 과목 중 상대적으로 비인기 과라는 점, 병리 전문의의 평균 연령이 높아지고 있다는 점이 그 원인으로 꼽힌다.

암 사망률을 낮추지 못하는 요인으로 병리 진단의 정확성도 지적된다. 예를 들어, 유방 촬영술로 조직 검사를 진행해 아주 작은 종양을 발견했다고 가정해 보자. 이 종양이 양성인지 악성인지 확인하기 위해서는 바늘을 이용한 조직 채취 검사인 흡인 생검을 해야 한다. 채취한 조직은 현미경으로 면밀히 분석한다. 의사들은 현미경을 통해 여러 가지 지표를 확인하는데, 이를 생체 표지자라고 부른다. 암인지 아닌지, 종양이 큰지 작은지, 전이가 진행되는지 멈췄는지, 단단한지 말랑한지 등을 분석한다. 그리고 병의 단계와 적절한 치료 방법을 결정한다. 이 과정에서 의사마다 판단이 다를 수 있고, 치료법에 대한 결론에 이르기까지 시간이 많이 소요된다. 무엇보다 주관적인 해석이 개입되면서 오류가 발생할 가능성도 있다.

전문 인력 부족 문제, 암 진단의 신속성·정확성 등 구조적인 문제를 극복하기 위해 전 세계에서 다양한 노력과 시도가 이뤄지고 있다. 최근 프랑스의 한 스타트업 기업이 현지 의료진과 협업해 인공지능 설루션을 제시했다.

▶▶ 의사의 판단을 돕는 인공지능

인공지능이 암과의 싸움에서 인간의 중요한 동맹이 될 수 있음이 검증되고 있다. 2018년 유방암 진단 설루션 클레오cleo를 출시한 프리마Primaa의 기술이 그 예다. 프리마는 인공지능을 암 진단 및 치료 과정에 통합하여 의료 분야에 혁명을 일으키고 있는 스타트업이다. 클레오는 고급 의료 기술과 딥 테크deep tech를 접목한 신속하고 정확한 암 진단 설루션이다. 이를 개발한 프리마는 병리 전문의가 환자의 생물학적 샘플을 분석하는 데 도움을 주는 인공지능 소프트웨어를 판매한다.

최근 프랑스의 유방암 초기 단계 완치율이 90% 이상까지 상승한 비결은 지난 20여 년 동안 발견된 혁명적인 치료법에 있다고 할 수 있다. 암 치료에는 전통적으로 항암 화학 요법과 방사선 치료법이 사용되어 왔고, 항암 면역 요법도 사용되고 있다. 화학 요법이나 수술 또는 방사선 치료가 암세포와 종양을 없애는 데 중점을 둔 것이라면, 면역 요법은 몸의 면역 반응을 유도, 면역 체계를 자극해 종양을 파괴하는 원리다. 환자마다 자신의 경우에 맞는 치료를 받기 위해서는 정밀하고 정확한 진단이 필수적이다. 여기에서 프리마의 인공지능 기술인 클레오가 큰 도움이 될 수 있다.

프리마의 프로그램 클레오는 머신 러닝과 딥 러닝 알고리즘을 사용해 엑스레이·MRI·생검과 같은 의료 이미지를 분석한다. 클레오에 수백만 개의 이미지를 공급하면 의사 1명이 평생 배울 것을 10분 만에 학습할 수 있다. 이러한 학습으로 종양의 유형을 구분하고 치료에 대한 반응을 예측하는 특정 생체 표지자 또한 추출하게 됐다.

프리마의 기술은 의사가 화학 요법과 방사선, 면역 요법 사이에서 환자에게 가장 맞는 치료법을 고민할 때 유용하다. 프리마의 정확하고 빠른 진단으로 의사의 판단을 도울 수 있기 때문이다. 예를 들어, 유방 촬영으로 발견된 이미지에서 유방암 진단 설루션 클레오 브레스트cleo breast는 병변의 주요 생체 표지자를 주황색으로 식별한다. 침습 및 비침습성 암종과 유사 분열, 석회화 전이 등을 감지할 수 있다. 또한 여러 이미지 중 우선순위를 지정해 가장 중요한 사례를 우선 처리할 수 있도록 하고, 종양의 크기와 위치를 자동으로 측정하여 진단의 정확성을 높인다. 이렇게 식별된 이미지를 병리 전문의들이 살펴보고 최종 진단을 내릴 수 있다.

이런 방식으로 프리마는 인공지능 기반 도구를 제공하여 의사를 지원한다. 프리마의 궁극적인 목표는 이상 징후까지 조기에 발견해 내어 개인 맞춤형 치료를 구현하는 것이다. 프리마의 기술적 차별점은 특정 암종이 아닌, 다양한 암종에 대한 포괄적인 생체 표지자를 탐지

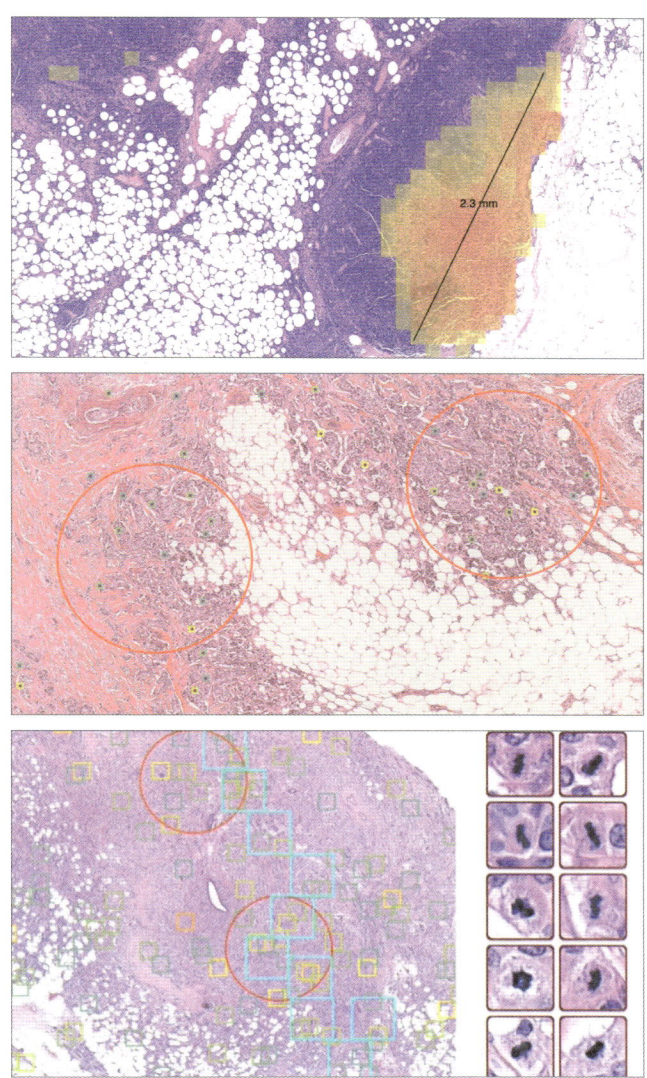

클레오 브레스트 프로그램 이미지 　　　　　　　　출처: 프리마 홈페이지

할 수 있다는 데 있다.

프리마는 병리 전문의들과의 협력을 통해 임상 환경에서의 요구를 반영해 솔루션을 개발했으며, 이에 프리마의 프로그램은 실용성과 효율성을 높여 환자를 치료하게 돕는다는 차별점을 갖는다. 프리마의 인공지능 프로그램은 의사를 대신하기 위해 개발된 것이 아니다. 의사들이 보다 과학적이고 객관적으로 결과를 분석할 수 있도록 하는 도구로서의 역할이 강조되어 있다.

▶▶ 의료인의 환경을 긍정적으로 개선하는 솔루션

앞서 살펴본 것처럼, 프랑스의 병리 전문의는 환자의 수에 비해 현저히 부족해 격무와 스트레스에 시달리고 있다. 이들은 매일 수많은 검사와 진단을 처리하는 과정에서 체력적·정신적으로 피로를 느낀다. 프리마의 프로그램 클레오는 이러한 상황에서 의사들이 보다 중요한 업무에 집중할 수 있도록 돕는다.

진단과 치료가 복잡하고 어려운 경우, 클레오는 정확한 과학적 수치와 의사들이 신뢰할 수 있는 분석을 제공한다. 이 인공지능을 통해 의사들은 시간을 절약할 수 있다. 여러 명의 의사가 환자 1명에 대해 진단과 분석을 다르게 했을 경우에도, 프리마의 인공지능이 데이터를 통해 객관적이고 과학적인 결론을 도출함으로써 의사들이 최선의 결정을 내릴 수 있도록 지원한다.

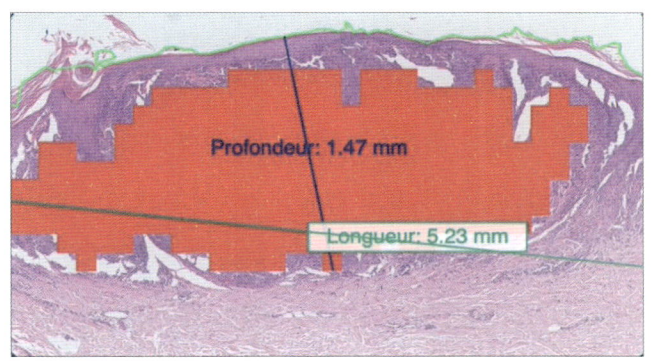

클레오 스킨 측정 이미지   출처: 프리마 홈페이지

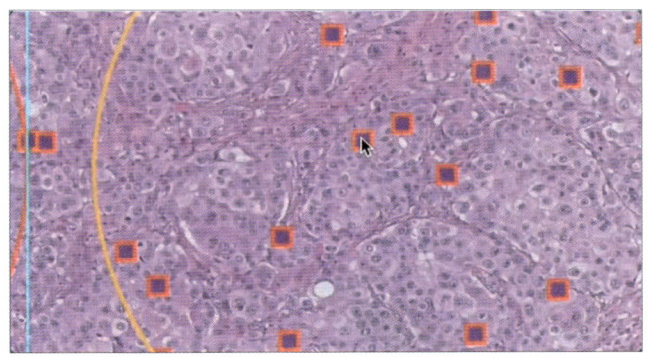

클레오 스킨 진단 이미지   출처: 프리마 홈페이지

마지막으로 프리마의 프로그램은 의료 격차 및 사각지대 문제를 해결하는 데에도 중요한 역할을 할 수 있다. 세계 보건 기구WHO가 2024년에 발표한 자료에 따르면, 인간 개발 지수가 높은 국가에서는 여성 12명 중 1명이 일생 동안 유방암 진단을 받고, 71명 중 1명이 유방암으로 사망한다. 반면 지수가 낮은 국가에서는 여성 27명 중 1명이 일생 동안 유방암 진단을 받고, 48명 중 1명이 유방암으로 사망한다. 선진국으로 갈수록 더 많은 사람이 유방암 검사를 받기 때문에 그만큼 사망률이 낮다. 하지만 프랑스 일부를 포함하여 의료 자원이 부족한 지역에서는 암의 치료는 물론이고 진단 자체가 매우 어렵다. 전문 의료 인력이 부족한 지역이라면 프리마의 프로그램을 통해 원격으로 의료 이미지를 분석하고, 정확한 진단을 제공받고, 신속하고 정확한 데이터 도출로 대응할 수 있다.

현재 프리마는 유럽 내 국립 종합 병원과 사설 의료 연구소에서 상용화되고 있다. 의료 경험이 부족한 지역에서는 경험이 부족한 의사가 진단을 내릴 때 암 진단에 도움이 되는 데이터를 제공하고, 경험이 더 많은 전문가의 개입이 필요한 때를 알림하는 형식으로 지원하게 된다.

프리마는 2019년 유방암 진단 설루션 클레오 브레스트의 프로토타입을 선보였고, 2021년에는 CE 인증을 받았다. 클레오 브레스트의 성능과 진단 시간 단축 효과를 평가하기 위해 유럽의 주요 의료 기관과 병원이 함께 연구를 진행했다. 그 결과 침습성 암 및 제자리 암종 탐지 시간이 14% 단축됐고, 유사 분열 탐지 시간이 50% 감소한다는 평가를 받았다. 파리 생 조세프 병원의 병리학 과장인 아담 박사는 클레오 브레스트에 대해 "일상 진료에서 매우 효율적인 도구다. 알고리즘은 병리 전문의가 진단하는 데 있어 완전성을 보장하고, 소프트웨어 또한 그 편의성 면에서 매우 뛰어나다"라고 평가했다.

최근에는 피부암 진단을 지원하는 인공지능 프로그램, 클레오 스킨cleo skin도 출시했다. 클레오 스킨은 촬영된 이미지를 통해 평편 세포

암·흑색종·기저 세포 암 등 다양한 피부암을 정확하게 분류하고, 병변의 크기, 주변 조직과의 관계를 자동으로 측정해 진단에 필요한 정보를 제공하는 프로그램이다.

클레오 스킨의 경우, 병리학자인 마젤리에 박사는 "클레오 스킨의 진단별 분류 기능은 특히 흑색종과 같은 긴급한 진단의 우선순위를 정하는 데 도움이 된다"고 평가했다. 프리마는 남성에게 가장 흔한 암인 전립선 암을 진단하는 솔루션 클레오 프로스테이트cleo prostate도 연내 출시를 목표로 개발 중이다.

▶▶ 각자의 전문 영역이 있는 가족 스타트업

프리마 창업자 중 한 명인 패니 소킬Fanny Sockeel은 1981년에 태어났다. 의료 스타트업 창업은 그녀의 삶에서 자연스러운 흐름이었다. 약사인 어머니, 의사인 여동생 등 가족의 대부분이 의료 분야에 종사하고 있었다.

가족은 모일 때마다 자연스럽게 의료와 관련된 이야기를 주고받았다. 결정적으로 2018년 어느 날 가족 식사 자리에서 모든 일이 시작됐다고 패니 소킬은 회고했다. 당시 패니 소킬은 컨설팅 업계에서 경험을 쌓고 있었다. IT 전문가인 사촌 스테파네 소킬Stephane Sockeel은 몬트리올에서 인공지능을 활용한 신경 과학 프로젝트를 진행하던 중이었으며, 여동생 마리 소킬Marie Sockeel이 병리 전문의로 활동 중이었다.

(좌)프리마의 창업자들과 (우)패니 소킬   출처: 프리마 홈페이지

그러다 패니 소킬의 가족 중 1명이 암으로 세상을 떠나면서, 그녀는 암 치료 기술에 더욱 관심을 가지게 됐고 의료 분야에 혁신이 꼭 필요하다고 느꼈다. 세 사람은 자신의 활동 분야에 대해 이야기하던 중, 각자가 가진 기술들을 결합하면 새로운 변화를 이끌어 낼 수 있으리라는 결론에 이르렀다. 인공지능은 빠르게 발전하고 있었고, 의료 분야에서의 가능성이 무궁무진하게 느껴졌다. 스마트 워치부터 MRI 스캔, 혈당 측정까지, 사람들은 점점 더 많은 건강 데이터를 축적하고 있었지만, 이를 분석해 활용하는 기술은 아직 부족했기 때문이다.

얼마 지나지 않아 세 사람은 프랑스의 한 종합 병원에 방문해 개념 증명 프레젠테이션을 했다. 그 결과 한번 해 볼 만한 일이라는 확신을 얻게 됐다. 즉시 세 사람 모두 각자의 직장을 나와 온전히 스타트업에 집중하기 시작했다. 세 사람 모두 30대 중반을 넘어서는 나이였다.

프리마가 설립될 즈음 프랑스에서는 스타트업 창업에 유리한 환경이 조성되어 있었다. 정부와 투자 업계의 참여도 적극적이었고, 기술 또한 놀라운 속도로 발전하고 있었다.

프리마는 그렇게 탄생했다. 패니 소킬은 현재 프렌치 테크 그랑 파리의 이사회 멤버로 활동하고 있으며, 2023년에는 〈포브스Forbes〉가 선정한 '주목할 만한 여성 40인' 중 한 명으로 이름을 올리기도 했다.

▶▶ 인공지능과 함께하는 현대 의학

암을 완벽하게 예방하는 백신은 없다. 현대 의학은 암을 불치병이 아니라 관리 가능한 만성 질환으로 본다. 암 치료의 목표도 생존을 넘어 환자가 생을 보다 나은 환경에서 살아갈 수 있도록 하는 데 있다.

의료 과학 기술이 발전함에 따라 인류는 더 나은 치료로 삶의 질을 향상시키는 시대로 넘어가고 있다. 코트라의 취재에 의하면 프리마의 인공지능 기반 의료 설루션 개발에는 막대한 자금이 필요했다. 첫 번째 시장 출시까지 약 1억 유로(약 1,500억 원)가 소요됐다. 의료 인공지능 산업의 진입 장벽이 높다는 사실을 보여 주는 예다. 그럼에도 불구하고 프리마는 창업 이후 6년 동안 꾸준히 성장해 왔다. 2019년 10월 프랑스 투자 은행과 기업가 펀드, 유럽 의료 비즈니스 엔젤 네트워크 등으로부터 200만 유로(약 31억 원)의 투자를 유치했고, 2025년 초에는 500만 유로(약 78억 원)를 추가로 유치했다. 이 추가 투자 유치 자금은 전립선 암 설루션인 클레오 프로스테이트cleo prostate 개발 가속화와 유럽 내 의료 기관과의 협업을 강화하는 데 쓰일 예정이다.

프리마는 인체에서 발현하는 다양한 암을 겨냥한 맞춤형 인공지능 기술을 개발 중이다. 현재 프리마의 클레오 프로그램이 다루고 있는 유방암·피부암·전립선암 외에도 자궁경부암 등의 영역으로 확장하기 위해서다.

이러한 접근법 덕분에 프리마의 인공지능 기술은 기존의 진단 도구보다 정밀하고, 신뢰할 수 있는 결과를 도출할 수 있는 예측 알고리즘 기술을 보유할 수 있었다. 또한, 진단 시간 단축을 위해 파리의 메디파트와 같은 전문 병리학 연구소 등을 통해 병리 전문의의 워크 플로우에 통합되는 등 전략적인 협업을 추진하고 있다.

인공지능은 의료 혁신의 중요한 동반자가 되었다. 점점 더 많은 의료 전문가들이 인공지능 기술에 관심을 갖고 있으며, 다양한 학술 회의에서 인공지능 기반 스타트업과의 협업이 활발히 논의된다. 이러한 변화는 의료계뿐 아니라 대중의 인식에도 영향을 미쳐, 인공지능이 인간의 건강을 지키고 생명을 구하는 데 실질적인 도움을 줄 수 있다는 생각이 확산되고 있다. 보다 정밀한 치료 계획 수립, 맞춤형 의료 서비스 제공, 새로운 치료법 개발까지, 인공지능의 역할은 꾸준히 확대될 것으로 보인다. 인공지능은 더 이상 단순한 도구에 머물지 않을 것이다. 이제, 더 나은 의료 환경과 삶의 질을 만들어 가는 파트너로서 인공지능을 어떻게 활용할 것인지 연구하고 고민해야 할 시점이다.

By 곽미성

인생의 절반 이상을 파리에서 보냈다. 방송사에서 국제 뉴스 만드는 일을 했고, 7년 전부터 파리 무역관에서 조사 담당자로 일하고 있다. 이제는 익숙해진 프랑스 사회지만, 한국의 시선으로 낯설게 보면서 필요한 정보를 모국어로 전달하는 일이 뜻깊고 즐겁다.

병원에 도입된
인공지능

정저우

▶▶ 인공지능 병원 시대를 여는 중국 빅 테크

"인공지능을 몰랐던 그때는 마치 재난 영화 같았어요."

정저우에 살고 있는 32세 왕리리 씨는 지난해의 악몽을 떠올리며 말했다. 왕리리 씨의 사연은 이랬다. 새벽 2시, 이제 갓 두 살 된 딸의 체온이 39.5도까지 치솟았다. 불덩이처럼 뜨거운 아이를 안고 인근 소아과 응급실로 향했다. 하지만 병원에 뛰어 들어간 순간 절망감이 몰려왔다. 병원 전광판에 붉은 글씨로 '현재 대기 인원 127명'이라고 적혀 있었다.

"먼저 온 급한 아이들이 많아서요. 조금만 더 기다리세요."

초조한 마음에 간호사를 붙잡고 물었지만 돌아온 대답은 예상했던 대로였다.

하지만 인공지능을 알게 된 올해는 달랐다. 딸이 다시 고열에 시달리던 밤, 왕리리 씨는 스마트폰에서 인공지능 응급 진료 시스템 애플리케이션을 켰다. 증상을 상세히 입력하자 인공지능은 의심되는 병명을 찾아 진단을 내렸고, 몇 초 후 소아과와 원격으로 연결해 주었다. 의사는 인공지능이 판단한 병명과 치료 방법을 최종 확인했다.

"응급 상황은 아니니 해열제를 먼저 사용하세요. 온라인으로 처방전을 보내 드릴게요."

왕리리 씨는 처방약도 온라인으로 주문했다. 병원에서 망연자실했던 작년과 달리 30분 만에 해결책을 찾을 수 있었다.

중국은 의료 자원 불균형과 병원 과밀화 문제로 오랫동안 어려움을 겪어 왔다. 대도시 종합 병원은 환자들로 붐비는 반면, 농촌 지역은 의료 인프라가 부족하다. 또한 이미 고령화 단계로 접어들어 만성 질환 환자 증가로 인해 의료 서비스 수요가 급격히 늘어나는 추세다.

이러한 문제를 해결하기 위해 중국 정부는 인공지능 기술을 의료 분야에 접목해 혁신적인 변화를 이끌어 내고 있다. 텐센트·알리바바와 같은 대형 IT 기업들도 인공지능 기반 의료 솔루션을 개발하며 병원의 디지털화를 주도하고 있다. 이들은 인공지능 의료 영상 판독, 원격 진료, 의료 데이터 분석 등 다양한 영역에서 성과를 내며 인공지능 병원의 핵심 기술력을 높이고 있다.

▶▶ 아이를 살린 중국의 첫 인공지능 소아과 의사

2025년 2월 13일 베이징 아동 병원 진료 센터에 중국 최초의 인공지능 소아과 의사가 취임했다. 병원은 공식적으로 진료 보조, 영상 판독, 치료 계획 수립 등 다양한 분야에서 활동할 계획이라고 밝혔다.

인공지능 의사는 첫날부터 희귀 질환을 앓는 8세 남자 아이를 진료했다. 이 아이는 3주간 틱 장애 증상을 보여 검사를 받았는데 뇌 기저부에서 종양이 발견됐다. 이 병원에 오기 전까지 부모는 아이와 여러 병원을 돌아다녔지만 정확한 병명과 치료법을 알 수 없었다. 하지만 인공지능 의사를 만나고서야 광범위한 데이터를 통해 병명과 치료 계획을 알게 됐다. 함께 자리했던 종양외과·두경부외과·신경외과 등 전문의 13명은 인공지능 의사의 진단에 동의했다.

베이징 아동 병원의 인공지능 소아과 의사는 병원에서 개발 중인 인공지능 모델 중 하나다. 앞으로도 병원 환자의 특성을 반영한 맞춤형 인공지능 모델들이 개발될 예정이다. 병원 관계자는 다음과 같이 설명했다.

"인공지능 소아과 의사는 300명 이상의 저명한 소아과 전문의의 임상 경험과 수십 년간 축적된 의료 기록 데이터를 학습했다." 그리고 "인공지능 의사는 임상 연구도 함께 진행할 수 있으며 희귀성 난치병을 진단하고 최적의 치료 방안을 찾는 데 기여할 것"이라고 덧붙였다.

▶▶ 진단부터 병원 혁신까지 이뤄낸 텐센트

중국 최대 IT 기업 텐센트腾讯는 2018년부터 인공지능 기반 의료 진단 엔진인 미잉觅影을 의료 기관에 제공해 왔다. 이들의 인공지능 의료 설루션은 이미 1,300여 의료 기관에서 사용되고 있다고 한다. 미잉은 딥 러닝을 통해 의료 영상을 분석하여 700여 종의 질환을 예측하고 암과 같은 중증 질환을 조기 진단하는 인공지능 설루션이다. 미잉을 도입한 이후 의사가 육안으로 구분하기 어려운 질병도 정밀 진단이 가능해져 조기 발견율이 크게 향상됐다. 미잉은 4초 만에 내시경 검사를 분석하고, 10초 이내에 폐암 검진을 완료할 수 있다. 특히, 초기 식도암 발견율은 90% 이상이라고 한다.

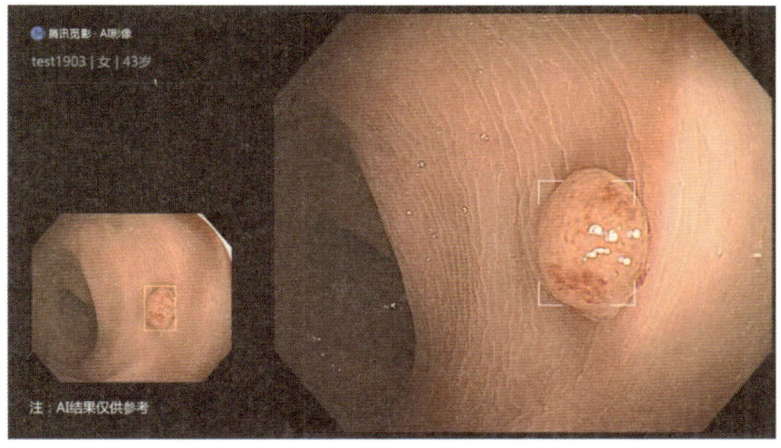

인공지능 기반 의료 진단 엔진 미잉을 활용한 내시경 비디오의 실시간 용종 감지 예시
출처: 텐센트헬스 홈페이지

텐센트는 병원 서비스 분야에서도 인공지능 기술을 적극적으로 활용하고 있다. 인공지능을 통해 병원 운영 효율성을 극대화하고 환자들의 진료 경험을 개선하는 중요한 역할도 하고 있다. 선전시 병원은 환자들의 긴 진료 대기 시간을 개선하고자 텐센트와 손을 잡고 인공지능 예진 시스템을 도입했다. 환자가 병원 방문 전 자신의 증상을 구두로 설명하면 인공지능이 이를 분석하고 의사에게 맞춤형 진료 방향을 제안한다. 현재 이 시스템은 월평균 2만 건 이상 사용되고 있다. 환자들의 대기 시간도 그만큼 크게 단축됐다.

텐센트는 상하이 병원과 인공지능 전자 의무 기록 자동 생성 시스템도 개발했다. 의료진은 기존보다 1.5배 빠르게 의무 기록을 작성할 수 있게 되었고, 병원의 행정 업무 부담도 크게 줄어들었다.

▶▶ 인공지능 의료 서비스의 기준 제시한 징둥헬스

중국 대표 전자 상거래 업체 징둥 그룹도 징둥헬스京东健康, JD Health라는 자회사를 통해 인공지능 의료 분야에서 적극적인 혁신을 이어 가고 있다.

2024년 7월 징둥헬스는 인공지능 의사 역할을 하는 캉캉康康, Kang-kang을 출시해 의료계에 큰 반향을 일으켰다. 출시된 지 6개월 만에 3,000만 명 이상이 이 서비스를 이용하며, 중국 인공지능 의료의 주요 플랫폼으로 자리 잡았다.

캉캉은 질문에만 답하는 인공지능이 아니다. 징둥헬스가 다년간 쌓은 방대한 의료 데이터를 기반으로 환자 상담에 있어서 매우 높은 전문성을 자랑한다. 상담부터 온라인 진료, 약물 배송까지 원스톱으로 해결할 수 있다는 큰 장점을 가지고 있다.

허난성 농촌 지역에 거주하는 장궈푸 씨는 "캉캉을 사용한 이후 건강 관련 문제를 해결하는 데 큰 도움이 된다"고 말했다. 63세인 그는 "이전에는 병원까지 가는 데 시간이 오래 걸리고 어떤 진료과를 찾아야 할지 몰라서 불편했는데 이제는 손쉽게 전문적인 조언을 받고 약까지 배달받을 수 있다"며 편리함을 강조했다.

캉캉의 서비스를 추천하는 인터넷 댓글을 보면, 건강 검진서 해석 기능을 칭찬하는 소비자 후기가 많다. 병원에서 발급되는 건강 검진서는 전문 용어로 작성되어서 이해하기에 어려움이 따르지만, 캉캉은 인공지능이 나이와 생활 패턴에 맞게 쉽고 실용적인 언어로 조언을 해주기 때문이다. 이것이 캉캉이 의료의 전문성과 세심한 배려를 모두 갖춘 서비스로 평가받는 이유다.

▶▶ 인공지능 의사로 24시간 진료 가능한 핑안헬스

인공지능 의료 서비스 분야에서 핑안헬스平安健康, PingAn Health는 가장 적극적인 행보를 보이고 있다. 중국 대형 보험사 핑안 보험 그룹의 온라인 의료 플랫폼인 핑안헬스의 인공지능 의료 기술은 업계 최고 수준

핑안헬스 핑안신이 애플리케이션의 실제 명의와 똑같은 모습을 하고 있는 인공지능 의사
출처: 핑안신이 공신 애플리케이션

으로 평가받는다. 주요 사업은 원격 진료다. '24시간, 언제 어디서나 함께하는 주치의' 서비스를 제공한다.

핑안헬스는 2024년 재무 보고서에서 인공지능 도입을 통해 의료 서비스 전반의 효율성이 크게 향상됐다고 밝혔다. 자체 개발한 인공지능 의료 시스템은 문진 정확도 99%, 진단 정확도 95% 이상을 기록했다. 이러한 성과 덕분에 핑안헬스는 설립 10여 년 만에 지난해 처음으로 흑자 전환에 성공했다.

핑안헬스는 올해 상반기 인공지능 기반의 24시간 상담 서비스인 핑안신이平安芯医, PingAn Xinyi를 새롭게 출시했다. 명의로 소문난 의사의 실제 외모와 음성, 더 나아가 진료 경험과 지식을 디지털화한 인공지능 모델이 등장한다. 현재 핑안신이에는 중의학·피부과·산부인과 등 평소 진료를 받으려면 수개월씩 대기해야 하는 저명한 전문의들이 포함되어 있다.

실제 명의와 똑같은 모습을 하고 있는 이 인공지능 의사는, 실제 의사가 촬영한 영상, 온라인 답변 등의 자료를 학습하여 완벽한 디지털 분신이 된다. 환자는 애플리케이션을 통해 실제 의사와 만나 진료를 받는 것처럼 느끼며 집에서 대기 시간 없이 무료로 상담을 받는다.

▶▶ 중국 최초의 인공지능 병원

중국 언론에 따르면, 칭화 대학교 인공지능 산업 연구원Institute for AI Industry Research, AIR이 중국 최초로 인공지능 병원을 개발했다. 이름은 에이전트 병원Agent Hospital이다. 현재는 내부 테스트 단계에 있다. 2025년 내 공식 개원을 목표로 하고 있다.

에이전트 병원은 기존 병원과 동일한 시설과 운영 프로세스를 가상 환경에 그대로 구현한 의료 시스템이다. 에이전트 병원에는 소아과·이비인후과·산부인과·정신과 등 총 21개 진료과가 있으며, 인공지

에이전트 병원   출처: 에이전트 병원 공식 홈페이지

능 의사 42명이 300여 종의 질병을 진단하고 치료할 수 있다.

에이전트 병원의 가장 큰 특징은 인공지능 의사의 학습 능력이다. 인공지능 의사는 다양한 질병·연령·지역의 가상 환자들의 데이터를 활용해 24시간 쉬지 않고 진료 능력을 키워 나가고 있다. 현재는 시뮬레이션을 통해 수천만 명의 가상 환자를 만들어 내고 있다. 여러 질환을 앓는 가상 환자들을 대면하면서 다양한 변수에 노출된 이 인공지능 의사는 상호 작용하다 실수를 할 때도 있지만, 이 과정에서 스스로 진화하고 있다. 뿐만 아니라 최신 의학 교과서와 학술지를 참고해 끊임없이 진단 정확도와 치료 효율성을 개선하고 있다.

인공지능 병원에서는 시간이 현실보다 100배로 빠르게 흐른다. 현실에서는 전문의 1명이 숙련되기까지 5~10년의 임상 경험이 필요하지만, 인공지능 의사는 며칠 만에 수많은 임상 사례를 분석하고 학습하여 빠르게 숙련도를 높인다.

인공지능 의사들은 미국 의사 자격시험 호흡기 질환 관련 질문에서 93% 이상의 정확성을 보였다. 이러한 고속 학습 과정 덕분에 인공지능 의사는 현실 세계의 전문의가 경험을 쌓는 데 필요한 시간을 단축하는 데에도 기여한다.

현재 인공지능 의사 42명 중 절반이 중국 의사이며, 나머지는 세계 각국 국적을 가졌다. 의사의 국적을 구분한 이유는 나라별로 질병 빈발도, 진단 기준 및 치료 방법에 차이가 있기 때문이다. 예를 들어 폐암의 경우 중국 의사들은 중국 국가 위생 건강 위원회가 발표한 지침에 따라서 진단하고 치료하지만, 미국 의사들은 미국 국립 종합 암 네트워크의 가이드를 따른다.

인공지능 병원에 대한 우려의 목소리도 존재한다. 인공지능 병원이 성공적으로 실현되기 위해서는 여러 장벽을 넘어야 한다. 우선 개인 정보 보호의 문제다. 인공지능 의사가 환자의 아픈 부위를 촬영하고 질병 관련 데이터를 전송하는 과정에서 정보 보안 문제가 발생할 수 있다. 이와 관련하여 정저우 병원 관계자는 "병원과 환자 모두 비밀 유지를 중요하게 생각한다. 개인의 의료 정보가 유출될 경우 여러 가지 심각한 문제가 발생할 수 있고, 이를 예방하기 위해 보호 시스템도 함께 마련되어야 한다"고 강조했다.

또한, 인공지능 의사는 환자와 정서적 소통이 어렵다는 지적도 있다. 의사와 환자의 유대는 치료 과정에서 환자의 신뢰를 구축하고 마음의 안정을 돕는 중요한 요소이기 때문에, 인공지능 의사의 한계로 작용할 수 있다.

▶▶ 의료의 미래를 여는 인공지능 트렌드

2023년 6월 30일 중국에서 최초로 인간 의사와 인공지능 의사의 진료 대결이 펼쳐졌다. 인간 의사는 중국 쓰촨 대학교 화서 병원 소속 10명으로 구성됐다. 이들은 정형외과·내분비외과·심장내과 등 7개 과목의 전문의였다. 인공지능 의사는 인터넷 의료 기업 이롄医联, Medlinker이 자체 개발한 MedGPT였다.

인공지능 의사와 인간 의사는 약 8시간에 걸쳐 환자 120명을 진료했다. 문진 시작부터 심사 결과까지 모든 과정이 온라인으로 생중계됐다. 평가 항목은 문진 정확도·진단 정확도·치료 권장 정확도 등이었다. 평가는 베이징 대학교 인민 병원, 중일 우호 병원 등의 교수 7명이 맡았다. 이 결과 인공지능과 인간 의사의 진단 결과는 96%의 일치율을 보였다. 종합 점수는 인간 의사 10점 만점에 7.5점, 인공지능 의사는 7.2점으로 0.3점 차이에 불과했다.

중국에서 인간과 인공지능의 첫 의료 진단 대결이 펼쳐진 지 2년이 지났다. 이제 중국에서 인공지능 의사와 인공지능 간호사는 더 이상 낯선 시스템이 아니다. 인공지능은 의료 산업 전반에 깊숙이 스며들어 있고 영향력을 계속 확장하고 있다.

정저우 24시간 스마트 헬스 스테이션 외부. 혈압·당뇨·체온 등 신체 검사와 원격 문진 가능

출처: 정저우 무역관

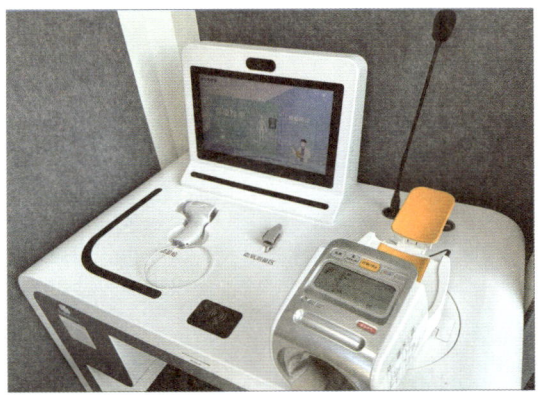

정저우 24시간 인공지능 스마트 헬스 스테이션 내부. 혈압·당뇨·체온 등 신체검사와 원격 문진 가능

출처: 정저우 무역관

이 밖에도 중국 대표 포털 업체 바이두百度, Baidu가 이미 산업용 초거대 의료 인공지능 모델 링이灵医, Lingyi를 개발하고 여러 의료 기관과 협력하고 있다. 또한 중국 최대 통신 장비 업체인 화웨이도 지난 3월 공식적으로 인공지능 의료 보건팀을 구성해 인공지능 의료 산업에서 빠르게 사업을 확장하고 있다. 혁신 기업들이 인공지능 의료 분야에 뛰어들어 경쟁하면서 지금 중국에선 인공지능 병원 기술이 빠르게 발전하고 있다.

중국 정부도 정책 지원 차원에서 인공지능 의료를 전략적 방향으로 명확히 설정했다. 지난해 11월 중국 의료 보험국은 처음으로 의료 서비스 가격 표준화 항목에 인공지능 보조 진단을 포함시켰다. 이러한 흐름을 타고 중국 인공지능 의료 시장은 급성장하고 있다.

2023년 중국 인공지능 의료 시장 규모는 314억 위안(약 6조 2,800억 원)에 달했으며 2025년에는 800억 위안(약 16조 원)을 돌파할 것으로 예상된다. 연평균 복합 성장률이 58.3%에 이른다. 이러한 혁신적인 변화 속에서 인공지능은 디지털 헬스 케어 시스템의 미래를 여는 중요한 트렌드로 자리 잡고 있다.

By 김태용
2009년 코트라에 입사한 김태용 관장은 중국 각지를 누비며 현장을 몸으로 익혀 왔다. 지금은 중국 중원의 심장, 정저우에서 무역관장으로서 현지 시장의 흐름을 읽고, 그 속에서 기회를 찾는다. 작은 연결을 소중히 여기며, 오늘도 새로운 가능성을 찾아 나선다.

마음 먹은 대로 살 수 있는
세상을 꿈꾸는 기업

실리콘 밸리

▶▶ **가족의 불편함에서 착안한 웨어러블 기기**

    SF 영화에서 막연하게 그렸던 일들이 모두 실현되는 세상이다. 그렇다면 원하는 만큼 집중할 수 있고, 스트레스도 덜 받고, 마음 건강까지 챙기며 살 수 있는 세상도 올까? 만약 이 모든 것을 실현하면서 업무 능률까지 올려 주는 기계가 있다면 당신의 삶은 어떻게 바뀔까. '이런 기계가 세상에 정말 있을까?'라는 질문이 들었다면 이런 과정을 이어서 상상해 보자. 당신은 잠에서 깨자마자 헤드폰을 쓴다. 이 헤드폰은 당신이 마음먹은 대로 살도록 특정한 도움을 준다. 그래서 매일 아침 당신은 눈을 뜨자마자 스마트폰이 아니라 헤드폰을 집어 든다.

뉴러블 헤드폰   출처: 뉴러블 홈페이지

뇌파 측정이 가능한 헤드폰을 개발한 기업이 있다. 뉴러블Neurable 이야기다. 이들은 상상으로만 꿈꾸던 일들의 가능성을 현실에 옮기려 한다.

뉴러블은 창업자이자 CEO인 람세스 알카이데Ramses Alcaide의 경험에서 시작됐다. 그는 신경 과학자였다. 그가 어렸을 때 그의 삼촌이 트럭 사고로 두 다리를 잃고 일상생활에서 어려움을 겪는 모습을 보며 이런 고민을 시작했다고 한다.

'만약 생각만으로 기기를 조작할 수 있다면, 장애를 가진 사람들이 훨씬 자유롭게 세상과 소통할 수 있지 않을까?'

그는 움직임이 제한된 사람들을 위한 기술을 개발해 그들의 삶에 긍정적인 도움을 주겠다는 목표를 세웠다. 이 고민과 목표는 그를 뇌-

컴퓨터 인터페이스Brain Computer Interface, BCI 연구로 이끌었다. 그는 미시간 대학교 대학원에서 기초 연구를 시작하면서 열정을 키워 갔다.

그의 연구 목표는 직관적이고 실용적인 인터페이스를 만드는 방향으로 나아갔다. 그가 연구를 발전시킬 당시, 뇌-컴퓨터 인터페이스 연구는 주로 의료와 재활 분야에 집중돼 있었다. 알카이데는 이를 더 넓은 영역으로 확장하고 싶었다.

2015년, 그는 같은 비전을 공유하는 동료들을 만나 함께 뉴러블을 창업했다. 그리고 뇌-컴퓨터 인터페이스 기술을 상용화하기 위한 여정을 시작했다.

▶▶ 인간의 능력을 극대화하는 세계 최초의 도구

창업자인 그의 여정은 순탄하지 않았다. 2017년, 뉴러블은 가상 현실 헤드셋과 연동된 뇌-컴퓨터 인터페이스 기술을 적용한 개발자 키트 1$_{DK1}$을 선보였다. 사용자가 정신적으로 기기를 제어할 수 있는 방법을 제시한 것이다. 뉴러블은 인간이 기계와 상호 작용할 수 있다는 가능성을 보여 줬다.

하지만 뉴러블은 해당 기술을 상업화하는 데 실패했다. 그들은 좌절하지 않고 이를 기회로 삼았다. 고객 피드백과 시장 데이터를 모았고 이를 바탕으로 자신들이 보유한 기술을 재평가했다. 제품도 다시 설계했다.

뉴러블 헤드폰   출처: 뉴러블 홈페이지

그 결과 드디어 더 넓은 시장으로 나아갈 수 있는, 사용자 친화적인 뇌파 기반의 스마트 헤드폰이 세상에 나왔다. 뉴러블이 개발한 헤드폰 엠더블유 75 뉴로mw 75 neuro는 세계 최초의 뇌-컴퓨터 인터페이스 기반 헤드폰이다. 헤드폰의 기본 기능인 오디오 경험을 넘어 사용자의 삶을 전반적으로 개선하는, 두뇌를 위한 웨어러블 기기를 탄생시킨 것이다. 사용자는 이 헤드폰을 통해 자신의 뇌와 소통할 수 있다.

'뇌와 소통한다'는 개념이 다소 낯설 수 있지만 원리는 이렇다. 우리가 인지하지 못하는 순간에도 계속 변화하는 뇌의 상태를 실시간으로 감지할 수 있다. 이 감지 기술을 활용하면 일상생활의 질을 높일 수 있다. 뉴러블의 기술은 우리가 SF 소설에서 봤을 법한 개념을 현실로 가져왔다.

뉴러블의 헤드폰은 사용자의 집중도를 실시간으로 분석하고, 최적의 업무 환경을 조성하며, 번 아웃을 예방하는 역할까지 수행한다. 이는 인간의 능력을 극대화하는 혁신적인 도구다.

▶ 뇌를 모니터링하는 기술의 원리

뇌-컴퓨터 인터페이스 기술은 뇌의 흐름을 활용해 외부 기기와 연결하는 방식으로 크게 침습적 방식과 비침습적 방식으로 나뉜다. 테슬라Tesla CEO인 일론 머스크Elon Musk의 뉴럴링크Neuralink처럼 두개골에 칩을 심는 침습적 뇌-컴퓨터 인터페이스 방식도 있다. 그러나 뉴러블은 두피 표면에서 뇌파를 감지하는 비침습적 방식을 채택한다. 현재 사용되는 뇌파 측정 장비는 여러 개의 전극이 부착된 수영 모자 같은 형태다. 정확한 측정을 위해서는 두피에 특수 젤을 발라야 한다. 때문에 이 방식은 일반인에게 현실적으로 적합하지 않다.

뉴러블은 사람들이 착용했는지를 인식 못 할 정도로 자연스러운 기기를 만들고자 했다. 뉴러블의 창업자는 이렇게 말했다.

"우리는 정신 건강을 추적하고 번 아웃을 예방할 수 있는 웨어러블 기기를 만들었다. 두뇌는 인체에서 가장 중요한 장기다. 이 제품은 그 두뇌를 모니터링할 수 있는 궁극적인 웨어러블 기기다."

그래서 뉴러블의 헤드폰은 비침습적non-invasive 뇌-컴퓨터 인터페이스라고 불린다. 어려운 용어처럼 보이지만 간단히 말하면 수술 없이 뇌 활동을 읽는 기술이다.

우리의 뇌는 상태에 따라 다양한 파동을 만든다. 이완됐을 때는 알파파가, 집중하고 있을 때는 베타파가 주로 나타난다. 이 파동은 인간 마음의 지문과도 같다.

뉴러블 헤드폰의 원리는 이렇다. 뇌에서 발생하는 뇌파, 특히 알파파와 베타파의 전기 신호Electro Encephalo Graphy, EEG를 감지한다. 헤드폰에는 사용자의 뇌 신호를 기록하고 해석하는 뉴러블 인공지능 데이터 분석 및 신호 처리 기술이 탑재되어 있다. 그동안 뇌파 센서는 전문적인 의료 장비에서 사용됐지만, 뉴러블은 이를 가볍고 편리한 형태로 구현

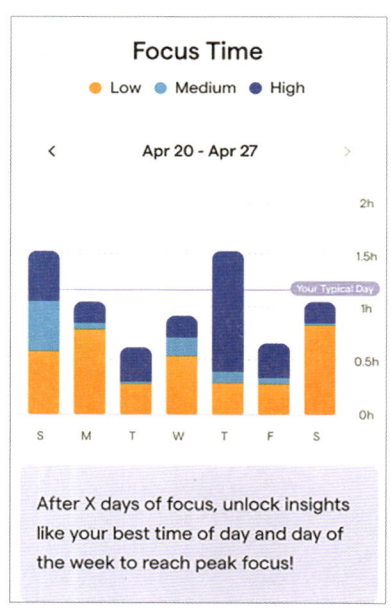

뉴러블 애플리케이션 화면(집중 시간)

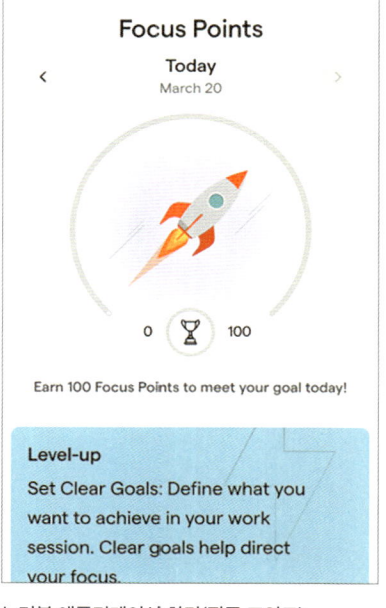

뉴러블 애플리케이션 화면(집중 포인트)

하려고 했다. 그리고 마침내 헤드폰 이어 패드 안에 센서를 넣는 데 성공했다. 이어 패드에 정교하게 배치된 센서들은 사용자가 헤드폰을 착용하는 순간부터 두피에서 발생하는 미세한 뇌파 변화를 포착하고 실시간으로 분석한다. 분석된 데이터는 사용자의 모바일 애플리케이션으로 전송된다. 이를 통해 사용자는 헤드폰을 통해 모은 정보, 즉 자신의 인지 상태longtime state를 알 수 있다. 사용자가 완전히 몰입해 있을 때, 피로로 인해 효율이 떨어질 때, 또는 스트레스로 인해 주의력이 흐트러질 때가 그 예다. 헤드폰은 이때마다 즉각적으로 감지한 데이터를 애플리케이션으로 전송하고, 애플리케이션은 이를 분석해 사용자를 가장 안정된 상태로 만들 맞춤형 피드백을 제공한다.

▶▶ 효율 극대화하는 업무 패러다임

집중력은 성과를 좌우하는 핵심 요소다. 뉴러블은 '더 오래 일하지 말고, 더 똑똑하게 일하세요Work Smarter, Not Longer'라는 슬로건으로 새로운 업무 패러다임을 제시한다.

헤드폰을 착용하고 애플리케이션을 실행해 '집중 세션 시작start focus session' 버튼을 누른다. 이렇게 하면 뇌파 측정이 시작된다. 애플리케이션은 뇌파 신호 품질을 확인하고 업무·엔터테인먼트·공부·창작 활동 등 사용자가 수행하고자 하는 작업 유형을 선택하도록 안내한다.

뉴러블은 사용자의 집중 상태를 집중 포인트focus point라는 시스템으로 시각화한다. 고도의 집중 상태와 중간 집중 상태에서는 분당 2점, 낮은 집중 상태에서는 분당 1점을 부여한다. 하루 목표는 100점이다. 사용자는 이 시스템을 통해 자신이 얼마나 집중했는지를 수치 데이터를 통해 알 수 있다. 뉴러블 제품 홈페이지에는 사용자들의 헤드폰 사용 경험이 게시되어 있다.

한 컴퓨터 그래픽 전문가는 "이 헤드폰을 사용하면 나만의 개인 코치가 항상 옆에서 내 상태를 살피고 최적의 조언을 해 주는 것 같다. 뉴러블과 연동된 애플리케이션을 통해 나의 집중력 수치를 확인할 수 있다. 낮은 수치를 보고 싶지 않다는 마음이 생겨 업무에 시간을 더 효과적으로 쓰게 됐다. 개선할 점이 아직 많지만 헤드폰이 정말 동기를 부여하는 것 같다"고 소감을 밝혔다.

▶ 스트레스 관리하는 페이스메이커

뉴러블의 헤드폰은 스트레스 관리 부문에서도 새로운 지평을 열고 있다. 뉴러블 헤드폰은 뇌파 패턴을 분석해 스트레스 수준을 실시간으로 감지한다. 필요할 때는 적절하게 중재하는 역할도 한다.

예를 들어, 사용자가 사무실에서 중요한 보고서를 작성하는 동안 뇌파에 스트레스 패턴이 나타나기 시작하면 헤드폰은 이를 즉각 인식한다. 사용자가 스스로 긴장한 상태임을 인지하기도 전에, 헤드폰이 먼저 사용자의 뇌에서 SOS 신호를 포착하는 것이다. 뉴러블 헤드폰은 사용자에게 번 아웃이 찾아오기 전에 알람을 울려 휴식을 제안한다. 이는 마라톤 선수의 완주를 돕는 페이스메이커와 같다.

특히 흥미로운 점은, 헤드폰이 단순히 경고만 하는 것이 아니라 즉각적인 해결책도 함께 제시한다는 데 있다. 스트레스 수준이 개인의 역치를 넘어서면 헤드폰은 뇌파 상태에 가장 적합한 호흡 가이드나 짧은 명상 세션을 시작한다. 이 실용성이 뉴러블 헤드폰의 큰 강점이다.

기존의 스트레스 관리 애플리케이션들은 "스트레스를 느끼면 애플리케이션을 열어 명상하세요"라고 안내한다. 반면 뉴러블 헤드폰은 사용자가 스트레스를 느끼기도 전에 먼저 개입한다. 출퇴근길 지하철에서, 업무 중에, 심지어 친구와의 저녁 식사 중에도 헤드폰은 조용히 당신의 정신 상태를 모니터링한다. 필요할 때는 적절한 도움도 제공한다.

뉴러블 헤드폰이 만들어 가는 미래는 스트레스와의 관계를 재정의한다. 더 이상 스트레스를 견디거나 무시하는 것이 아니라, 과학적으로 이해하고 적극적으로 관리하는 방향으로 패러다임을 전환하는 것이다. 사용자가 번 아웃이라는 깊은 골짜기에 빠지기 전에 우회로를 제시하는 이 작은 기술은, 현대인의 정신 건강을 위한 조용한 혁명의 시작점이 될 수 있다.

▶ 급성장하는 시장에서 넘어서야 할 장벽

시장 조사 기관 그랜드 뷰 리서치Grand View Research에 따르면, 2024년 기준 전 세계 뇌-컴퓨터 인터페이스 시장은 약 24억 4,000만 달러(약 3조 5,416억 원) 규모로 추정되며, 2025년부터 2030년까지 연평균 18.15% 성장할 것으로 예측했다. 특히 2024년 북미 지역은 뇌-컴퓨터 인터페이스 전체 시장 점유율이 39.9%였다. 이는 단일 지역 기준으로 압도적인 수치다.

전 세계적으로 빠른 성장세를 보이는 뇌-컴퓨터 인터페이스 시장에서 특히 북미 지역이 시장을 주도하는 이유는, 뇌 장치 분야에 대한 R&D 투자와 임상 시험이 활발히 이뤄지고 있기 때문이다. 특히 북미 지역에서는 파킨슨병·알츠하이머병·헌팅턴병과 같은 신경 퇴행성 질환의 발병률 증가가 해당 기술 수요를 자극하고 있다.

또한 몰입형 게임에 대한 인기와 함께 증강 현실·가상 현실VR 뇌-컴퓨터 인터페이스와 같은 기술도 개발되고 있다. 이 증강 현실과 가상 현실 기술은 이전보다 더 친근한 방식으로 대중에게 다가가고 있다.

하지만 이 시장에는 도전 과제도 있다. 기술적 한계 중 가장 큰 문제는 신호 정확도다. 뇌 활동을 해석하고 이를 컴퓨터 명령으로 변환하는 과정에서 신호의 왜곡이나 잡음이 발생할 수 있다. 이는 시스템의 신뢰성을 떨어뜨릴 수 있다. 특히 비침습적 방식의 경우, 두개골과 피부를 통과하는 과정에서 신호의 품질이 크게 저하되기 때문에 보완이 필요하다.

비용도 큰 장벽이다. 고품질 뇌-컴퓨터 인터페이스 시스템은 고가의 장비와 전문적인 설치 및 보정 과정이 필요하다. 덕분에 일반 소비자들이 쉽게 접근하기 어렵다. 특히 의료용 침습적 뇌-컴퓨터 인터페이스 시스템의 경우, 수술 비용과 장치 비용이 더해져 진입 장벽이 더욱 높다.

개인 정보 보호와 윤리적 문제도 기술이 꼭 해결해야 할 부분이다. 뇌-컴퓨터 인터페이스 기술은 그 특성상 매우 민감한 개인 정보를 다루게 된다. 뇌 신호는 개인의 감정, 선호도 등 매우 사적인 정보를 포함할 수 있다. 이러한 정보가 악용될 경우 심각한 개인 정보 침해로 이어질 수 있다. 세계 경제 포럼은 브레인 태핑brain tapping · 오도성 자극 공격misleading stimuli attack과 같은 방식의 사이버 공격이 개인의 뇌 신호를 가로채거나 뇌에 영향을 미칠 수 있다고 경고했다. 시스템을 통해 개인의 뇌를 조작해 특정 행동을 유도할 수 있는 위험성을 갖고 있다. 때문에 개인의 자율성과 의사 결정이 침해받을 수 있다는 우려가 따른다.

이러한 위험성을 줄이기 위해서는 강력한 데이터 보호 메커니즘과 함께 명확한 사회적 도덕 기준과 규제 체계가 필요하다. 일반 데이터 보호 규정General Data Protection Regulation, GDPR과 같은 개인 정보 보호법을 준수하고, 사용자의 명시적 동의 없이는 뇌 데이터를 수집하거나 활용하지 않아야 한다.

또한 뇌-컴퓨터 인터페이스 기술의 개발과 활용에 있어 윤리적 사항을 우선으로 고려하는 태도가 요구된다. 뉴러블은 이와 관련해 사용자의 뇌파 데이터를 저장하지 않으며, 익명화된 데이터만 클라우드에 저장한다고 밝혔다.

▶▶ 인간과 기계의 경계가 더욱 흐려지는 시대

한국도 뇌-컴퓨터 인터페이스 기술 분야 발전을 위해 꾸준히 노력하고 있다. 관련 연구는 주로 대학과 국책 연구 기관을 중심으로 활발히 이뤄진다.

특히 고령화 사회 진입과 함께 재활 및 보조 기기에 대한 수요가 증가하면서 디지털 헬스 케어 산업과의 연계 가능성이 주목받고 있다. 그리고 메타버스와 같은 몰입형 디지털 환경에 관심이 증가하면서 뇌-컴퓨터 인터페이스 기술의 활용 영역은 더욱 확장되고 있다. 한국의 수준 높은 IT 인프라와 반도체 기술력은 뇌-인터페이스 하드웨어 개발에 강점으로 작용할 수 있다. 이를 바탕으로 글로벌 시장에서도 경쟁력을 갖출 수 있을 것으로 기대된다.

뇌-컴퓨터 인터페이스 기술은 우리에게 몇 가지 중요한 시사점을 던진다. 첫째, 기술의 발전 속도에 맞춰 법적·윤리적 프레임 워크가 함께 발전해야 한다. 둘째, 인간의 자율성과 정체성이 기술 발전 과정에서 존엄하게 보존될 수 있도록 인문학적 성찰이 기술 개발과 병행되어야 한다.

과학 기술이 일상에 스며들어서 아날로그와 디지털의 경계가 흐려진 시대에 와 있음을 실감한다. 결국 뇌-컴퓨터 인터페이스 기술은 우리에게 '인간성의 본질은 무엇인가'라는 질문을 하게 만든다.

생각과 기계가 직접 연결되는 시대다. 인간만의 고유한 영역은 어디까지일까? 이 질문에 대한 답을 찾는 과정이 우리 모두에게 필요한 때다. 더불어 기술의 발전과 인간 가치의 보전 사이에서 균형점도 찾아야 한다. 인간과 기계의 경계가 흐려진 지금의 시대는, 결국 인간이 어떤 존재인지에 대한 더 깊은 이해로 이어질 것이다.

By **이지현**
실리콘 밸리에서 5년째 일하고 있다. 빠르게 변화하고 있는 첨단 산업의 한가운데에서 속도보다는 방향에 집중하고자 한다.

Carbon Neutral Circular Economy

Carbon Capture

이상 기온과 자연재해로 기후 위기가 가진 심각성이 하루가 다르게 피부로 느껴진다. 지속 가능한 미래를 위해 인류는 지구 회복에 힘쓰고 있으며, 에너지 효율 향상과 탄소 중립을 달성하기 위한 노력이 그 어느 때보다 중요해지고 있다. 미국의 대기 중 탄소 직접 포집 기술, 체코의 친환경 에너지 절약형 건축과 같은 혁신 기술은 경제 발전과 환경보호가 함께할 수 있음을 보여준다.

이번 세 번째 리포트의 주제는 에너지 경제학이다. 각국이 에너지 효율성 강화와 탄소 중립을 달성하기 위해 개발 중인 혁신 기술과 비즈니스 기회를 소개한다.

TREND REPORT 3

지구를 치유하는 에너지 경제학 시대

뜨거워지는 지구,
마지막 1도를 되돌리려는 노력

실리콘 밸리

▶▶ 기후 변화와 기후 붕괴 사이

　해마다 새로운 기록을 만드는 폭염과 폭우, 사라지는 빙하, 메말라 가는 호수. 이 모든 건 지구가 보내는 경고음이다. 2025년 3월, 세계 기상 기구WMO는 '2024 전 지구 기후 현황 보고서'를 통해 2024년에 지구 평균 기온이 사상 처음으로 산업 혁명 이전보다 1.55도 올랐다고 발표했다. 이는 2015년 파리에서 열린 국제 연합UN 기후 변화 협약 당사국 총회COP21에서 기후 변화의 마지노선으로 설정한 기온 상승 폭 1.5도를 넘어선 수치다. 이대로라면 기후 변화는 앞으로 몇 년 안에 기후 붕괴로 불려야 할지 모른다.

지구 온난화의 주범은 인간의 활동으로 배출된 탄소, 특히 이산화탄소CO_2다. 이산화탄소는 대기 중에 머물며 우주로 빠져나가는 지구 복사열을 막아 온실 효과를 일으킨다. 탄소 배출이 많아질수록 지구의 온도는 더욱 빠르게 상승하고, 이는 극단적인 기상 이변과 해수면 상승, 생태계 붕괴로 이어진다. 탄소를 줄이는 일은 우리 생존을 위한 필수 조건이다.

각국 정부와 기업들이 탄소 배출을 줄이기 위해 움직이고 있다. 석탄 대신 태양광과 풍력을 쓰고, 내연 기관차를 전기차로 바꾸며, 탄소세와 ESG 경영을 도입한다. 그러나 문제는 덜 배출하는 것만으로는 부족하다는 데 있다. 이미 대기 중에 흩어진 방대한 양의 이산화탄소는 어디에도 가지 않고 여전히 지구의 열을 붙잡는다.

그래서 과학자들과 기술자들은 새로운 방향을 찾아 나섰다. 바로 공기 중 탄소를 거둬들이는 기술, 직접 공기 포집Direct Air Capture(이하 DAC)이다. 이 기술은 대기에서 이산화탄소를 분리하여 저장하는 방식으로 사용한다. 이 때문에 DAC는 이미 공기 중으로 퍼진 탄소를 되돌릴 수 있는 유일한 방법이다.

이를 위하여 세계 곳곳에 30여 개의 DAC 시설이 가동되고 있다. 다만 막대한 운영비, 복잡한 장치, 높은 설치비 등의 문제로 인해 대부분의 DAC 프로젝트는 실험적 단계에 머물러 있다.

이를 자연의 방식으로 극복하려는 한 스타트업이 주목을 받고 있다. 이들은 공기 중 탄소를 돌이 다시 품게 만든다는 발상을 떠올렸고 이를 실행하고 있다. 미국 캘리포니아에 본사를 둔 이 기업은 대대로 물려줄 수 있는 가보처럼 지구를 지키겠다는 뜻의 이름을 가지고 있다. 바로 에어룸Heirloom*이다.

▶▶ 돌을 이용한 자연의 방식에서 착안한 혁신

2020년 미국 샌프란시스코. 에어룸은 세 명의 공동 창업자가 내놓은 질문 하나에서 출발했다. "이미 대기에 퍼진 이산화탄소를 최대한 자연에 가까운 기술로 없앨 수 있을까?"였다.

이들은 스위스의 클라임웍스Climeworks, 캐나다의 카본 엔지니어링Carbon Engineering처럼 이미 잘 알려진 DAC 기업들의 기술을 검토했고, 한 가지 공통된 문제를 발견했다. 바로 너무 많은 비용과 에너지가 든다는 것. 고체 흡착제를 사용하여 탄소를 고정하는 방식은 1t의 이산화탄소 포집을 위하여 600~1,000달러(약 84~140만 원) 수준의 비용이 발생한다. 수산화칼륨KOH과 같이 액체 용매를 사용하는 방식 또한 흡수된 탄소를 분리하기 위하여 최소 900℃의 고온을 유지해야 하기 때문에 에너지 효율성이 낮다는 지적을 받았다. 국제 에너지 기구IEA가 제시하는 이상적인 DAC 비용이 1t당 100~300달러(약 14~42만 원)임을 고려할 때, 두 기술 모두 기후 문제를 해결하는 이상적인 열쇠가 되

* 오랜 시간 동안 가족이나 세대 간에 전해 오는 귀중한 물건이나 자산을 의미한다. 농업에서는 오랜 기간 전통적으로 재배한 품종을 뜻한다. 특별한 맛·색상 등 독특한 특성이 있다. 지역적으로 중요하거나 문화적으로 가치 높은 경우가 많다.

에어룸 최초의 상업용 DAC 시설에서 공개한 직접 공기 포집 장치　　　　출처: 에어룸 홈페이지

기에는 쉽지 않은 상황이다.

　연구를 거듭한 에어룸이 내놓은 해법은 자연이 수백만 년간 써 온 방식에 기술을 더해 시간을 단축한 것이었다. 이 기술의 핵심은 이산화탄소를 흡수하는 성질을 가진 돌, 석회암limestone을 활용하는 데 있다. 석회암은 자연 상태에서 탄산화 반응으로 불리는 과정을 통해 천천히 대기 중 이산화탄소를 빨아들이는 습성이 있다.

　에어룸은 이 과정을 몇 시간 내로 줄이는 기술을 개발했다. 먼저 자연에서 채취한 석회암을 고온에서 가열해 이산화탄소를 분리해 낸다. 그러면 산화칼슘이 남는데, 이 물질은 공기 중의 이산화탄소와 다시 반응해 원래의 석회암으로 되돌아간다. 에어룸은 이 과정을 반복하는 방식으로 공기 중 이산화탄소를 포집·제거한다. 마치 돌을 숨 쉬게 만들어 공기 중에서 탄소를 빨아들이도록 만드는 셈이다.

이렇게 포집한 이산화탄소는 지하 저장소에 묻히거나, 콘크리트와 같은 건축 자재 속에 영구적으로 저장된다. 에어룸은 콘크리트를 사용한 영구 탄소 저장 분야의 글로벌 리더인 카본큐어CarbonCure와 협력해, 포집한 이산화탄소를 콘크리트 속에 주입함으로써 이산화탄소가 대기로 재방출되지 않도록 관리하고 있다.

기존의 DAC 기술은 대형 팬과 복잡한 필터 장치를 사용해 공기를 강제로 끌어당기고 화학 물질을 이용해 이산화탄소를 분리해 냈다. 에어룸은 그 반대다. 별도의 흡착제를 쓰지 않는 대신에 얇은 산화칼슘 시트를 층층이 쌓아 두고, 공기가 그 사이를 자연스럽게 통과하도록 둔다. 이 과정에서 공기 중의 이산화탄소가 산화칼슘과 만나고, 산화칼슘은 이산화탄소를 포집한다. 스펀지가 물을 머금듯, 산화칼슘은 탄소를 흡수해 석회암으로 변한다. 이렇게 만들어진 석회암에서 또 한 번 열처리해 이산화탄소를 추출하고 남은 산화칼슘은 다시 이산화탄소 포집에 재활용된다. 이렇게 하나의 사이클이 완성되는 데 걸리는 시간은 평균 3일이다. 자연 상태에서는 수십 년이 걸리는 반응이다.

▶ 최소한의 비용으로 극대화한 효율

무엇보다 이 과정은 재생 에너지와 잘 어울린다. 공정을 구동하는 열에너지는 태양광, 지열 등으로 대체할 수 있기 때문에 시스템 전체 운영을 위한 탄소 발자국은 최소화된다. 이는 이산화탄소를 줄이기 위하여 화력 발전 등으로 생산되는 에너지를 추가 소비하게 되는 악순환을 막는 역할을 한다.

결과적으로 에어룸은 다른 DAC 기술에 비해 단순한 설비와 자연적인 흡수재를 사용함으로써 탄소 포집에 드는 비용을 최소화했다. 공기 중 탄소를 모으기 위한 팬을 사용하지 않음으로써 에너지 소모를 줄이고, 자연에서 얻을 수 있는 산화칼슘을 재사용함으로써 이산화탄소 흡착제 생산 비용을 혁신적으로 줄일 수 있었다. 또한 산화칼슘 시트를 층층이 쌓아 올려 수직 공간을 사용함으로써 DAC 시설을 위한 물리적인 부지 확보에 필요한 비용을 최소화했다. 실제로 에어룸은 이산화탄소 1t을 제거하는 데 드는 비용을 장기적으로 100달러 이하(약 14만 원)로 낮추는 목표를 세웠다. 이 수치는 국제 기후 협약에서 경제적으로 타당한 수준으로 간주된다.

수직 공간을 사용하는 에어룸의 기술은 시설 확장이 용이하다는 또 다른 장점도 있다. 상대적으로 좁은 부지에도 시설을 설치할 수 있는 이 기술을 활용하면 도시 외곽, 산업 단지, 시멘트 공장 옆과 같은 기존의 공간과 그 외 다양한 장소에서 탄소를 포집할 수 있다. 이는 부지나 에너지 제약이 없는 에어룸의 탄소 포집 기술을 활용하여 공간 제약 없이 전 세계 도심·주택가 어디에서든 더 많은 제거 시설을 유지할 수 있음을 뜻한다.

▶▶ 에어룸에서 시작된 탄소 사전 구매 펀드

2023년 11월, 에어룸은 캘리포니아 트레이시에 미국 최초의 상업용 DAC 시설을 공개하며 전환점을 맞이했다. 이 시설은 연간 1,000t의 이산화탄소를 대기에서 제거할 수 있는 능력을 갖췄다. 이는 에어룸의 기술이 상업적 규모로 작동할 수 있음을 증명하는 중요한 이정표가 됐다. 시설 개소식에는 미국 에너지 장관 제니퍼 그랜홈을 비롯한 정부 관계자들이 참석해 이 기술의 중요성을 강조했다. 이 시설은 에어룸이 추구하는 '2035년까지 대기에서 10억t의 이산화탄소 제거'라는 야심 찬 목표를 향한 첫걸음이다.

숲·토양·바다와 함께 지구에서 가장 중요한 탄소 흡수원으로 알려진 돌을 이용해 탄소를 포집한다는 이 아이디어는 실리콘 밸리를 상징

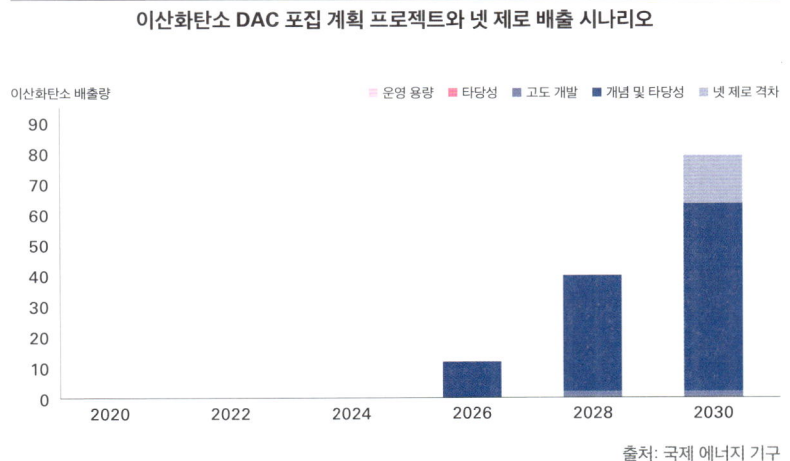

하는 빅 테크 업계와 거물 투자 회사 사이에서도 큰 반향을 일으켰다. 에어룸에 대한 기업들의 관심은 탄소 제거 크레디트carbon removal credit 구매로 이어졌다. 탄소 제거 크레디트란, 기업이 대기 중 이산화탄소를 제거하는 프로젝트에 자금을 지원한 대가로 받는 인증서다. 예를 들어 1t의 탄소를 제거하는 데 기여하면 1개의 크레디트가 발급되고, 기업이 배출한 동일한 양의 탄소는 이 크레디트와 상쇄되어 탄소를 배출하지 않은 것으로 간주된다.

특히 주목할 만한 활동은 미국의 핀테크 기업 스트라이프Stripe가 주도하고 구글Google, 메타Meta, 쇼피파이Shopify, 맥킨지McKinsey Sustainability 등이 참여해 설립한 탄소 제거 사전 구매Advance Market Commitment, AMC 펀드 프런티어Frontier를 통한 대규모 계약이다. 이 펀드는 초기 단계 탄소 제거 기술 기업들에게 확정된 수요를 보장함으로써 기술 발전과 비용 감소를 촉진하는 것을 목표로 한다.

2023년 11월, 프런티어는 펀드에 참여한 기업들을 대표해 2030년까지 에어룸의 다음 상업 시설에서 2만 6,900t의 이산화탄소를 영구적으로 제거하는 2,660만 달러 규모(약 372억 원)의 계약을 체결했다. 이 계약은 미국 최초의 상업용 DAC 시설이 오픈한 지 불과 일주일 만에 이뤄졌다.

탄소 제거 사전 구매 방식을 통하여 에어룸은 추가적인 기술 개발과 시설 운영을 위한 자금을 확보할 수 있었다. 탄소 제거 사전 구매란, 에어룸처럼 탄소 제거 기술을 개발하는 회사와 투자 기업이 앞으로 제거될 탄소에 대해 미리 계약을 맺고 그에 대한 비용을 미리 지급하는 투자 방식이다. 계약이 체결되면 기후 기술 기업은 향후 제공할 탄소 제거 서비스에 대한 대가를 미리 기업에게 제공한다. 이를 통해 기술 개발과 설비 확충에 필요한 자금을 확보할 수 있으며, 투자한 기업은 일정 기간 후 실제로 탄소가 제거되면 그에 대한 탄소 제거 크레디트를 우선적으로 갖는다. 이를 통해 투자 기업은 자사의 탄소 배출 상쇄, ESG 전략에 활용할 수 있다.

이 블록딜은 구글·메타와 같은 글로벌 기업들이 자발적으로 탄소 제거 크레디트를 구매한 주요 사례다. 탄소 제거가 투자의 영역으로 확장되면서, 에어룸과 같은 스타트업들이 절실했던 초기 투자를 받을 수 있는 기회가 되었다.

이에 힘입어 에어룸은 최근 주요 기업들의 투자를 받아 DAC 기술을 더욱 발전시키고 있다. 2024년 12월, 에어룸은 1억 5,000만 달러 규모(약 2,100억 원)의 시리즈 B 투자 라운드를 성공적으로 마쳤다. 여기에는 빌 게이츠가 이끄는 브레이크스루 에너지 벤처스Breakthrough Energy Ventures 등 주요 기후 기술 투자자들과 일본 항공Japan Airlines과 같은 다양한 분야의 기업들이 참여했다. 시리즈 B로 확보된 자금은 DAC 비용을 줄이기 위한 연구에 사용될 예정이다. 투자가 시장을 만들어 내고, 시장이 기술을 상용화시키는 좋은 사례로 볼 수 있다.

에어룸은 이 외에도 다양한 개별 투자를 받고 있다. 루이지애나주에 구축한 DAC 시설은 프로젝트 사이프러스Cypress를 통해 미국 에너지부로부터 초기 5,000만 달러(약 700억 원)를 지원받았으며, 이후 진척률에 따라 최대 6억 달러(약 8,400억 원)의 매칭 펀드를 지원받을 예

루이지애나 지역에 설치 예정인 DAC 허브의 조감도   출처: 에어룸 홈페이지

정이다. 2023년 9월 마이크로소프트Microsoft와 맺은 탄소 제거 계약은 31만t으로 당시 단일 거래로는 가장 큰 규모의 계약이었다. 그러나 2025년 2월 유나이티드 에어라인United Airlines의 지속 가능한 비행 펀드UAV sustainable flight fund와 50만t 규모의 계약을 체결하며 기록을 경신했다.

기후 변화에 관한 정부 간 협의체Intergovernmental Panel on Climate Change, IPCC는 전 세계가 2050년까지 넷 제로net zero를 달성하려면 2030년대 중반부터 탄소를 매년 최소 수십억 톤 제거해야 한다고 전망했다. 이 목표는 결코 과장이 아니다. 오히려 반드시 도달해야만 하는 현실적 수치다.

이제 에어룸의 목표는 기술 그 자체가 아니라 탄소를 제거하는 행위를 일상화하는 것이다. 전 세계 기업과 도시가 탄소 배출량만 계산하던 시기를 넘어, 이제는 '우리는 얼마만큼 탄소를 제거했는가'를 말하는 시대를 준비하는 것, 에어룸은 바로 그 미래를 설계하고 있다.

▶▶ 탄소 포집 기술이 여는 새로운 글로벌 트렌드

국제 연합 기후 변화 협약의 파리 협정 제6조는 국제 탄소 시장 메커니즘의 기반을 제공하고 있다. 이 협정은 탄소 배출 감축 실적을 일반적인 상품과 같이 국가 간 거래가 가능하도록 규정했다. 향후 탄소 거래 시장이 구체화되면 DAC를 통한 탄소 제거 활동이 국제적으로 인정되는 탄소 제거 크레디트로 발전할 가능성이 크며, 에어룸과 같이 특정 기업에서 이루어진 탄소 포집이 국제적인 거래 품목이 될 수 있다. 이러한 배경 속에서 넷 제로 목표 달성을 위해 온실 가스 순배출량을 0으로 맞추려는 기업과 국가들의 움직임이 새로운 탄소 시장을 형성하고 있다.

지금의 지구는 이미 우리가 뿜어낸 열기를 가득 안고, 조용히 비명을 지르고 있다. 탄소 중립이라는 목표를 달성하기 위해서는 탄소를 덜 배출하는 것도 중요하지만, 탄소를 직접 없애는 능력 자체를 갖춰야 한다. 배출하는 탄소의 양을 줄이자고 말하는 시대는 지났다.

희망은 기술만으로 실현할 수 없다. 자연을 이해하려는 태도, 오래된 원리를 다시 꺼내 보는 상상력, 그리고 미래를 위한 용기 있는 투자가 함께할 때 우리는 바라던 모습에 가 닿을 것이다.

기후 위기 시대의 기술은 '무엇을 더 만들까가 아니라 무엇을 되살릴 것인가'에 대한 질문에서 출발하는 것인지도 모른다. 우리는 기술을 통해 중요한 가능성을 본다. 지구를 되살릴 수 있다는 것. 그리고 그 되살린 지구를 다음 세대에 가보처럼 물려줄 수 있다는 것. 그것이 바로 이 기술이 주는 가장 근본적인 메시지다.

By 박예지
새로운 곳에서 바라보는 풍경은 언제나 색다르다. 태평양 건너편에서 바라보는 세계가 주는 조각들을 붙여 가며 점점 커져 가는 이 그림이 언젠가는 빛날 수 있길 바란다.

By 이지현
실리콘 밸리에서 5년째 일하고 있다. 빠르게 변화하고 있는 첨단 산업의 한가운데에서 속도보다는 방향에 집중하고자 한다.

기후 위기 시대,
나무 심는 법

부쿠레슈티

▶▶ 기후 위기가 확대시킨 산불 피해

2025년 1월, 미국 캘리포니아주 로스앤젤레스 일대를 덮친 대형 산불에 산림 총 2만 3,000ha가 불탔다. 약 한 달 동안 이어진 이 산불로 20만여 명이 대피했고, 1만 8,000채가 넘는 주택과 시설물이 파괴됐다. 산불로 불타 버린 면적은 축구장 4만 3,000여 개에 달한다. 도시 면적으로 따지면 샌프란시스코를 두 번 전소시킨 규모다.

산불은 더 이상 건조한 날씨에 발생하는 계절성 재해가 아니라, 기후 변화의 영향으로 숲을 위협하는 대표적인 위기 현상으로 자리 잡고 있다. 지구 평균 기온 상승으로 식생과 토양은 건조해지고, 강수량 감소는 산림의 수분 공급을 줄여 산불에 취약한 환경을 만든다. 기후 변화는 이렇게 작은 불씨도 대형 산불로 확산시켜 피해를 눈덩이처럼 키운다.

전 세계적으로 산불 발생 기간은 평균 2주가량 길어졌고, 발화 빈도와 강도도 뚜렷하게 증가했다. 반복되는 피해 속에서 무너진 산림을 되살릴 복원 기술이 어느 때보다 절실하게 필요하다.

▶▶ 보이지 않지만 파괴되고 있는 숲

숲의 위기는 산불만으로 설명되지 않는다. 유럽 곳곳에서는 숲이 서서히 그리고 조용히 사라지고 있다. 루마니아에서는 보이지 않는 숲 파괴가 계속되고 있다. 스칸디나비아 지역을 제외한다면 유럽에서 가장 많은 원시림과 고령림을 보유한 루마니아는 매년 1만ha 이상의 숲을 불법 벌목으로 잃고 있다. 전체 목재 수확량의 25% 이상이 허가 없이 채벌되고 있으며, 보호 구역도 예외가 아니다. 정부는 위성 추적 시스템을 도입하고 규제를 강화했지만, 여전히 법 집행력은 미미하고 처벌도 미약하다.

이렇게 숲이 사라지면, 탄소를 저장하고 물을 머금고 생물의 터전이 되는 생태계의 기반이 함께 무너진다. 가속화되는 기후 위기와 생태계 붕괴의 현실 앞에서, 우리는 더 이상 기존 방식으로 대응할 수 없는 지점에 도달해 있다.

▶▶ 사라진 숲을 되살리기 위한 기술적 대안

"사라진 숲은 누가, 어떻게 다시 되살릴 것인가?" 루마니아의 젊은 엔지니어들은 숲을 되살리기 위한 기술적 대안을 제시했다. 전통적인 복원 방식의 한계를 절감한 이들은 새로운 접근이 필요하다고 판단했다.

이들은 먼저 비행이 가능한 드론에 씨앗을 담아 공중에서 흩뿌리는 시드 불릿seed bullets을 시도했지만 씨앗의 생존과 발아율이 극히 낮았다. 이 단점을 보완하고자 루마니아 엔지니어들은 생존 가능성이 높은 컨테이너 묘목을 담아 맞춤형 드론으로 심는 기술을 개발했다. 그리고 이 두 번째 도전은 시드 포즈Seed Pods라는 이름으로 결실을 맺었다. 생태 기술 기업 시드 포즈는 숲을 되살리고 생태계를 복원하는 기후 대응 기업으로 주목받고 있다.

▶▶ 산림 복원 방식의 패러다임 전환하는 드론

인공지능과 자동화 기술이 인간을 대체하고 있는 세상이지만, 나무는 아직도 사람의 손을 거쳐야 땅에 뿌리내릴 수 있다. 평지는 물론이고 산과 숲도 마찬가지다. 한 그루 한 그루 정성껏 심어야 한다. 인간은 파괴된 자연을 어떻게든 회복해 보려고 노력하지만, 일순간에 파괴된 산림의 구멍을 손으로 메우기에는 역부족이다. 특히나 유럽 전역에서 전문적으로 나무를 심고, 때로 가지를 정리하고, 벌목하는 등, 산림

컨테이너 묘목　　　　　　　　　　　출처: 시드 포즈 홈페이지

자원과 관련된 직업을 가진 사람들의 수가 감소하는 추세이기 때문에, 자연의 회복과 파괴 사이의 격차는 점점 더 크게 벌어지고 있다. 시드 포즈는 이 격차를 기술로 정면 돌파한다.

　시드 포즈는 드론·생분해성 소재·식재 알고리즘을 하나의 시스템에 통합시킨 복합 기술 기반의 스타트업이다. 이들이 개발한 레오나르도leonardo 드론은 초경량 방탄 섬유 케블라kevlar와 자체 설계된 3D 프린팅 부품으로 제작됐다. 드론 1대가 하루에 심을 수 있는 나무는 최대 500그루다.

　현재 시드 포즈는 프로토 타입 단계의 레오나르도 드론 3대를 보유하고 있다. 각 드론은 지정된 구역에서 독립적으로 작동한다. 드론은

레오나르도 드론 출처: 시드 포즈 홈페이지

위성 정보와 지형 데이터를 기반으로 프로그래밍 되어 있어서 자동 비행 중에도 10cm 이내의 정밀도를 유지할 수 있다. 이 때문에 자연의 식생 패턴을 정교하게 재현해 낸다.

시드 포즈의 핵심이 되는 혁신은 '무엇을 심느냐'에 있다. 드론 기반 복원 기술 대부분이 여전히 씨앗을 사용하는데, 시드 포즈는 이와 다르게 생존율이 훨씬 높은 컨테이너 묘목을 활용한다. 이 묘목은 생분해성 캡슐 안에서 6~9개월간 배양된다. 묘목은 씨앗보다 환경에 영향을 덜 받고 생장도 안정적으로 진행되기 때문에 기존의 씨드 불릿 방식에 비해 생존율이 월등히 높다는 장점이 있다.

▶▶ 생분해성 발사체를 통해 보는 흙으로 돌아가는 기술

드론으로 심은 묘목이 숲에 자리를 잡고 나면 캡슐은 어떻게 될까. 시드 포즈는 캡슐이 땅에 흔적을 남기지 않고 자연으로 되돌아갈 방법을 연구했다. 이 때문에 묘목을 감싸는 물질은 단순한 포장재가 아니라, 유기 바인더·나무껍질·경량 첨가제 등을 혼합한 맞춤형 생분해성 캡슐이 될 수 있었다. 캡슐 외부 껍질은 수분과 토양 조건에 따라 2~4주 이내에 분해되기 시작한다. 내부 캡슐은 6~12개월에 걸쳐 자연 분해되며 묘목의 성장을 돕는 영양분을 서서히 방출한다. 결국 자연 속에 남는 것은 오직 나무 한 그루뿐이다.

발사체
출처: 시드 포즈 홈페이지

시드 포즈의 생분해성 소재 개발 과정은 결코 쉽지 않았다. 초기에는 옥수수 전분 기반 바이오 플라스틱을 사용했지만, 토양 정착 안정성에서 한계를 드러냈다. 다양한 토양 환경에서 묘목을 보호하고, 안정적으로 활성화되도록 더 강하면서도 유연한 소재를 개발하는 것이 핵심 과제였다. 수차례 실험을 통해 최적의 비율을 찾아냈고, 이 과정에서 포름웍Formwerk과 같은 파트너사의 기술 지원이 결정적인 역할을 했다.

▶▶ 소프트웨어가 만드는 숲

시드 포즈의 또 다른 강점은 식재 설계 소프트웨어에 있다. 이 소프트웨어는 GPS 좌표를 생성하는 수준을 넘어선다. 입력된 토지 구획 데이터를 토대로 지정된 땅의 수분 함량, 지질을 구성하는 토양 유형 등에 대한 환경 데이터를 분석하고, 균일 각도 지수를 기반으로 나무 군집 분포를 계산한다. 이를 통해 자연림에 가까운 최적의 식재 위치를 도출하고, 드론에는 자율 식재를 위한 정밀한 목표 지점을 입력할 수 있다.

또한 시드 포즈는 묘목의 성장을 추적하기 위해 맞춤형 지리 정보 시스템 기반의 추적 시스템도 개발 중이다. 묘목은 심는 순간 GPS 좌표로 태그되며, 이후 드론과 위성 데이터를 결합해 캐노피 성장·생존율, 그리고 숲의 건강 상태를 종합적으로 추적·평가하는 것이 목표다.

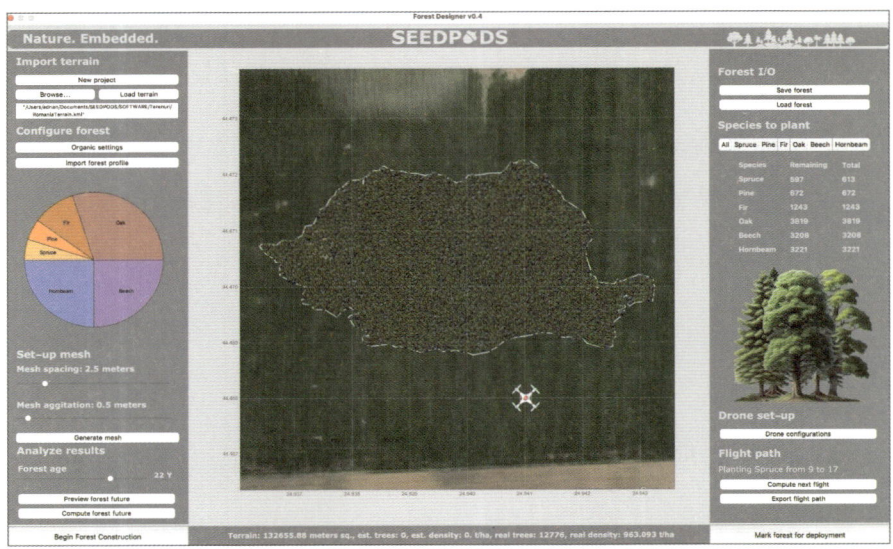

나무 심는 소프트웨어 　　　　　　　　　　　　　출처: 시드 포즈 홈페이지

시드 포즈의 기술은 지속 가능성과 확장성을 동시에 갖춘 새로운 산림 복원 솔루션이다. $3m^3$ 컨테이너에 담긴 묘목으로 최대 1ha의 산림을 복원할 수 있으며, 드론 1대로 험준한 지형에서도 하루에 나무 수백 그루를 정밀하게 심을 수 있다.

무엇보다 이 모든 과정은 환경에 어떠한 인공 폐기물도 남기지 않는다. 시드 포즈는 기술을 통해 생태계를 복원하고, 복원된 생태계를 통해 기후 위기에 대응하고 있다.

▶▶ 숲을 심고 탄소를 거래하다

기후 위기 시대, 자연을 복원하는 일은 비즈니스가 될 수 있다. 시드 포즈는 묘목이나 드론을 판매하지 않는다. 숲 조성 과정을 하나의 서비스로 제공한다. 고객이 드론을 구매하거나 직접 운용하는 것이 아니라, 복원 대상 지역과 수량을 계약을 통해 지정하면 시드 포즈가 직접 식재를 수행하는 방식이다.

시드 포즈의 잠재력은 탄소 배출권이라는 새로운 자산 가치에서 더욱 분명하게 드러난다. 시드 포즈의 시스템은 측정 가능하고 검증 가능한 탄소 흡수 데이터를 생성할 수 있다. 그리고 조성한 숲을 탄소 크레디트 시장에 등록할 수 있는 구조도 갖추고 있다. 이를 실현하기 위해 시드 포즈는 탄소 상쇄 기반의 수익화 모델을 적극적으로 개발 중이다.

먼저, 위성과 드론을 결합한 성장 추적 시스템을 통해 숲에 자리를 잡은 묘목의 생존 여부와 캐노피 면적을 지속적으로 모니터링한다. 모든 묘목은 심는 순간 GPS 좌표로 태그되며, 이후 위성과 드론 영상을 통해 정기적으로 관찰한다. 이 기술은 탄소 흡수량을 정량화하는 데에도 활용된다. 시드 포즈는 수종·토양·지역별 성장 데이터를 분석하여 묘목의 탄소 흡수량을 예측한다. 이는 탄소 상쇄 인증을 위한 핵심 기준이 된다.

아울러 시드 포즈는 국제 탄소 배출권 시장에서 요구하는 공신력을 확보하기 위해 제3자 인증 기관과의 협업도 병행하고 있다. 인증이

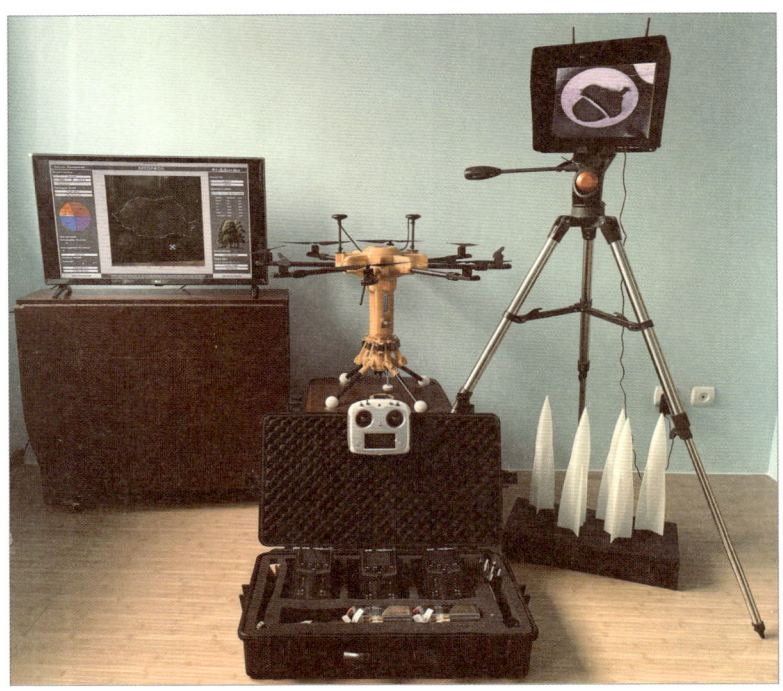

시드 포즈 드론 시스템 및 운영 장비 · 출처: 시드 포즈 홈페이지

완료되면 기업은 해당 탄소 흡수량을 정식 탄소 자산으로 등록할 수 있다. 이를 통해 시드 포즈는 단순한 식재 서비스를 넘어, 지속 가능한 탄소 시장 참여 기반을 구축하고 있다.

이러한 모델이 본격적으로 가동되면, 시드 포즈는 나무를 심는 서비스와 탄소 크레디트 판매를 통해 이중 수익 구조를 확보하게 된다. 숲은 그 자체로 새로운 가치를 창출하고, 기업은 이를 구매함으로써 기후 대응과 ESG 전략을 동시에 실현할 수 있다.

▶▶ 시드 포즈의 주요 고객

시드 포즈의 주요 고객은 크게 네 부문으로 분류된다. 첫째는 정부와 지방 자치 단체다. 이 기관들은 국가 차원의 재조림 목표를 달성하고자 한다. 유럽 연합 그린딜 관련 예산 집행, 황폐화된 지역 복원 등, 필요에 따라 식재 프로젝트를 발주하는 핵심 주체다. 특히 루마니아 정부는 시드 포즈의 기술을 유럽 연합 기후 기금 활용 모델로 검토하고 있어, 공공 부문과의 협력 가능성이 높게 평가된다.

둘째는 환경 NGO 및 국제기구다. 이들 역시 시드 포즈의 기술에 관심을 크게 보이고 있다. 이들은 생물 다양성 복원·토착종 회복·생태계 연결성 확보 등에 목적이 있다. 전통적인 식재 방식에 비해 높은 효율성과 생존율을 보장하는 기술적 대안을 도입하려 한다. 2023년 12월에는 부쿠레슈티의 환경 NGO인 내일의 숲Pădurea de Mâine으로부터 묘목 100그루를 기부받아 첫 번째 시범 식재 프로젝트를 성공적으로 완료했다.

셋째는 시드 포즈가 가장 적극적으로 공략하고 있는 고객군이다. 글로벌 민간 기업이 이 분류에 속한다. 이들은 탄소 중립 목표 달성을 위해 자사의 탄소 배출량을 상쇄할 수 있는 다양한 복원 프로젝트를 지속적으로 찾고 있으며, 시드 포즈의 기술은 그 수단으로서 높은 관심을 받고 있다.

넷째로 임업 기업·조림 사업자 또한 중요한 잠재 고객군이다. 이들은 기존의 노동 집약적인 식재 방식에서 벗어나 보다 효율적인 대안을 모색하고 있다. 시드 포즈의 기술은 비용 절감과 인력 문제 해결이라는 실질적인 니즈를 충족시킬 수 있는 설루션으로 평가된다.

▶ 숲을 넘어 세계로 나아가려는 확장과 도전

시드 포즈는 현재 루마니아 현지에서 시스템의 실효성과 기술력을 검증하는 데 집중하고 있다. 아직은 초기 단계에 불과하지만, 기후 변화와 생태계 붕괴 위기를 겪는 다양한 지역에서 적용 가능한 확장성을 지니고 있다.

"기존의 복원 방식은 너무 느리고, 인력 의존적이죠. 우리가 진짜 나무를 심어야 하는 곳은 대부분 사람이 접근하기 어려운 곳입니다. 그래서 우리는 기술을 선택했습니다. 산림은 기후 조절과 생물 다양성 유지에 핵심적인 역할을 합니다. 나무는 자연의 탄소 흡수 장치이자, 생태계를 지탱하는 기반입니다. 하지만 지금처럼 지구적으로 숲이 파괴되고 있는 상황에서는, 그 어느 때보다 빠르고 정밀한 복원이 필요합니다. 시드 포즈 시스템은 드론 자동화·생분해성 식재 캡슐·그리고 자연 숲의 패턴을 분석하는 지능형 소프트웨어를 결합한 통합 설루션으로, 기존 방식이 넘지 못했던 한계를 기술로 보완하고자 합니다."
— 시드 포즈 대표 아드리안 로타루 Adrian Rotaru, 코트라 인터뷰 중에서

앞으로 5~10년을 내다본 시드 포즈의 전략은, 지역별 환경 조건과 규제, 복원 수요에 맞춘 맞춤형 진입을 통해 기술을 전 세계로 확산하는 것이다. 초기 확장 대상국으로는 루마니아와 유사한 기후와 정책 환경을 가진 동유럽 국가들(폴란드·불가리아·헝가리)이 꼽힌다. 서유럽(독일·프랑스·영국)은 ESG 중심 경영이 활발한 지역으로, 탄소 상쇄 수단으로서 시드 포즈의 기술이 높은 관심을 받고 있다. 북미(미국·캐나다)는 대형 산불로 인한 조림 수요가 증가하고 있고, 민간 탄소 크레디트 시장도 빠르게 성장하고 있어 서비스 기반 모델 확장에 유리한 시장이다. 이외에도 아마존, 인도네시아와 같은 열대 우림 지역이나 사하라 이남 아프리카의 대규모 녹화 프로젝트 등은 드론 기반 복원 기술의 적용 가능성을 실험할 수 있는 중요한 무대가 된다. 다만, 여전히

시드 포즈 리더십 팀   출처: 시드 포즈 홈페이지

많은 국가들이 인력 중심의 조립 방식에 의존하고 있으며, 기술 전환을 위한 행정적 유연성도 부족한 실정이다.

시드 포즈가 글로벌 확장을 실현하기 위해서는 제도적 신뢰와 현장 수용성 확보 등 현실적인 과제에 대한 대응이 병행되어야 한다. 특히 드론 기반 식재 작업은 항공 규제의 적용을 받기 때문에, 각국 정부 및 관련 기관과의 신뢰 구축이 도입을 위한 선결 과제다. 예를 들어 루마니아에서는 민간 항공청과 협력해 드론 운행 허가 및 비행 승인을 확보하고 있다. 또한 각 지역의 고유한 토양·기후·생태계 구조에 적합한 맞춤형 식재 전략도 필수적이다. 이에 따라 시드 포즈는 자생 식물을 기반으로 식재 종을 선정하고, 자연림에서 관찰된 식생 패턴을 알고리즘에 반영해 기술의 정밀도와 실효성을 높이고 있다.

▶▶ 지구에 긍정적인 영향을 주는 기술

산불과 가뭄으로 생물 다양성이 붕괴되고 있다. 우리는 이제 녹색 전환을 느긋하게 계획할 여유가 없다. 지금 이 순간, 시드 포즈는 나무 심기라는 가장 오래된 생태 회복 방식에 혁신 기술을 접목해, 기후 위기에 대응하는 새로운 방식을 보여 주고 있다.

기후 기술, 지속 가능한 탄소 상쇄, 스마트 그린 시티 구축 등 미래를 준비하는 기업과 정부에게 시드 포즈는 새로운 실천적 해법을 제시한다. 기술로 숲을 되살리는 이들의 방식은 지구의 미래를 위한 구체적인 대응 전략이다.

자생종 식재 원칙을 유지하고, 드론 기술과 발사체 구성을 현지 조건에 맞추는 유연한 설계와 추가적인 연구 개발이 함께 이루어진다면, 시드 포즈의 서비스는 지구에 긍정적인 영향을 줄 것이다.

By 정보영

부쿠레슈티 무역관 근무 3년 차를 마치고 곧 한국으로 돌아갑니다. 원고를 준비하던 2025년 3월, 한국에서 대형 산불이 발생해 마음이 무거웠습니다.
이번에 소개해 드리는 루마니아의 시드 포즈 사례가, 산림 복원과 기후 변화 대응이라는 과제를 앞두고 있는 한국에서도 공감될 수 있는 트렌드로 읽혔으면 좋겠습니다.

에너지 절감도 되고
하늘도 볼 수 있는 반투명 지붕

프라하

▶▶ **인테리어 효과와 에너지 효율성**

화창한 주말 아침, 소파나 침대에 누워 따뜻한 햇살이 집 안으로 쏟아지는 걸 볼 수 있다면 어떤 기분일까. 집 어딘가에 누워서 밤하늘에 촘촘히 박힌 별들을 원 없이 구경할 수 있다면 삶은 어떻게 변화할까.

우리는 천장과 지붕에 익숙하다. 볕이 잘 드는 방향으로 창이 나 있더라도 누워서 하늘을 보기는 어렵다. 하지만 네베시스Nebesys의 지붕에는 특별함이 있다. 네베시스의 반투명 지붕은 건물 밖에서 보면 일반 지붕이라 내부가 보이지 않지만, 실내로 들어가 보면 지평선과 하늘 아래의 전체 공간을 열어 준다. 집 안에서도 날씨와 시간에 따라 다채로운 경관과 풍부한 빛을 제공하기 때문에, 인테리어 효과뿐만 아니라 에너지 효율성까지 잡았다.

2022년 유럽 에너지 위기 이후 체코에서는 에너지 효율성에 대한 관심과 수요가 꾸준하다. 체코는 석유·가스 수입의 70% 이상을 러시아에 의존해 왔다. 그러나 러·우 전쟁 이후 러시아산 에너지 수입을 거의 중단하면서 에너지 가격이 급등했다. 체코는 유럽 연합의 지침과 국가 에너지 계획에 따라 2033년까지 에너지 분야 탈석탄 계획을 추진하고 있으며 재생 에너지도 활발하게 개발하고 있다.

에너지 위기와 환경 문제는 체코뿐만 아니라 전 세계가 적극적으로 대응해야 하는 문제다. 이를 위해 국가·기업·가계의 에너지 절감과 효율의 중요성이 높아지면서 네베시스의 반투명 지붕 시스템이 에너지 효율성을 높이는 혁신적인 설루션으로 주목받고 있다. 신기술을 접목시킨 에너지 고효율 건축물이 친환경적이고 지속 가능한 에너지 세상을 열어 가고 있다.

▶▶ 문화유산을 훼손하지 않으면서 변화를 시도하는 건축

프라하는 중세 유럽의 고풍스러움을 고스란히 간직한 도시다. 프라하 시내 중심부가 유네스코 세계 문화 유산으로 지정되어 있을 만큼, 체코는 역사적인 건축물 보존을 매우 중요하게 여긴다. 체코 건축가 프셰미슬 코케시Premysl Kokes는 전통 건물의 외관을 유지하면서도 실내

네베시스의 반투명 지붕을 적용한 건물의 내부 모습   출처: 네베시스 홈페이지

에 빛을 들일 수 있는 네베시스 반투명 지붕 시스템을 개발했다. 네베시스는 문화유산 보호가 중요한 지역에 세워진 건물의 다락방 공간을 적극적으로 활용했다. 이는 채광을 통한 에너지 효율을 높이고 역사를 보전하는 독창적인 해법이 됐다.

네베시스는 2011년 체코 리토미슐에 위치한 어느 주택에 최초로 설치됐다. 그 후로 꾸준히 다양한 상업용 건물과 공공 건축물에 도입되고 있다. 호텔과 박물관이 대표적인 예다. 현재는 체코 내에서 약 30개 건축 프로젝트를 완료했다. 독일과 오스트리아를 비롯한 유럽 전역에서는 40여 개의 프로젝트를 추진하고 있다.

네베시스는 프라하와 베를린에 있는 쇼룸을 통해 더 많은 건축가와 소비자들에게 기술을 직접 선보이고 있다. 친환경 건축과 에너지 절약이 중요한 시대의 흐름에도 잘 부합하기 때문에, 네베시스의 반투명 지붕 시스템은 체코를 넘어 유럽 전역으로 활용 범위를 넓혀 가고 있다. 지속 가능한 건축 설루션으로서의 가능성과 도시 재생에도 기여하고 있다. 체코에서 시작된 이 기술은 현재 전 세계로 확산되었다.

▶▶ 제로 에너지 건축의 유망주로 떠오른 반투명 지붕

네베시스의 반투명 지붕 시스템은 새로운 건축 디자인을 넘어 에너지 효율성 측면에서도 혁신적이다. 종합적으로 보면 네베시스의 반투명 지붕 시스템은 채광만 해결한 것이 아니다. 건물의 에너지 수요

자체를 줄이고 재생 에너지를 기반으로 한 확장을 고려했다. 도심 속 리노베이션이나 제로 에너지 빌딩zero energy building, 패시브 하우스passive house(최소한의 에너지로 최대한의 효율을 내는 건축물)에 매우 적합하다.

이 반투명 지붕은 빛을 통과시킬 수 있는 구조로 설계되어 있다. 그래서 낮 동안 인공조명을 사용할 필요가 거의 없다. 자연광을 극대화시켜 전력 사용량이 크게 감소함에 따라 에너지 비용을 절감할 수 있다. 반투명 지붕은 고급 단열 성능을 가지고 있기 때문에 겨울에는 열 손실을 최소화하고, 여름에는 태양 복사열을 차단한다. 냉난방 비용 절감에도 뛰어나다. 사계절 내내 실내 온도를 일정하게 유지하기 때문에 난방·환기·공기 조절 시스템Heating, Ventilation and Air conditioning System, HVAC의 부하를 줄여 준다는 장점은 덤이다.

네베시스는 이러한 특장점을 인정받아 2023년 덴마크 코펜하겐에서 열린 '크리에이티브 비즈니스 컵creative business cup'에서 세계 챔피언으로 선정됐다. 이 대회는 전 세계 혁신적인 스타트업들이 비즈니스 아이디어를 선보이고, 투자와 지원을 받기 위해 경쟁하는 자리다. 체코 스타트업이 이 대회에서 우승한 것은 처음이었다. 네베시스는 세계 최초로 개발한 자사의 설루션으로 70개국 참가자들과 겨뤘고, 당당히 1위를 차지했다.

네베시스는 여기서 안주하지 않고, 온수 공급 및 전기 생산이 가능한 통합 시스템을 개발하고 있다. 태양열·태양광 기술을 통해 장기적으로는 자급자족형 지붕 시스템을 구현해 내는 것을 목표로 한다. 전망과 아름다운 빛을 누리며 살 수 있을 뿐 아니라, 태양열 에너지를 인

네베시스의 반투명 지붕을 적용한 건물 외형   출처: 네베시스 홈페이지

간의 주거에 접목시키는 제로 에너지 하우스의 실현이 기대된다.

▶▶ 더 밝고 더 넓게 살 수 있는 똑똑한 집

네베시스의 반투명 지붕 시스템은 외부에서 보면 기존의 지붕과 거의 구분되지 않는다. 하지만 내부로 들어가면 자연광을 받아들이며 뛰어난 단열성과 통풍 기능까지 제공한다. 이는 다층 구조 건물을 고려한 고기능 설루션이다. 내·외부 디자인을 미학적으로 유지함과 동시에 에너지 효율성까지 두 마리 토끼를 모두 잡았다. 네베시스의 지붕 시스템이 일반 지붕과 차별화되는 지점이다.

지붕의 가장 외벽을 감싸고 있는 타일은 얼핏 보면 일반 타일과 동일해 보인다. 하지만 이 타일은 내부에 빛을 투과시킬 수 있는 특수 타일이다. 알루미늄과 에나멜 강판이 혼합된 금속 시트로 구성된다. 겉보기에는 일반적인 기와 소재로 보이지만, 실제로는 직사광선의 60~80%를 차단하는 기능이 있어 하늘빛을 실내에 부드럽게 확산시킨다. 건물 내부로 들어가면 마치 숲속 나뭇잎 아래 있는 듯한 빛의 질감을 실내에 구현한다. 이렇듯 실내에서 자연광을 만끽할 수 있지만 외부에서는 건물 내부를 볼 수 없기 때문에, 인테리어 효과가 있을 뿐 아니라 사생활 보호 측면에서도 뛰어나다.

외벽 바로 아래층, 지붕 내부에는 삼중 단열 유리triple-glazed insulated glass가 구조적으로 설치되어 있다. 100~200mm 두께의 고성능 폴리우레탄poly urethane foam 단열재 패널이 유리 주변을 보강해 단열을 강화하며, 비와 눈 등에도 완전 밀폐 구조로 설계됐다. 이러한 다층 구조는 기후 및 온도에 따라 다양한 열 저항성을 갖는다. 이 특징은 건물의 보온성을 끌어올린다. 차광 기능은 여름철 더위와 햇빛으로 인한 공기의 열전도율을 낮추고, 단열 유리는 겨울철 따뜻함을 충분히 유지한다. 실내 온도를 1년 내내 적정하게 유지하며 집 안에서는 항상 쾌적하게 생활할 수 있게 도와준다.

네베시스의 지붕 시스템은 스마트 통풍 구조로 설계되어 있다. 필터와 열 회수 장치를 갖춘 자동 조절식 공기 환기 시스템을 통해 실내 공기를 항상 쾌적하게 유지한다. 냉난방 기능을 보완하는 데도 효과적이라서 에너지 소비를 줄이는 데 큰 역할을 한다. 외부에서 실내로 바람이 들어오면, 전자 제어식 통풍 시스템이 작동되어 환기를 지속한다. 만약 더 빠른 환기를 원해서 지붕을 더 넓게 열고 싶다면, 직사광선을 피하는 용도로 지붕 덮개 아래에 채광창을 설치할 수도 있다.

네베시스가 특별한 또 다른 이유는, 모든 공조 설비·배관·환기 시스템 등을 시야에서 숨기면서도 기능은 완벽히 유지하는 설비 일체형 지붕이기 때문이다. 자연광을 받는 건물의 가장 윗부분을 개방감 있게 활용할 수 있다는 장점이 있다 보니, 지붕 정원·루프 테라스 등의 공간 구성도 가능하다. 코로나-19 팬데믹 이후 전 세계적으로 사람들이 집에 머무는 시간이 늘어나면서 라이프 스타일에도 큰 변화가 생겼다. 홈 카페·홈 인테리어 등 다양한 홈 라이프 트렌드가 등장했고, 여전히 우리의 생활에 영향을 미치고 있다. 네베시스의 반투명 지붕은 집 안에서도 자연광을 충분히 누릴 수 있게 해 준다. 덕분에 사람들은 언제든지 햇살 가득한 공간에서 휴식을 취할 수 있으며, 이는 삶의 질을 높이는 데에도 큰 도움이 된다.

▶▶ 라이프 스타일에 맞게 변화하는 지붕

자연광과 함께 살아갈 수 있는 집은 우리의 건강에도 긍정적인 영향을 준다. 인간의 생체 시계 조절에 핵심 역할을 하는 자연광의 중요성은 이미 예전부터 강조되어 왔다. 우리가 햇빛을 마주하는 시간은 얼마나 될까?

세계 보건 기구는 건강한 성인 기준 하루 최소 30분 이상의 햇빛 노출을 권장한다. 그러나 실제로는 그 절반 이하의 시간만 햇빛을 쐬고 있다. 겨울철에는 5분 미만으로 떨어지기도 한다. 햇빛 아래 자연광에 의해 피부에서 합성되는 여러 비타민은 우울감 해소, 면역력 향상, 골다공증 예방, 심혈관 질환 위험을 감소시키는 역할을 한다. 그러나 실내 생활이 보편화된 현대인들은 의식적으로 실외 활동을 계획하지 않으면 햇빛 부족 상태가 지속된다.

실내로 햇빛을 통과시키는 반투명 지붕은 이러한 문제 해결에 기여한다. 실제로 2017년 미국 코넬 대학교의 연구에 따르면, 자연광이 잘 들어오는 사무실에서 일한 근로자들은 눈의 피로·두통·졸림 및 집중력 저하가 감소되어 결과적으로 업무 효율이 최대 20% 이상 향상되

네베시스의 반투명 지붕을 활용한 실내 인테리어 모습
출처: 네베시스 홈페이지

었다고 한다.

이처럼 일상생활에서 햇빛, 즉 자연광은 우리의 건강에 긍정적인 변화를 가져온다. 때문에 반투명 지붕은 현대인의 라이프 스타일을 더욱 건강하게 만들 것으로 기대된다.

변덕스러운 날씨만큼이나 실내에 머무르려는 인간의 욕구도 다양하다. 날씨가 좋은 날에는 창문을 통해 들어오는 따뜻한 햇살을 맞으며 책을 읽고 싶지만, 피곤한 날에는 빛이 차단된 어두운 방에서 숙면을 취하고 싶기도 하다. 사람이 북적이는 영화관에 가는 것보다 집에서 편하게 영화를 보고 싶을 때도 있다. 그럴 때마다 네베시스의 지붕은 우리가 더 편리하게 생활할 수 있도록 해 준다. 버튼 하나만 누르면 지붕 내부에 설치된 차양이 내려와 그늘이 만들어진다. 햇빛이 퍼지던 밝은 실내는 순식간에 어두워지고, 영화를 보거나 잠들기 적합한 환경으로 탈바꿈한다. 다양해지는 현대인의 생활 방식과 욕구에 맞추어 집도 점점 똑똑해진다. 이처럼 지속 가능한 건축은 에너지 절약과 함께 우리의 생활 또한 혁신적으로 변화시키고 있다.

▶▶ 에너지 자립을 실현하는 스마트 건축 설루션

2023년 기준, 전 세계 친환경 건축 산업 시장 규모는 4,700억 달러(약 681조 5,000억 원)를 넘어섰다. 2036년까지 연평균 성장률 10%로 지속적인 성장이 예상된다. 친환경 건축 자재 시장은 2023년 5,080억 달러(약 736조 6,000억 원)에서 2028년에는 1조 750억 달러(약 1,558조 7,500억 원)까지 성장할 것이며, 연평균 성장률은 무려 16.1%에 이를 것이라고 전망하고 있다. 국제 에너지 기구에 따르면, 2020년 전 세계 전력 생산에서 재생 에너지가 차지하는 비중은 전년 대비 3%p 증가한 29%에 달했다.

재생 가능 에너지에 대한 세계적 관심이 높아지면서, 선진국은 물론 개발 도상국에서도 친환경 건축에 대한 개념이 발전하고 있다. 이에 따라 관련 시장도 꾸준히 확대되는 중이다. 에너지 비용과 탄소 배출 절감을 위한 건축 기술과 신소재 개발이 활발해지는 이유다.

네베시스 지붕은 신소재로 제작된 만큼 초기 설치 비용은 일반 건축에 비해 다소 높은 편이다. 그러나 조명과 냉난방 비용 절감, 유지·관리 비용의 감소를 고려하면 장기적 투자 가치가 높다. 신축 건물은 물론 리모델링 건물에도 설치가 가능해, 기존 건물의 에너지 성능 개선에도 효과적이다. 특히 네베시스 지붕은 외형이 전통 기와와 유사해 한옥을 비롯한 전통 건축물과도 자연스럽게 어우러진다.

한국에서도 최근 탄소 중립과 에너지 절감을 핵심으로 한 친환경 건축 트렌드가 빠르게 확산되고 있다. 정부가 제로 에너지 건축을 의무화하고 그린 리모델링green remodeling을 확대함에 따라, 노후 건축물의 단열 성능 개선 및 고효율 설비 도입 등을 통한 에너지 효율을 높이는 건물 개·보수 관련 시장도 급속도로 성장하고 있다. 이러한 변화의 흐름 속에서 네베시스가 선보이는 반투명 고단열 지붕 시스템은 냉난방 에너지 소비를 줄이는 에너지 자립형 솔루션이 된다.

한국도 기후 위기 대응과 에너지 안보 확보를 위해, 에너지 효율성에 대한 보다 적극적인 접근이 필요하다. 코트라는 네베시스의 기술이 한국 건축의 나아갈 방향을 찾아 나가는 과정에서 중요한 힌트 역할을 한다고 전망한다. 아름다움과 지속 가능성을 동시에 추구하는 한국의 건축 환경 속에서, 네베시스 시스템의 장점은 실용성과 상징성을 모두 갖춘 새로운 해답이 되어 줄 것이다.

By 허진아

어린 시절 꿈꿔 온 코트라에 입사해 현재는 프라하 무역관에서 조사를 담당하며 글로벌 트렌드를 읽어 내고 있다. 영어영문학과와 경제통상학부를 복수 전공하며 언어와 수치를 넘나드는 사고력을 길렀다. 독서·운동·산책·여행을 통해 세상의 흐름을 관찰하고 통찰로 바꾸는 삶을 추구한다.

탄소 중립 건축의 미래, 태양 전지 창문

타이베이

▶▶ 검은색 실리콘 태양 전지

타이베이101 근처 국제 무역 빌딩 22층에는 타이베이 무역관이 있다. 무역관 창가에 서서 주변을 내려다보면 몇몇 인근 건물의 까만 옥상이 눈에 들어온다. 몇 년 전까지만 해도 텅 빈 시멘트 바닥으로 햇빛을 쬐던 건물 옥상들은 이제 나란히 줄을 맞춘 검은색 실리콘 태양 전지로 채워져 있다.

현지 건물 옥상의 태양 전지 설치 확대는 대만의 탄소 중립 정책과 밀접한 연관성을 갖는다. 대만은 2022년에 '2050 탄소 중립 로드맵'을 발표하고 에너지 전환을 추진 중이다. 특히 태양광 발전은 육지에서 진행되는 신재생 에너지 개발 사업의 핵심 주역이다. 대만 경제부 통계에 따르면, 대만의 태양광 발전 설비 용량은 2016년 1GW에서 2024년 14GW로 늘었다. 이 가운데 옥상형 태양광 발전 설비 용량의 비중은 60%를 넘는 것으로 파악된다. 당초 2025년까지 옥상형 태양광 발전 설비 용량 8GW 달성을 목표로 세웠던 대만이 2024년 3월에 이 목표를 조기 달성한 것도 옥상형 태양광 설치가 활발하게 진행되고 있음을 방증한다.

옥상형 태양광은 지상형에 비해 행정·환경 등 여러 측면에서 이해관계가 단순해 설치를 추진하는 데 큰 어려움이 없다. 탄소 중립이라는 사회적 목표와 건물의 탄소 중립화도 요구되는 시대적 분위기는 옥상형 태양광을 설치하는 데에 영향을 주었다.

대만은 2050년까지 건물의 85% 이상을 탄소 중립화하겠다는 목표를 세웠다. 2024년 6월부터는 건축물의 설계·시공 등에 관한 기술적 지침이라고 할 수 있는 건축 기술 규칙建築技術規則을 개정하는 일에 착수했는데, 민간 건축의 탄소 중립화를 독려하기 위한 차원으로 풀이되고 있다.

2025년 2월 21일에는 신축·증축·개축 건물에 대한 태양광 설치 의무화 규정을 예고했다. 약 60일 동안의 예고 기간이 끝나면 통상 수주에서 수개월 이후에 시행된다. 이 규정은 건축 면적 1,000m^2(약 300평) 이상인 건물에 20m^2(약 6평)당 1kW의 태양광 발전 설비 설치를 의무화하는 내용을 골자로 한다. 이러한 정책 행보는 대만이 탄소 중립 건축과 태양광 에너지를 통한 건물의 탄소 중립화에 얼마나 큰 비중을 두고 있는지를 보여 주는 단서라고 할 수 있다.

▶▶ 탄소 중립 건축 시장에서 가능성 찾은 태양 전지 페로브스카이트

탄소 중립이라는 시대적 과제를 안고 건물 외벽으로 시선을 옮겨 새로운 시장 기회를 엿보는 대만 기업이 있다. 대만의 실리콘 밸리라고 불리는 신주新竹, Hsinchu에 거점을 두고 페로브스카이트perovskite 태양 전지 기술 개발에 매진 중인 TPSC台灣鈣鈦礦科技股份有限公司, Taiwan Perovskite Solar Corp.가 바로 그곳이다.

페로브스카이트는 1세대 실리콘, 2세대 박막을 이은 3세대 태양 전지로 불린다. 대만 기업인 TPSC 외에도 한국의 한화큐셀, 일본의 파나소닉Panasonic과 도시바Toshiba, 미국의 스위프트 솔라Swift Solar 등이 페로브스카이트 태양 전지 기술 개발에 매진하고 있다.

이미 상용화 모델이 완성된 실리콘 태양 전지나 제한적으로 상용화된 박막 태양 전지와 비교할 때, 페로브스카이트 태양 전지는 효율이 높다는 강점이 있다. 그러나 습기에는 취약해서 내구성 개선의 여지가 있는 것으로 평가된다.

페로브스카이트 태양 전지는 여전히 기술 개발이 진행되고 있는 분야지만, 2024년 10월 대만 TPSC는 현지 유력 창호 제조사와 공동 브랜드 AIZArtificer Intelligence Zero emission를 론칭했다. AIZ는 탄소 중립 건축 시장 진출을 염두에 둔 브랜드로 페로브스카이트 태양 전지를 탑재한 창호 제품을 개발·생산하고 있다.

TPSC사의 AIZ 브랜드 태양 전지 창문에 대해 간단히 말하자면, A4 용지 사이즈의 페로브스카이트 태양 전지 패널을 알루미늄 창호의 복층 유리 사이에 내장하는 방식으로 완성한 제품이다. 상용화를 준비하는 단계이기 때문에 태양 전지 패널을 복층 유리 사이에 끼우는 방식으로 샘플을 제작·설치했지만, 향후 본격적인 상용화에 따른 양산 단계에 들어서면 실외로 향하는 유리의 안쪽 면에 페로브스카이트 태양 전지를 바로 코팅하고 실내로 향하는 유리는 단열 성능이 높은 기능성 유리를 사용하는 방식으로 상품 가치를 높일 계획이다.

▶▶ 페로브스카이트 태양 전지 패널의 원리

태양 전지 창문의 알맹이가 되는 페로브스카이트 태양 전지 패널은, 전기 전도성 유리의 한쪽 면에 태양 전지를 코팅한 다음 다시 유리를 덮는 형태다. 이렇게 만든 태양 전지 패널의 두께는 약 4~5mm 정도이며 필요에 따라 더 얇거나 두껍게 제작할 수 있다. 유리와 유리 사이의 태양 전지 박막층은 5개 층이 겹겹이 쌓인 구조이며, 나노미터 단위의 두께로 얇게 코팅돼 있다.

빛을 투과하지 않는 일반적인 페로브스카이트 태양 전지는 육안으로 볼 때 검은색을 띠고 있으나, 대만 TPSC사가 창문용으로 제작한

빛이 거의 투과되지 않는 페로브스카이트 태양 전지
출처: 타이베이무역관

광 투과율 20%로 제작된 페로브스카이트 태양 전지
출처: TPSC

페로브스카이트 태양 전지 패널은 주황색이 감도는 갈색을 띠고 있다. 페로브스카이트에 사용되는 요오드 성분이 이런 색상을 발현하기 때문이다. 가까이서 보면 갈색 세로선과 투명 세로선이 약 5:1 비율로 늘어서 있고, 멀리서 보면 브라운 렌즈의 선글라스 너머 풍경을 바라보는 듯한 느낌을 준다.

TPSC의 태양 전지 창문 샘플은 광(빛) 투과율이 20%로 설정돼 있다. 검은색으로 코팅된 일반 태양 전지의 광 투과율이 0%라고 할 때 20%도 높은 편은 아닌 것 같지만 실물로 보면 생각보다 유리창 너머의 전망이 또렷하게 잘 보인다.

광 투과율을 높이면 유리창의 투명도가 높아져 시야를 가린다는 느낌은 덜할 수 있지만, 햇빛이 페로브스카이트 태양 전지를 그대로 통과하게 되어 태양광 에너지 흡수량이 감소할 수 있다. 따라서 태양 전지 창문 도입의 주목적이 '친환경'이라면, 에너지 생산 효율을 고려해 광 투과율은 40%를 넘지 않는 수준에서 투명도를 조절하는 편이 좋다고 한다.

▶▶ 태양 전지 디자인에 따른 효율

TPSC가 현 단계에서 생산할 수 있는 태양 전지는 A4 용지 크기 정도이기 때문에 이보다 사이즈가 큰 태양 전지 창문은 격자창으로 만들어진다. 격자 프레임은 태양 전지를 이어 붙이는 동시에 태양 전지가

페로브스카이트 태양 전지를 탑재한 창호
출처: TPSC

흡수한 에너지를 에너지 지정 장치로 이동시키기 위한 통로가 된다.

TPSC의 태양 전지 창문은 시중의 일반적인 알루미늄 창호와 호환이 가능하므로 기존 창틀은 그대로 두고 창문만 교체해 이용할 수 있다. 앞에서 언급한 광 투과율 20%, A4 용지 크기가 기본 사양인 TPSC

벌집형·물결형 패턴으로 프린팅한 페로브스카이트 태양 전지
출처: TPSC

페로브스카이트 태양 전지에 원목 패턴을 덧씌운 외장재
출처: 타이베이무역관

페로브스카이트 태양 전지 패널은, 1장당 출력이 5W다. 태양 전지 패널 10장이 설치된 현관문 샘플의 경우 총 출력은 50W에 달한다. 기존의 일반 창문 한쪽을 태양 전지 창문으로 교체해 설치한 샘플은 태양 전지 패널 수가 24장이다. 총 출력은 120W에 이른다. 이는 각각 스마트폰 2대(50W 기준), 일반 노트북(120W 기준)을 완충할 수 있는 수준에 해당한다.

TPSC가 시장에 선보인 태양 전지 창문 샘플은 세로 직선형 패턴으로 태양 전지가 코팅돼 있으나 사용자의 기호에 따라 벌집형이나 물결형으로도 제작이 가능하다. 광 투과율을 고려해 태양 전지의 기본 색상은 요오드 성분 그대로의 브라운 계열을 사용하고 있으나, 이 역시 사용자의 수요에 따라 변경이 가능하다. 대만에서는 파란색이나 연두색 계열의 유리 소재 건축 자재가 많이 사용되는 편인데, 페로브스카이트 태양 전지의 색상도 사용자 기호에 따라 파란색이나 연두색 계열로 바꿀 수 있다고 한다. 물론 이 경우 발전 효율은 갈색보다 떨어질 수 있다는 것이 TPSC의 설명이다.

TPSC는 창문뿐만 아니라 건물 외벽의 외장재에도 페로브스카이트 태양 전지를 접목해 선보이고 있다. 페로브스카이트 태양 전지가 인쇄된 유리판 위에 패턴을 덧입히는 방식이다. 대리석 패턴을 입히면 대리석 느낌이 나는 유리 소재 태양 전지가 되는 셈이다. 이 경우 역시 패턴이 태양 전지를 덮은 구조이므로 에너지 흡수량이 기본 스펙보다 낮을 수밖에 없다는 한계가 있지만 건축물의 겉면을 모두 태양 전지로 덮을 수 있다는 확장성이 있다.

▶▶ 전등 빛도 에너지원으로 삼는 태양 전지 창문

TPSC의 태양 전지 창문이 흡수하는 빛은 비단 햇빛에 그치지 않는다. 실내 전등 빛도 흡수해 전기 에너지를 만들어 낸다. 해도 지고 불도 꺼진 깜깜한 한밤중이 아닌 이상, 쉬지 않고 전기 에너지를 비축할 수 있다는 말이다. TPSC가 고객의 이해를 돕기 위해 제작한 태양 전지 유리 패널과 태양 전지 창문 샘플에는 LED 스트립 조명이 부착돼 있다. 실제로 실내 전등 빛이 태양 전지 창문 샘플의 유리 패널을 통과하지 않게 종이로 가리면 LED 스트립 조명의 불빛이 꺼지고, 종이를 걷어 내면 다시 불빛이 꺼지는 것을 직접 확인할 수 있었다. 외부를 향한 창문과 함께 실내에 설치하는 유리문도 페로브스카이트 태양 전지가 내장된 제품으로 교체하면 건물 안팎에서 에너지원을 동시에 확보할 수 있다는 것을 의미한다.

페로브스카이트 태양 전지 창문은 에너지 생산 기능뿐만 아니라 에너지 절약 기능도 갖추고 있다. 자외선과 복사열(적외선)을 차단해 단열 효과도 볼 수 있기 때문이다. 한국보다 여름이 긴 대만은 통상 5월부터 10월까지 에어컨을 사용하는데, 태양 전지 창문의 단열 성능으로 실내 온도 상승을 억제하면 냉방비도 절약할 수 있다.

▶▶ TPSC가 바라보는 페로브스카이트 태양 전지의 미래

TPSC는 현재 A4 종이 크기로 생산할 수 있는 태양 전지 패널을 대형화하고, 평면으로만 적용 가능한 유리 패널을 굴곡진 표면에도 사용할 수 있는 연성 기판으로 제작하는 기술을 발전시켜 나갈 계획이다.

우선 패널 사이즈 대형화를 위해 60×120cm와 100×200cm 사이즈 제작을 고려하고 있다. 이 규격은 건축 시장에서 수용도가 높아 재고 순환이 유리하고, 격자 프레임이 요구되는 A4 크기 패널에 비해 개방감을 크게 개선할 수 있다는 이점이 있다. 그러나 패널을 대형화하려면 태양 전지 코팅의 균일도와 결정화도가 높은 수준으로 뒷받침돼야 하므로 기술 고도화가 먼저 이뤄져야 한다. 균일도가 낮으면 자동차가 울퉁불퉁한 도로 위를 달리는 것과 같고, 결정화도가 낮으면 모래성이 쉽게 무너지는 것과 같아져 출력 손실이 발생한다. 이는 발전 효율 저하로 이어지기 때문에 기술 고도화가 중요하다.

기술적인 문턱은 있지만, 패널 사이즈를 대형화하면 사용자들이 원하는 제품 단가 인하도 가능하다. 대형 패널은 단위 출력당 사용되는 자재와 공정이 줄어들기 때문에 제조 원가가 절감되고 생산 효율성이 향상된다. 이는 결과적으로 제품 단가 인하로 이어질 수 있다.

가까운 일례로 OLED TV를 살펴보자. 2007년 12월, 11인치 사이즈의 세계 첫 OLED TV가 출시됐을 때 판매 가격이 2,500달러(약 350만 원)에 달했지만, 최근에는 65인치 제품 가격대가 약 1,400달러(약196만 원)에서 약 3,400달러(약 476만 원)이다. 1인치당 227달러(약 32만 원)이던 것이 22~52달러(약 3~7만 원) 수준으로 떨어진 것이다. 아직은 비용 부담이 높은 페로브스카이트 태양 전지 창문도 기술 발전에 힘입는다면 미래에는 보다 저렴한 가격에 구매할 수 있을 것으로 기대된다.

현 단계의 페로브스카이트 태양 전지 창문도 사실상 주문만 있으면 바로 생산 가능한 단계이지만, 생산량이 제한적이어서 제품 단가를 낮추는 데 한계가 있다고 TSPC는 설명한다. 시장의 단가 인하 요구를 반영할 수 있을지 여부는 결국 대량 생산 가능 여부에 달렸다.

연성 태양 전지의 경우, 유연하게 구부러진다는 특성을 바탕으로 굴곡진 표면에 부착할 수 있다는 강점이 있다. 그러나 건물 표면에 그대로 붙여서 쓸 수 있는 제품을 개발하려면 습기에 약하다는 페로브스카이트 태양 전지의 기술적 한계를 우선 극복해야 한다.

연성 페로브스카이트 태양 전지

출처: TPSC

▶▶ 탄소 중립화 추진을 위한 대만의 노력

유엔 환경 계획UNEP에 따르면, 2023년 기준 건물 부문이 전 세계 에너지 소비량의 32%, 전 세계 이산화탄소 배출의 34%를 차지한다. 대만의 경우, 주택과 서비스업(공공 행정 서비스 포함) 부문의 에너지가 주로 시설물에 소비되고 있다는 점을 감안해 건물 부문이라고 간주할 때, 대만 전체 에너지의 약 17%(2024년 기준), 대만 전체 온실 가스 배출량의 약 20%(2022년 기준)를 건물 부문이 차지한다고 볼 수 있다.

건물의 탄소 중립화를 추진하고 있는 대만과 마찬가지로, 한국도 2050년에는 모든 건물을 제로 에너지 건축물 인증의 최고 등급(1등급) 수준으로 향상시키기 위해 '제로 에너지 건축물 의무화 로드맵'을 2021년에 수립했다.

송승영 이화 여자 대학교 건축 도시 시스템 공학과 교수가 분석한 자료에 따르면 한국은 건물(가정·상업·공공 부문 기준)의 에너지 소비량이 전체의 20%(2020년 기준)에 달한다. 국토 교통부는 건물이 직·간접적으로 배출하는 탄소 비중이 약 25%(2018년 기준)를 차지하는 것으로 분석한 바 있다. 탄소 중립, 재생 에너지와 같은 키워드가 건축 시장에서도 화두로 부상함에 따라 건물에 사용되는 태양 전지 시장도 확대가 기대된다.

▶▶ 페로브스카이트 태양 전지의 미래

페로브스카이트 태양 전지는 일반 실리콘 태양 전지에 비해 투명성과 발전 효율이 높다는 점에서 탄소 중립 시장에서 더 큰 경쟁력을 가진다고 할 수 있다. 그러나 페로브스카이트 태양 전지 도입을 상용화해 보급률을 높이려면 기술 한계가 극복되어야 한다. 습기에 약한 특성으로 내구성 개선이 필요하기 때문이다. 이와 동시에 제도적·사회적 지지도 필요하다. 대만 상황을 기준으로, 시장이 페로브스카이트와 같은 광 투과형 태양 전지를 건물의 입면立面, elevation에 설치하는 것을 적극 고려할 수 있도록 권장하기 위해서는 제도적으로 근거 규정이 마련돼야 한다고 TPSC는 주장한다. 아직까지는 사회의 인식이 전통적인 실리콘 태양 전지를 지붕이나 옥상에 설치하는 데 머물러 있기 때문이다. TPSC가 대만의 '건축 기술 규칙'이 개정되는 과정에서 광 투과형 태양 전지 기반 창호와 건축 자재에 대한 고려도 이뤄지길 바라는 까닭이기도 하다.

이렇듯 아직은 넘어야 할 산이 많지만, TPSC는 페로브스카이트 태양 전지 창문을 소량 생산할 수 있는 상용화 초입 단계에 들어섰다. 현재로서는 대만 TPSC 본사에 창문 샘플을 설치해 제품을 홍보하고 있는 단계이지만, 실제 구매 주문이 들어오면 작은 면적일지라도 곧바로 설치할 수 있다는 것이 TPSC의 설명이다.

페로브스카이트 태양 전지가 건물 곳곳에 사용되는 미래를 상상하며 대만의 랜드마크인 타이베이101을 떠올려 봤다. 타이베이101은 약 1만 7,000장의 유리를 두른 대나무 형상의 마천루다. 유리 1장당 평균 면적은 40ft²(약 3.7㎡)에 달한다고 한다. 1만 7,000만 장에 40ft²를 곱하면 총 면적은 68만ft²(약 6만 3,174㎡)로 계산된다. 총 면적을 다시 대만 TPSC의 A4 용지 사이즈 페로브스카이트 태양 전지 유리 패널로 환산하면 약 101만 장에 달한다. TPSC 태양 전지 패널의 1장당 출력이 5W라고 했던 점을 떠올려 보면 101만 장의 총 출력은 5MW를 넘는다. 이 정도 출력이면 하루 동안 약 2,000가구가 사용할 전력을 공급할 수 있는 것으로 추산된다.

    나무가 이산화탄소를 흡수해 산소를 내보내듯, 건물이 태양광 에너지를 흡수해 전기를 만드는 연둣빛 미래가 눈앞에 펼쳐지는 듯하다.

By 유기자
잠시 머물다 떠날 줄 알았던 곳에서 20년째 살고 있다. 익숙해진 도시의 산업과 시장을 관찰하며, 데이터와 현장에서 변화의 단서를 찾는다.

커피 향기 따라 자라는
버섯의 기적

브뤼셀

▶▶ 브뤼셀 지하에서 피어난 페르마풍기

벨기에 수도 브뤼셀의 매일 아침 거리에는 커피 향이 퍼진다. 사람들이 출근길에 마시는 따뜻한 커피 한 잔은 하루를 여는 작은 의식이지만, 그 향긋한 순간이 지나면 갈색 커피 찌꺼기만 남게 된다. 매일 전 세계에서 커피 찌꺼기 수백만 톤이 아무 생각 없이 쓰레기통으로 버려지지만 브뤼셀의 한 스타트업은 그 찌꺼기를 끝이 아닌 새로운 시작으로 바라보았다.

브뤼셀 도심에 위치한 버려진 지하 공간에서 작지만 혁신적인 실험이 시작됐다. 페르마풍기PermaFungi라는 이름의 스타트업은 그곳에서

자전거로 수거되는 커피 찌꺼기   출처: 페르마풍기 홈페이지

커피 찌꺼기 위에 균사체를 심었다. 쓰레기로 여겨지던 이 찌꺼기에서는 생명이 자라나기 시작했다. 페르마풍기가 폐기물에서 식량을, 도시에서 자연을 재탄생시킨 셈이다.

    10년 전에 시작된 페르마풍기의 실험은 기후 위기 대응과 자원 순환이 핵심 과제로 떠오른 오늘날 더욱 주목받고 있다. 페르마풍기가 가져온 작은 혁신은 지금 유럽 순환 경제의 대표적인 사례다.

▶ 커피의 끝, 생명의 시작

페르마풍기의 직원 12명은 브뤼셀 시내 곳곳을 자전거로 누비며 카페·레스토랑 등에서 매달 약 5t의 커피 찌꺼기를 수거한다. 대부분의 사람들에게 이 갈색 가루는 그저 쓰레기로 보이지만, 페르마풍기에게는 영양이 풍부한 숨은 자원이다. 수거된 찌꺼기는 작업장으로 옮겨져 볏짚과 혼합된다. 이는 버섯을 키우기 위한 배양 기질로 사용된다.

이러한 방식으로 페르마풍기는 서양 느타리버섯Pleurotes을 매달 1t 이상 생산하고 있다. 서양 느타리버섯은 비타민 B2·B3·B5·D와 아연·칼륨 등 다양한 미네랄이 풍부해 면역력 증진에도 도움을 준다. 버섯의 모든 재배 과정은 흙 한 줌 없이 도시 한복판에서 이루어진다.

페르마풍기가 운영하는 농장은 전통적인 의미의 농장은 아니다. 브뤼셀 북쪽 투르앤드택시 건물 지하에 위치한 폐공간을 활용한 도시형 농장이다. 볏짚과 커피 찌꺼기를 섞은 배양 기질은 균사체가 자라기에 이상적인 환경을 제공하며, 투르앤드택시의 지하 공간은 자연광 없이도 일정한 온도와 습도를 유지할 수 있어 버섯 배양실로 최적의 조건을 갖추고 있다.

투르앤드택시는 벨기에 브뤼셀에 위치한 역사적인 산업 유산 지역이다. 과거에는 철도 화물역과 물류 창고 단지였으나, 현재는 리모델링을 통해 문화·상업·주거 공간이 어우러진 복합 지대로 탈바꿈했다.

브뤼셀 곳곳에서 수거된 커피 찌꺼기들은 작업장으로 옮겨진 후, 볏짚과 미셀리움mycelium이라 불리는 균사체와 함께 섞이게 된다. 이 균

도심 속에 위치한 투르앤드택시 건물 외부 전경 및 내부 모습
출처: 페르마풍기 홈페이지

서양 느타리버섯과 투르앤드택시에 위치한 작업장　　　　　출처: 페르마풍기 홈페이지

배양 및 자실체 형성 과정　　　　　　　　　　　　　　　출처: 페르마풍기 홈페이지

사체는 마치 씨앗처럼 버섯의 생명을 싹트게 하는 핵심적인 존재다. 혼합 작업은 미세한 오염조차도 버섯 재배에 치명적일 수 있어서 모든 과정은 철저히 멸균된 환경에서 이뤄진다. 만약 다른 미생물이 먼저

배양 기질을 점령하게 되면, 버섯은 제대로 자라지 못하고 오염된 기질만 남게 되기 때문이다. 균사체와 볏짚, 커피 찌꺼기가 고르게 섞이면 이 혼합물은 주먹보다 훨씬 큰 두꺼운 비닐 주머니, 일명 펀칭 백 모양의 재배 봉투에 담긴다. 이로써 본격적인 생장 단계에 돌입한다.

다음 단계는 배양이다. 재배 봉투들은 완전히 어두운 배양실에 옮겨져 약 2주간 보관된다. 이 시기 동안 균사체는 기질 속으로 천천히 퍼지며 커피 찌꺼기를 분해하고 그 속에서 자신만의 생명 구조를 형성해 간다. 처음엔 검게 보이던 봉투 속 내용물은 시간이 지날수록 점차 하얗게 변해 간다. 이는 균사체가 활발하게 활동하고 있다는 시각적 신호이자, 생명 탄생의 과정이 잘 진행되고 있다는 증거다.

배양이 끝나면, 균사체는 번식할 준비를 마친다. 이를 유도하기 위해 자실체 형성이라는 단계가 시작된다. 이 단계에서는 빛을 비추고, 온도를 낮추며, 습도를 높이는 방식으로 환경에 인위적인 충격을 준다. 이는 자연에서 계절이 바뀔 때와 비슷한 자극을 주며, 균사체는 번식이 필요한 시점임을 인식하고 자실체, 즉 서양 느타리버섯의 열매 부분을 만들어 낸다. 며칠 후, 봉투 여기저기에서 하얗고 통통한 서양 느타리버섯이 자라나기 시작하면, 이 버섯들은 모두 손으로 하나하나 정성스럽게 수확된다.

도심의 어둠 속에서 자란 이 버섯은 브뤼셀의 유기농 마켓과 레스토랑, 그리고 소비자들의 식탁으로 이어진다. 커피 찌꺼기에서 자란 이 버섯은 영양이 풍부하고 맛도 뛰어나 유기농 식재료를 선호하는 요리사와 소비자들에게 높은 평가를 받고 있다.

버려질 운명이었던 커피 찌꺼기가, 도시의 숨겨진 공간에서 다시 생명을 얻어 사람들의 삶을 풍요롭게 하는 식재료로 새롭게 태어나게 됐다.

▶▶ 순환의 고리, 버섯 이후까지

페르마풍기의 이야기는 버섯 수확에서 끝나지 않는다. 수확이 끝난 배양 기질은 유기농 퇴비로 활용되거나, 생분해성 소재로 재가공되어 포장재·인테리어 조명 갓 등 다양한 친환경 제품으로 다시 태어난다. 커피 1잔에서 시작된 이 생명의 여정은 버섯을 거쳐 흙으로 돌아가기도 하고 일상의 사물로도 재탄생한다. 이는 재활용을 넘어서, 자원이 순환하는 지속 가능한 생태 시스템이다. 버려지는 것이 없고 모든 것이 끊임없이 다시 태어나는 순환 경제의 실현인 것이다.

그뿐만 아니라, 페르마풍기는 다양한 교육 프로그램과 체험형 키트를 통해 시민들의 참여를 독려하고 있다. 특히 가정용 DIY 재배 키트 풍기팝FungiPop은 도시 농업에 대한 관심을 높이고 자원 순환의 개념을 직접 체험할 수 있도록 한다. 아이부터 어른까지 누구나 커피 찌꺼기 위에 생명을 틔워 보는 경험을 하며, 버려진 것에서 새로운 가능성을 발견하는 기쁨을 느낄 수 있다.

페르마풍기는 브뤼셀 전역의 다양한 도시 파트너와 협력하며 커피 찌꺼기를 안정적으로 공급받는다. 그중 대표적인 파트너는 프랜차이

버섯 재배 키트 제품   출처 : 페르마풍기 홈페이지

르빵쿼티디앙 체인점 및 수거되는 커피 찌꺼기   출처 : 르빵쿼티디앙 홈페이지

즈 제빵·카페 르빵쿼티디앙Le Pain Quotidien이다. 이곳은 브뤼셀 곳곳에 위치한 자사 매장에서 발생하는 커피 찌꺼기를 꾸준히 페르마풍기에 제공하고 있으며, 이를 통해 지역 내 자원 순환 구조에 실질적으로 기여하고 있다. 이러한 협력은 페르마풍기가 안정적으로 버섯 생산량을 확대할 수 있는 기반이 되고, 지역 생태계와 긴밀하게 연계된 순환 경제 모델의 좋은 사례로 평가된다.

▶▶ **마이코 소재로 확장하는 순환 경제**

페르마풍기는 균사체를 활용해 버섯 재배를 넘어 플라스틱이나 폴리스티렌을 대체할 수 있는 친환경 소재 개발로 영역을 확장하고 있다.

균사체를 바탕으로 만들어진 전등 및 단열재
출처: 페르마풍기 홈페이지

마이코 소재myco-material는 버섯 균사체를 기반으로 만든 생물 유래 소재로, 생분해가 가능하고 환경 영향을 최소화할 수 있다는 점에서 주목받고 있다. 실제로 이 소재는 기존 포장재에 비해 이산화탄소 배출량이 10배 낮고, 에너지 소비는 8배가량 적어 지속 가능한 산업 자원으로 각광받는다.

이러한 기술을 바탕으로 다양한 생분해성 제품이 개발 중이다. 대표적인 예가 바로 벨기에 최초의 균사체 기반 상용 조명 제품인 루미풍기lumifungi다. 버섯 재배 후 남은 유기성 폐기물로 만들어진 이 조명 갓은 생분해가 가능할 뿐 아니라, 내화성과 방수성 등 기능성도 갖춘 친환경 인테리어 제품이다.

이와 함께, 수확이 끝난 배양 기질을 다시 균사체와 혼합해 건조·가공한 뒤 건축용 단열재로 활용하는 프로젝트도 진행되고 있다. 도시에서 발생한 유기성 폐기물을 건축 자재로 되살리는 도시형 순환 경제 모델의 대표적인 사례다.

페르마풍기는 포장재 산업에도 본격적으로 진입할 계획이다. 이들은 2025년 3월, 스위스 클러스터 아프레드망Après-demain SA 및 브뤼셀 정부 기관 파이낸스 앤드 인베스트 브뤼셀Finance&Invest.brussels의 지원을 받아 총 175만 유로(약 28억 원) 규모의 투자 유치에 성공했다. 현재 브뤼셀 포레 지역에 1,400m^2 규모의 신규 공장이 건설 중이다. 완공 시 매달 약 10t의 건조 유기 폐기물(톱밥·나무 조각·볏짚 등)을 활용해 약 100 m^3의 마이코 포장재를 생산할 계획이다.

이 공장은 유럽 최대 규모의 마이코 소재 생산 시설로 자리 잡을 듯하다. 2030년부터 유럽 연합에서 금지될 비순환 포장재를 대체할 수 있는 친환경 설루션으로 기대를 모으고 있다. 이 프로젝트는 페르마라이프PermaLIFE라는 이름으로 유럽 연합 LIFE 프로그램의 지원을 받는 중대형 순환 경제 프로젝트이기도 하다. 도시에서 발생한 유기성 폐기물을 도시 내부에서 다시 자원으로 전환하려는 이 시도는 지속 가능하고 자립적인 도시 회복 전략으로 주목받고 있다.

▶▶ 버섯에서 도시로, 그리고 미래로

페르마풍기는 버섯만 재배하는 기업이 아니다. 버려진 도시 자원을 활용해 식량을 생산하고, 폐기물에 새로운 가치를 부여하는 도시 순환 경제 실험실이다. 직원 12명으로 구성된 이 기업은 버섯을 매개로 도시의 회복력을 높이며 모두가 참여할 수 있는 지속 가능한 생태계 전환 모델을 만들어 가고 있다.

페르마풍기 직원들은 이렇게 말한다.

"우리는 단지 버섯을 키우는 게 아니라, 도시를 다시 짓고 있습니다."

이 말은 과장이 아니다. 버려질 운명이었던 커피 찌꺼기 위에서 자라난 작고 단단한 버섯은 단순한 식재료를 넘어, 우리가 어떻게 도시를 순환시키고 재구성할 수 있는지에 대한 실천적 해답을 제시한다. 지속 가능성은 더 이상 먼 미래의 과제가 아니다. 페르마풍기는 그것이 오늘의 커피 한 잔에서부터 시작될 수 있음을 보여 주고 있다.

By 김도연

프랑스·네덜란드·벨기에를 거쳐 서유럽 생활 20년 차. 브뤼셀에서는 12년째 유럽 연합 통상 정책을 조사 중이다. 가끔은 복잡한 정책을 잠시 내려놓고, 벨기에의 작고 흥미로운 변화들을 들여다보는 일이 즐겁다. 어린 세 아이와 함께 하루하루를 고군분투하는 워킹맘이다.

Space-
Environment
Exploration

Space Traffic Management

우주와 대자연이 새로운 경제 공간으로 부상하면서, 인간은 미지의 영역에 진출하려는 시도를 이어 가고 있다.
우주 산업이 미래 유망 산업으로 급부상하고 있다. 동시에 스위스의 인공지능 자연 음성 분석 기술과 호주 소형 위성의 광물 탐사 기술 등이 자연과 인간의 상호작용 방식을 새롭게 정의한다.
이번 리포트에서는 인류가 우주 그리고 자연과 조화롭게 공존하기 위해 만든 새로운 흐름과 비즈니스 모델을 소개한다.

TREND REPORT 4

대자연, 우주와 인간이 소통하는 시대

Nature

인공지능이 지키는
우주의 안전

리스본

▶▶ 달려오는 우주 쓰레기

"우주 쓰레기가 우주 정거장 가까이 접근할 가능성이 있으니, 비상 대피소로 대피하라."

지구에 있는 관제 센터가 우주에 있는 토머스에게 다급하게 지시했다. 얼마 전 토머스가 위치한 곳 근처에서 인공위성이 파괴됐다. 파편들은 우주 쓰레기가 되어 곳곳으로 흩어졌다. 그중 일부가 토머스가 지내는 우주 정거장으로 접근하고 있었다. '만약 충돌한다면…' 토머스는 상상을 멈췄다. 마주하고 싶지 않은 상황이었다. 다행히 우주 정거장은 회피 기동回避機動 기능을 통해 충돌을 피할 수 있었지만, 가슴이

철렁 내려앉는 순간이었다.

위 이야기에는 허구가 가미되었지만, 실제로 우주에서 이런 일은 낯설지 않다. 우주 쓰레기 때문에 국제 우주 정거장International Space Station, ISS 우주 비행사들의 우주 유영 일정이 연기되거나, 비상 대피소로 대피하는 일이 종종 일어나고 있다.

유럽 연합 이사회의 추정치에 따르면, 크기가 1cm 이상인 잔해 100만 개 이상이 현재 지구 주위를 자전하고 있다. 이 우주 쓰레기가 다른 물체와 충돌할 경우, 인공위성을 파괴하거나 더 많은 파편을 만들어 내는 도미노 효과를 불러오게 된다.

어쩌다 우주에 이렇게 많은 쓰레기가 생겼을까. 1957년 스푸트니크sputnik 1호가 우주로 발사된 이후부터 인류의 욕망은 지구 밖을 향해 있었다. 인류는 신기술을 통해 위성 인프라 구축, 광물 자원 채굴, 에너지 생산 등 지구 밖 다양한 분야에서 발전을 이어 갔다. 이로써 우주는 더 이상 과학 탐사의 대상만이 아니라, 새로운 경제 공간으로 인식되기 시작했으며, 우주 진출이라는 목표는 현대 사회에 접어든 인류에게 미지의 세계에서 얻는 새로운 기회라는 희망을 주었다.

▶▶ 미래의 새로운 경제 영역, 우주

인공위성 기술은 우주 경제의 핵심 요소로, 현재 우주 산업에서 급성장하는 분야다. 인공위성 발사는 전례 없는 속도로 계획과 진행이 이뤄지고 있다. 2022년 OECD의 지침서에 따르면 1957년 스푸트니크 발사 이후 80개국 이상이 궤도에서 운용 중인 인공위성을 유엔 우주 사무국United Nations Office for Outer Space Affairs, UNOOSA에 등록했다.

인공위성 기술은 전 세계적인 통신 체계에서 점점 더 중요한 역할을 하고 있다. 내비게이션 시스템, 데이터 수집, 재난 관리를 포함한 기상 예측, 농업 시스템 모니터링 등 다양한 분야가 정보를 수집하는 데 인공위성의 도움을 받는다. 자율 주행과 같은 미래 역시 인공위성을 통해 가능하기 때문에 과학 기술을 기반으로 한 산업이 다각도로 발전하면서, 인류의 보다 나은 편의와 경제적 이익을 창출하고 있다.

특히 군집 위성satellite constellation 기술이 주목받고 있다. 군집 위성이란 동일한 임무를 수행하기 위해 함께 운용되는 여러 대의 위성을 말한다. 군집 위성은 외진 지역에서도 안정적인 통신 서비스를 제공할 수 있다는 점에서 통신 환경을 획기적으로 개선하고 있다. 국제 천문 연맹에 따르면, 최근 기업들은 지구 저궤도Low Earth Orbit, LEO와 지구 중궤도Medium Earth Orbit, MEO에 대규모 군집 위성을 구축하여 글로벌 위성 인터넷을 제공하고, IoT 연결을 통해 기계와 시스템을 직접 연결하는 것을 목표로 사업을 추진하고 있다.

통신 외에도, 인공위성은 관측과 연구에 반드시 필요하다. 기후 변화 모니터링, 해류 분석, 산림 감소 관측, 작물 상태 확인, 재난 및 응급 대응, 군사 관측 등 다양한 분야에서 실시간 데이터를 수집하여 의사 결정권자들의 보다 신속하고, 나은 의사 결정을 지원한다.

▶▶ 스마트한 우주 교통 관리

우주 산업의 기회가 증가함에 따라, 새로운 문제들도 등장하고 있다. 주요 문제 중 하나는 인공위성의 급증과 우주 쓰레기 증가로 인해 궤도 내 혼잡이 심화하고 있다는 점이다. 미 항공 우주국(이하 나사NASA)은 궤도 잔해 문제에 대한 인식이 높아지고 있음에도 불구하고, 최근의 발사 공유 서비스launch ride-sharing 개발, 소형 발사체 증가, 그리고 특히 대규모 군집 위성의 배치로 궤도 혼잡이 급격히 가중되고 있다고 말한다.

나사는 2022년 기준, 지구 궤도를 도는 물체의 95% 이상이 우주 쓰레기일 것으로 추정했다. 이 쓰레기의 수는 약 1억 3,000만에 달한다. 이 어마어마한 우주 쓰레기 대부분은 약 28,968km/h의 속력으로 날아다니게 된다. 이 속도는 총탄보다 7배가량 빠르다.

유럽 연합 기관European Institution은 "우리는 현재 갈림길에 서 있다"고 말하며 "우리의 현실을 직시해야 한다"고 강조했다. 우주 교통을 효과적으로 관리하지 못한다면, 과거와 현재의 우주 활동이 우주 내 안전성·보안·지속 가능성 측면에서 위협받게 될 것이라고 경고했다. 이는 궁극적으로 인류의 이익을 위한 핵심 서비스를 가능하게 하는 기반으로서 우주를 활용하는 우리의 미래 역량에도 위협을 가할 것이다.

그러나 현재로서는 우주 쓰레기를 효과적으로 제거할 방법이 마땅치 않다. 우주 쓰레기를 지구로 끌고 내려와서 소각하거나 더 높은 궤도로 올려 폐기하는 방안 정도가 실효성 있다고 할 수 있다. 그러나 물리적·경제적 시간문제, 환경 오염, 비용 문제 등을 해결할 방법을 찾지 못해 적극적으로 실행하지는 못하는 실정이다.

이 우주 쓰레기 문제는 오랫동안 세계 각국과 관련 산업의 기업들에게 공론화되었고, 최대한 우주 쓰레기를 줄여 충돌 사고의 확률을 높이지 않으려 노력 중이다. 이러한 배경 때문에 인공위성 기업들은 위성을 효율적이고 안전하게 운용할 수 있도록 돕는 우주 교통 관리Space Traffic Management, STM의 필요성을 더욱 절감하고 있다.

▶▶ 우주 영역 인식 시스템

우주 안전에 대한 고민에서 출발한 포르투갈 기업이 있다. 이 회사는 인공지능으로 인공위성을 관리하는 기술을 개발해서 충돌 위험을 예측하고 회피할 수 있도록 돕는다. 바로 뉴라스페이스Neuraspace다.

뉴라스페이스는 우주 내 인공위성의 안전 문제를 해결하기 위해 2020년에 설립되었다. 이들의 비전은 분명하다. 지구의 안전이 중요하다면 우주도 중요하게 다뤄져야 한다. 따라서 뉴라스페이스는 군집 위성을 안전하게 유지하고, 우주 공간의 안전성을 보장하며, 모든 우주 작전 수행자들이 안전하게 활동할 수 있도록 지원하는 것을 목표로 한다.

이 목표를 위한 뉴라스페이스의 비밀 무기는 바로 우주 교통 문제를 정면으로 해결하는, 완벽히 자동화된 플랫폼이다. 인공지능과 머신

포르투갈 뉴라스페이스 관측 망원경 앞에 서 있는 뉴라스페이스 팀의 모습　　출처: 뉴라스페이스

러닝을 기반으로 한 우주 교통 관리 및 우주 영역 인식Space Domain Awareness, SDA 기술을 통해 위성 운영의 정밀도를 높일 수 있도록 돕고 있다. 이들은 광학 망원경, 레이더 시스템, 위성 항법 시스템global navigation satellite system, 독자적인 센서 등 다양한 소스에서 수집된 데이터를 통합 분석하고, 인공위성 간 혹은 위성과 우주 쓰레기 간의 충돌 가능성을 예측하고 계산한다. 이로써 보다 정교하고 효율적으로 위성 운영을 할 수 있게 돕는다.

현재 뉴라스페이스는 포르투갈과 칠레에 설치된 관측 망원경 두 대를 통해 전 세계 약 400개 이상의 인공위성을 모니터링하고 있다. 이와 함께, 인공위성 운영에 필요한 레이더 및 궤도 내 센서 확장을 계획하며, 보다 정밀한 서비스 제공을 위해 노력하고 있다. 우주 탐사와

칠레(좌)와 포르투갈(우)에 위치한 뉴라스페이스의 관측 망원경   출처: 뉴라스페이스

인공위성 기술이 빠르게 발전하는 가운데, 뉴라스페이스는 증가하는 인공위성 군집 운영 문제를 해결하기 위해 인공지능과 머신 러닝 설루션을 시장에 도입하며, 개척자로 자리 잡았다.

▶▶ 더 효율적으로 인공위성이 비행하기 위하여

앞서 언급했듯이, 우주 탐사 시장은 기하급수적으로 성장하고 있다. 뉴라스페이스에 따르면, 2020년 기준 약 6,000개의 인공위성이 지구 궤도를 돌고 있으며, 2025년까지 그 수가 약 3만 7,500개로 증가하여 525%의 성장률을 기록할 것으로 예상된다. 더 나아가, 그들은

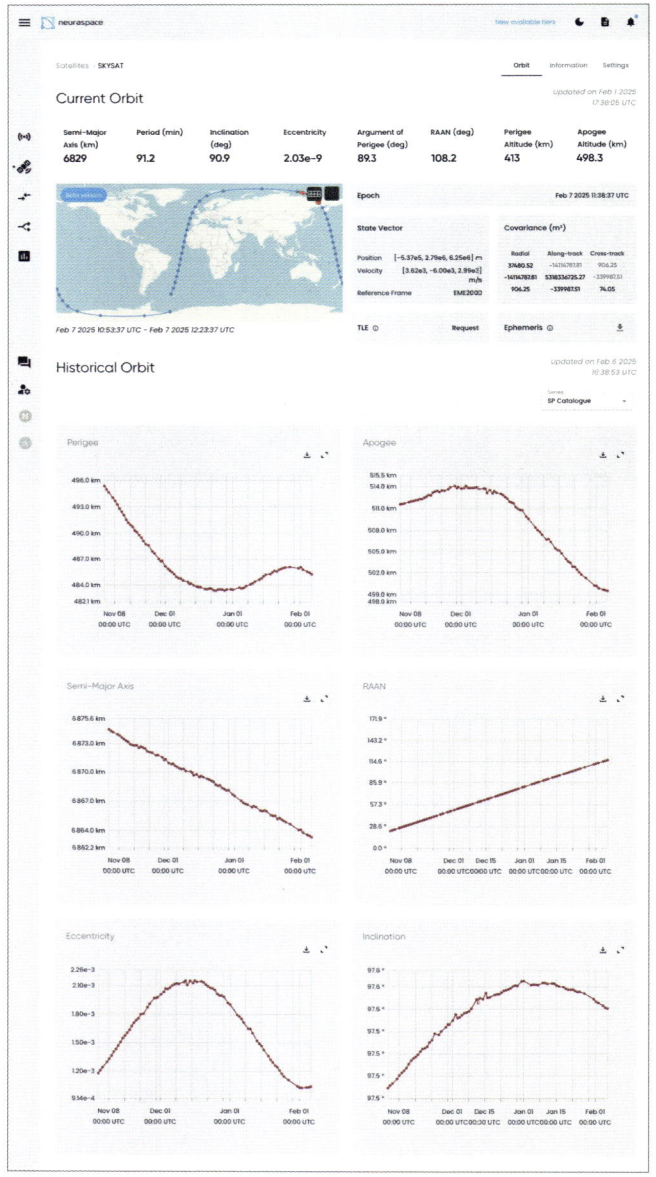

뉴라스페이스 플랫폼의 인공위성 궤도 관측 기능

출처: 뉴라스페이스

2030년까지 이 수치가 167% 더 증가하여 약 10만 개의 인공위성이 궤도를 비행하고 있을 것으로 예측한다.

군집 위성이 증가함에 따라, 관리자들은 각 인공위성의 활동에서 발생할 수 있는 충돌 위험을 알리는 수많은 근접 데이터 메시지Conjunction Data Message, CDM를 받게 된다. 전통적인 충돌 회피 방식들은 여전히 상당한 시간과 인적 자원을 필요로 한다. 따라서 저궤도 내 군집 위성이 계속해서 증가하는 궤도 교통 급증 속에서, 전통적인 관리 시스템은 지속 가능성을 잃어 가고 있다. 이는 군집 위성에 엄청난 위험을 초래하며, 결과적으로 우주 안전에 심각한 문제를 야기한다.

기존의 대응 방식을 살펴보자. 전문가 집단은 하나의 충돌 위험 상황을 검토하고 해결하는 데 평균적으로 8시간이 소요된다. 이러한 접근 방식은 철저하지만, 잠재적인 충돌 위험 상황이 급격히 증가함에 따라 점점 더 비효율적인 방식이 되고 있다. 실제로 현재 전문가들은 수백 개에 달하는 군집 위성을 관찰해야 하는 상황이다.

2030년까지 저궤도에서 비행하는 인공위성의 수는 약 15배로 증가하여 많은 어려움이 있을 것으로 예상된다. 또한, 신규 위성 기업들 다수가 지상국 시스템을 갖추지 못했으며, 대부분 비행 역학 전문가가 없거나 부족해 오류가 발생할 가능성이 크다.

뉴라스페이스는 우주 교통 관리와 우주 영역 인식 시스템을 통해서 위험 평가를 자동화하고 있다. 또한 충돌 위험 상황 발생 5일 전에 기동 방식을 제안함으로써 운영의 효율성을 높였다. 이 우주 영역 인식 시스템의 장점은 빠른 분석이 가능하다는 것이다. 기존에는 단 하

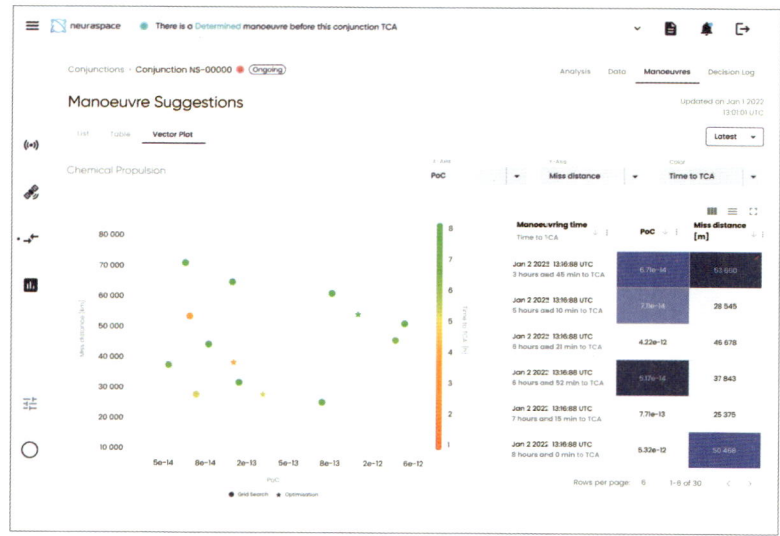

뉴라스페이스 플랫폼 내 인공위성 기동 방식 제안 화면   출처: 뉴라스페이스

나의 충돌 가능성에 대해 평가하고 조치하는 데 8시간 이상이 소요되었지만, 뉴라스페이스의 설루션은 단 몇 분 만에 최대 50건의 고위험 충돌 가능성을 분석하고, 제안된 기동 방식 중에서 선택할 수 있게 한다. 이로써 의사 결정 속도는 약 100배 향상되며, 데이터 수집부터 기동 실행까지 전 과정이 자동화되어 안전 관련 작업에 투입되는 인력 소요를 최대 80%까지 줄일 수 있다.

뉴라스페이스의 기술적 진보는 지구 궤도 환경의 지속 가능성에 기여한다. 뉴라스페이스는 관리자들이 점차 증가하는 군집 위성을 우주 쓰레기와 서비스 중단으로부터 보호할 수 있도록 지원함으로써, 우주를 안전하면서 수익성 있는 공간으로 유지하는 데 중요한 역할을 하고 있다.

뉴라스페이스는 인공위성 관리자·보험사·규제 기관·방위 산업 관계자를 포함한 여러 이해 관계자를 대상으로 5가지 주요 솔루션을 제공한다. 이는 실시간 우주 교통 관리 및 운영·발사 및 초기 운영launch and early operations, LEOP 추적 및 지원·데이터 수집 및 추적·발사 스크리닝· 그리고 임무 설계이다.

주요 고객층인 인공위성 관리자들은 뉴라스페이스의 서비스를 이용하여 소규모의 팀이더라도 대량의 충돌 경고를 효과적으로 관리한다. 불필요한 기동도 최소화할 수 있게 한다. 그 외에도 리스크가 높은 위성 보험사의 경우, 군집 위성과 관련된 위험을 정확하게 평가하기 위해 방대한 데이터 세트를 기반으로 학습된 뉴라스페이스를 이용하

뉴라스페이스 포르투갈 관측 망원경 앞의 포르투갈 공군 관계자들과 뉴라스페이스 팀
출처: 뉴라스페이스

고 있다. 규제 당국의 경우, 우주 폐기물의 저감을 위한 국제적 규제 준수를 강화하기 위해 노력하고 있으며, 뉴라스페이스는 이에 필요한 중요한 정보를 제공한다.

뉴라스페이스는 국방 시장에서 활동도 더욱 확대할 계획이다. 특히 우주 상황 인식과 우주 감시 및 추적 분야에서 포르투갈 공군 및 기타 정부 기관과의 협력을 강화하고 있다. 결과적으로, 뉴라스페이스는 유럽 우주국European Space Agency, ESA과 유럽 연합, 그리고 다양한 방위 분야 이해 관계자들과 협력하며 포르투갈 우주 산업에 기여하고 있다.

▶▶ 인공지능 기반의 우주 충돌 방지 시스템

뉴라스페이스가 제공하는 서비스의 핵심은 인공지능과 머신 러닝을 기반으로 한 우주 충돌 방지 시스템space collision avoidance system이다. 이 시스템은 위성 운영 시 필요한 인력 부담을 줄이며 특히 대규모 군집 위성 관리에 최적화되어 있다. 또한 잘못된 경고를 줄이고, 접근 감지와 기동 결정 사이의 시간을 단축함으로써 연료와 시간을 절약한다. 또한 충돌 위험과 우주 폐기물 문제도 최소화한다. 구체적으로 뉴라스페이스의 정밀한 데이터 분석은 오탐false alerts을 30% 감소시키고, 불필요한 기동을 줄여 수백만 유로를 절감할 수 있게 한다. 잘못 판단된 충돌 위험 상황 1건당 최대 2만 5,000유로(약 3,750만 원)를 절감할 수 있으며, 전문가 인력의 수동 개입도 최대 75%까지 줄일 수 있다.

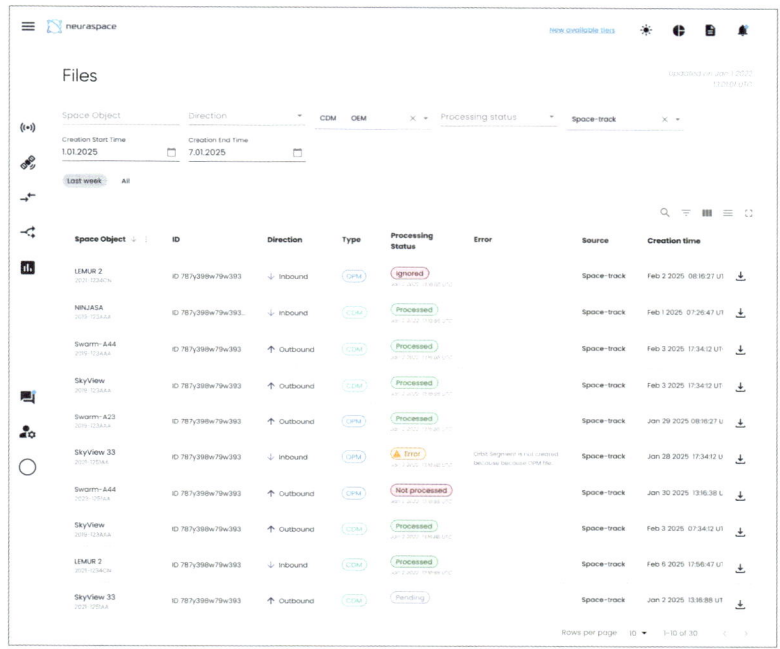

뉴라스페이스 플랫폼의 인공위성 추적 기능 화면   출처: 뉴라스페이스

또 다른 뉴라스페이스 제품의 특징은 '항상 함께하는 가상 비서ever present virtual assistant'다. 이 인공지능 기반 도구는 위성을 지속적으로 모니터링 하고, 인공지능을 활용해 경고의 우선순위를 지정하고 분류한다. 관리자의 작업 흐름 관리 및 사건 대응을 자동화하는 기능도 제공한다. 다른 기관의 위성 관리자와의 실시간 채팅을 지원하여 보다 원활한 협업도 가능하게 한다.

기존의 해결책이 전문가 인력에 과도하게 의존했던 것과 달리, 뉴라스페이스의 제품은 개인 맞춤형 지원을 제공한다. 이를 통해 증가하

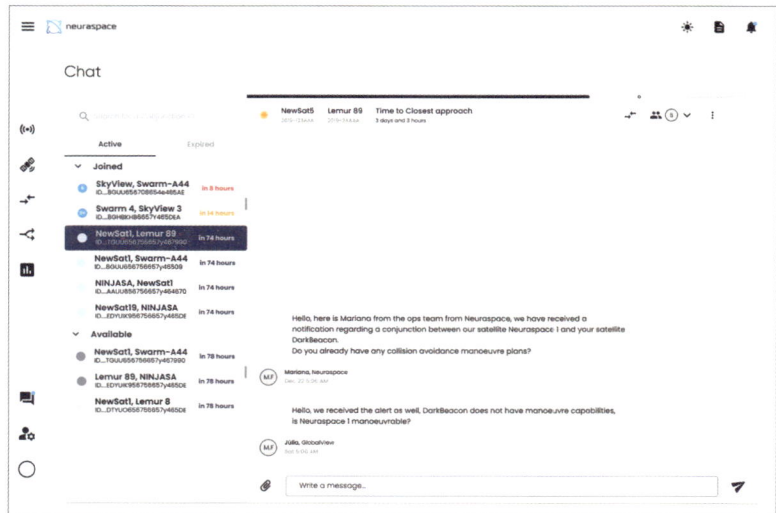

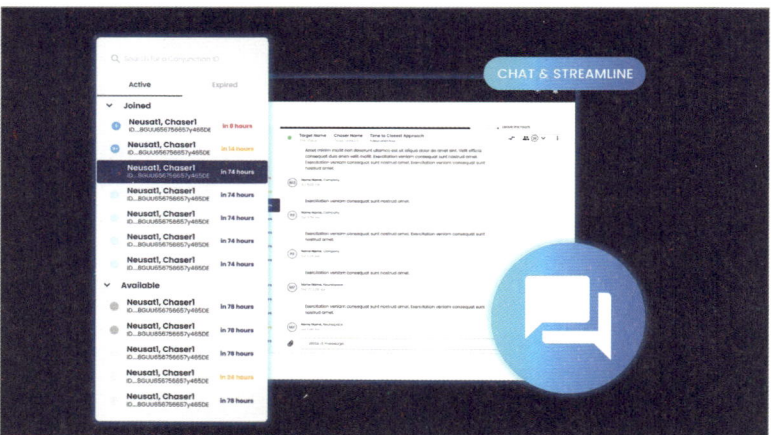

뉴라스페이스 플랫폼이 제공하는 인공위성 관리자 간 채팅 기능

출처: 뉴라스페이스

는 우주 폐기물과 위성의 숫자 속에서도 관리자들이 자사의 인공위성을 효과적으로 관리할 수 있도록 돕는다.

▶▶ 지구와 우주의 무한한 가능성

뉴라스페이스의 행보는 성공적인 투자 유치 덕분에 가능했다. 그들은 아르밀라 벤처 파트너스Armilar Venture Partners로부터 250만 유로(약 39억 원)를 투자받았다. 또한, 인공지능 기반 우주 교통 관리 가속화, 독자적인 센서 네트워크 배포, 그리고 향후 성장 계획 추진을 위해 회복 및 복원력 계획과 유럽 연합 경제 회복 기금으로부터 추가적으로 2,500만 유로(약 390억 원)를 조달했다. 뉴라스페이스는 유럽 군사 통합 우주 상황 인식 및 식별 역량 강화European Military Integrated Space Situation Capability, EMISSARY 유럽 방위 프로젝트에도 참여하고 있다.

뉴라스페이스는 2025년을 기준으로 유럽 우주국 및 방위 관련 기관들과의 프로젝트를 포함하여 총 20만 유로(약 3억 2,000만 원) 규모의 계약을 체결했다. 이러한 규모의 자금 조달은 그들이 인공지능 기술을 개발하고 독자적인 센서 네트워크를 확장하며, 시장에 진입하는 것을 가속화하는 역할을 했다.

뉴라스페이스가 제공하는 우주 교통 관리 솔루션은 검증된 실적을 바탕으로 〈테크 투어 2024 어워드Tech -tour space 2024 Awards〉에서 궤도 운행 내 우주 통신 부문 상을 받았다. 또한 미국 월간지 〈와이어드Wired〉의

'리스본 최고 스타트업The Hottest Startups in Lisbon in 2024' 목록에 포함되었고 리스본에서 가장 주목받는 스타트업 중 하나로도 선정되었다. 이로써 뉴라스페이스는 유럽 우주 기술 분야의 성장하는 생태계에서 존재감을 각인시켰다.

기업에 대한 투자자들의 높은 관심과 수상 경력은 뉴라스페이스의 솔루션이 위성 운영을 개선하며 시장에 유의미한 기여를 하고 있음을 입증한다. 최첨단 머신 러닝 기술을 활용한 데이터 기반 접근 방식을 통해, 뉴라스페이스는 기존 방식 및 경쟁사 대비 높은 수준의 성과를 내면서 충돌 위험 회피 프로세스를 자동화할 수 있었다. 더불어 이전까지 탐지되지 않았던 고위험 충돌의 약 33%를 추가적으로 식별할 수 있었으며, 궁극적으로 우주 작전의 안정성에 긍정적 영향을 미쳤다.

뉴라스페이스는 유럽의 대표적인 우주 영역 인식 솔루션으로 자리 잡기를 목표로 한다. 독자적인 센서 네트워크를 확장하여 유럽 방위 프로젝트에서의 역할을 강화하고, 우주의 보안 및 지속 가능성을 보장하고자 한다. 궁극적으로는 위성 자율성을 위한 장기적인 솔루션 개발을 목표하고 있다.

위성 발사가 기하급수적으로 증가하는 새로운 우주 탐사 시대에 접어들었다. 이러한 흐름 속에서 뉴라스페이스의 기술적 접근, 즉 위성 간 충돌을 사전에 예측하고 관리하는 기술은, 우주 공간의 지속 가능성과 안정적인 운용 환경 확보에 있어 주요한 역할을 할 것이다.

By 히타 무어

살라망카, 쿠알라룸푸르, 그리고 지금은 리스본. 도시가 바뀌어도 국제 관계와 무역에 대한 관심은 늘 한결같다. 전략 수립·파트너십·시장 조사·옹호 활동까지 기업의 성장을 돕는 다양한 일에 발을 담가 왔다. 전 세계 다양한 이해관계자들을 연결하고, 그 속에서 새로운 기회를 발견하는 일을 좋아한다.

By 오유진

처음엔 낯설기만 했던 리스본과 무역관 생활. 반년간 현장 실습생으로 지내며 조금은 익숙해지고, 조금은 성장할 수 있었습니다. 번역과 편집 작업을 통해 이 글에 저의 작은 기록을 남기며, 아낌없이 기회를 주신 무역관 직원분들께 깊은 감사의 말씀을 전합니다.

우주 탐사 로봇 제어를 위한 프로젝트

뮌헨

▶▶ **우주 기술 강국 독일의 움직임**

독일은 유럽에서 프랑스의 뒤를 잇는 우주 기술 강국이다. 연간 개발 예산은 약 20억 유로(약 3조 1천억 원)로, 미국·중국·러시아·프랑스·일본에 이어 세계 여섯 번째 규모다. 이 예산에는 독일 항공 우주 센터 Deutsches Zentrum für Luft- und Raumfahrt e.V., DLR의 국가 우주 프로그램 예산 약 2억 9,100만 유로(약 4,510억 원), 유럽 우주청European Space Agency, ESA 분담금 약 9억 5,000만 유로(약 1조 4,725억 원), 위성 기술과 로봇 공학 등 응용 기술 분야의 연구 개발 예산 약 3억 유로가 포함된다.

독일은 우주 기술을 국가 전략 자산으로 여겨 체계적인 시스템과 연구 인프라를 오랜 시간을 들여 구축해 왔다. 예산 구조에서 드러나듯, 독일 우주 개발 중심에는 독일 항공 우주 센터가 있다. 이곳은 독일의 우주 정책을 총괄한다. 기술 개발뿐 아니라 정책 수립·사업 기획·국제 협력·산업 생태계 조성 등 전방위적인 역할을 수행하고 있다. 그 결과 로봇 공학·위성 기술·인공지능 기반 응용 기술 등에서 가시적인 성과를 이루고 있다.

이번 글에서는 독일에서 추진되는 대표적인 우주 로봇 프로젝트, 서피스 아바타Surface Avatar를 중심으로, 첨단 우주 기술의 흐름과 그 사회적 확장 가능성을 살펴보고자 한다.

▶ 협력형 로봇 시스템 개발 프로젝트

서피스 아바타 프로젝트는 독일 항공 우주 센터가 유럽 우주청 그리고 독일 우주 운영 센터German Space Operations Center, GSOC와 협력해 추진하는 대형 연구 과제다. 핵심 목표는 우주 비행사가 국제 우주 정거장에서 지구에 있는 로봇을 원격으로 제어하는 기술을 발전시켜 향후 우주 기지 건설과 기지 유지 보수에 도움을 주는 협력형 로봇 시스템을 개발하는 것이다.

2020년에 시작된 이 프로젝트는 2023년 7월부터 본격적인 실험 단계에 돌입했다. 2024년 1월에는 국제 우주 정거장에서 지구에 있는 로봇을 제어하는 실증 실험이 진행되었다. 이 실험은 2011년 지구에

유럽 우주청 우주인 마커스 반트. 우주에서 로봇 조종 중   출처: DLR

서 우주 궤도에 있는 로봇을 원격 제어하는 데 성공한 선행 연구를 바탕으로 역방향 제어 기술을 고도화하려는 시도다. 미래에는 달이나 화성 궤도에 위치한 우주인이 표면의 로봇을 원격 제어해 건설·정찰·자원 채굴 등의 작업을 수행할 가능성이 높다. 때문에 이번 실험은 이러한 미래 시나리오에 대비한 우주 원격 제어 기술의 현실적 난제를 검증하는 전 단계다. 이러한 우주에서의 지구 제어는 우주에서 다른 천체 표면을 제어하기 위한 대비이기도 하다.

서피스 아바타 프로젝트에는 원격 제어 기술을 포함해 다양한 로봇이 협력해 임무를 수행하는 실험도 포함되어 있다. 실제 우주 환경에서는 우주 비행사의 수가 제한적이고, 통신 지연 문제도 있기 때문에 로봇의 자율성과 신뢰도가 매우 중요하다. 이를 위해 독일 항공 우주 센터는 고성능 제어 시스템과 인공지능 기술을 접목한 여러 실험을 진행한다.

▶▶ 우주를 준비하는 인간의 파트너

서피스 아바타 프로젝트의 핵심은 휴머노이드 로봇 롤링 저스틴 Rollin' Justin의 역할이다. 2008년 처음 공개된 이 로봇은 서비스 로봇 기술 연구 플랫폼이자, 우주 비행사에게 도움을 주는 협업 목적으로 개발되었다.

DLR의 휴머노이드 로봇 롤링 저스틴: 샘플 수집 및 처리   출처: DLR

롤링 저스틴은 유연하고 가벼운 팔, 네 개의 손가락, 스테레오 카메라와 동작 감지 센서, 바퀴 등을 갖추고 있어 민감한 조작과 환경 인식에 최적화된 로봇이다. 이러한 특징 덕분에 변화가 많은 환경에서도 독립적으로 작업을 수행할 수 있으며 안전성도 높아 인간과의 협업도 가능하다.

독일 항공 우주 센터는 이 로봇이 작업 중 문제가 발생했을 때 인간과 정보를 어떻게 교환할 수 있는지, 그리고 그 과정에서 인간이 문제를 해결하도록 어떻게 도울 수 있는지를 중점적으로 연구하고 있다. 이는 지구와 우주 간 통신 지연이 필연적인 우주 임무에서 매우 중요한 기능이다.

롤링 저스틴은 단순한 도구가 아니다. 자율적으로 상황을 판단하고 인간과 협력해 문제를 해결할 수 있는 가능성을 보여 준다. 미래 우주 탐사의 새로운 돌파구이다.

▶▶ 현장형 협업 로봇

인터랙트 로버interact Rover는 독일 항공 우주 센터와 유럽 우주청이 공동 개발한 차세대 탐사 로봇이다. 이름 그대로 상호 작용interact을 핵심 개념으로 정밀한 협업을 위해 설계되었다.

바퀴 기반 이동 시스템, 다관절 로봇 팔, 고해상도 카메라와 다양한 센서를 탑재하고 있으며, 통신 지연 환경에서도 안정적인 반응을 할 수 있도록 개발되어 있다. 부분 자율성과 실시간 원격 제어가 병행 가능한 구조를 갖추고 있기 때문에 향후 유인 우주 탐사 시 필수적인 작업 도우미로서의 역할이 기대된다.

▶▶ 험지 탐사를 위한 보행형 로봇

서피스 아바타 프로젝트는 최근 새로운 실험 대상으로 4족 보행 로봇인 버트burt를 투입했다. 로봇 협업 시스템의 가능성을 확장한 것이다. 기존에 사용된 로봇들은 바퀴 기반의 플랫폼이었지만 버트는 보행이 가능하다. 복잡하고 험난한 지형을 보다 유연하게 통과할 수 있다는 강점을 갖고 있다.

DLR의 사족 보행 로봇 버트   출처: DLR

독일 항공 우주 센터는 국제 우주 정거장에서 버트를 원격으로 제어하는 첫 실험을 2024년에 진행했다. 우주 비행사는 국제 우주 정거장 내에서 지구에 위치한 버트의 움직임을 실시간으로 확인했다. 그리고 롤링 저스틴과 인터랙트 로버와의 협력 작업을 위한 동작을 지시했다.

이 실험은 비록 초기 단계였지만, 버트는 주어진 명령에 따라 지형을 안정적으로 이동했다. 뿐만 아니라 다른 로봇들과의 공동 임무 수행 가능성을 실험하는 데에도 성공했다.

▶▶ 따로 또 같이 과제를 수행하는 로봇 팀워크

서피스 아바타 프로젝트의 핵심 과제 중 하나는, 로봇 여러 대가 역할을 분담해 하나의 임무를 함께 수행하도록 만드는 것이다. 이는 로봇을 원격으로 조종하는 기술 개발을 뛰어넘어 실제 우주 임무에 필요한 로봇 간 협업의 실현 가능성을 검증하는 중요한 과정이다.

최근 국제 우주 정거장에서 진행된 실험에서는 이러한 기술적 목표에 한 걸음 더 다가선 성과를 거뒀다. 유럽 우주청 소속 우주 비행사 마커스 반트Marcus Wandt가 국제 우주 정거장에서 지구에 있는 로봇 2대, 롤링 저스틴과 인터랙트 로버를 원격으로 조종했다. 실험의 목적은 두 로봇이 각각 정해진 역할을 수행하며 연계된 작업을 완수하는 것이었다.

성공적으로 끝났다고 평가받는 이 작업은 다음과 같은 순서로 이루어졌다. 먼저 롤링 저스틴이 정교한 손동작을 이용해 짧은 파이프를

로봇 팀워크: 인터랙트 로버와 롤링 저스틴   출처: DLR

안전하게 고정된 위치로 옮긴다. 이어서 인터랙트 로버가 뒤이어 투입되어, 롤링 저스틴이 고정한 파이프를 설치 지점에 정확하게 맞추고 최종적으로 고정시킨다.

　이 작업은 복잡한 작업을 두 로봇이 단계적으로 분담한 뒤 인간을 통해 유기적으로 연결해 냈다는 점에서 의미가 크다. 두 로봇은 각자의 기술적 특성을 살려 하나의 임무를 공동으로 완수했고, 이는 우주에서의 협력형 로봇 시스템이 실제로 작동할 수 있음을 보여 주는 중요한 사례로 기록되었다.

　독일 항공 우주 센터 로보틱스-메카트로닉스 연구소DLR-Institute of robotics and mchatronics 소장인 알린 알부 쉐퍼Alin Albu-Schäffer는 이렇게 말했다. "앞으로는 우주 비행사 한 명이 로봇 여러 대를 동시에 제어하고

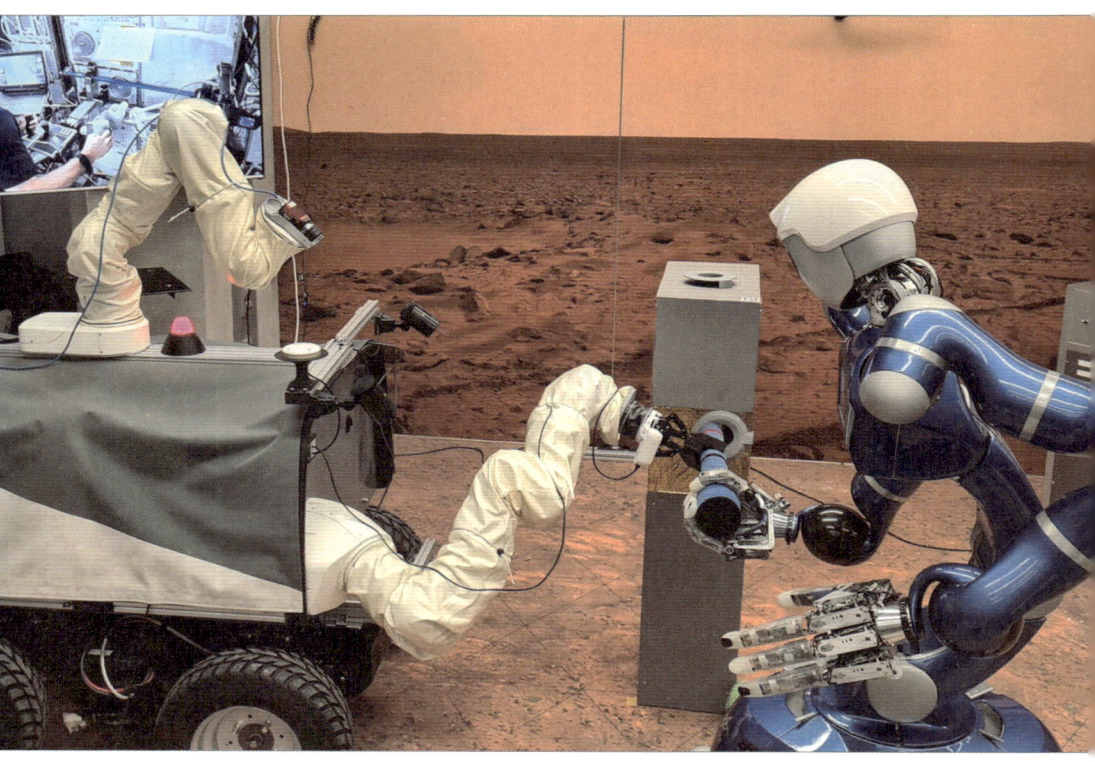

국제 우주 정거장에서의 원격 조정. 롤링 저스틴과 인터랙트 로버의 협력 작업   출처: DLR

조율하는 일이 가능해질 것이며, 최신 제어 기술과 인공지능의 조합이 이를 뒷받침할 것이다."

이처럼 서피스 아바타 프로젝트가 성공한다면, 미래에 달이나 화성에 건설될 우주 기지의 조립·유지·탐사 등 다양한 분야에서 핵심적인 역할을 하게 될 것이다.

▶▶ 로봇의 협업 능력을 만드는 기술, 순응 제어

우주처럼 예측할 수 없는 환경에서 로봇이 유연하게 대응하기 위해 필요한 기술이 바로 순응 제어compliance control다. 순응 제어는 로봇이 외부 자극에 따라 움직임을 조절하며, 충돌이나 환경 변화에 민감하게 반응할 수 있게 만든다.

롤링 저스틴은 순응 제어 기술을 통해 다양한 작업을 동시에 수행한다. 주변 장애물을 피하며 안정적으로 임무를 수행할 수 있다. 이러한 기술은 향후 우주 환경은 물론, 지상의 일상 환경에서도 인간과의 협업에 필수적인 요소로 평가된다.

순응 제어는 장애물이나 외부 힘을 감지하는 데 그치지 않는다. 로봇이 동작 경로를 상황에 따라 실시간으로 다시 설계하고, 미세한 힘의 차이를 구별해 적절히 대응할 수 있게 한다. 독일 항공 우주 센터는 이를 위해 다자유도 관절 구조·고감도 센서·적응형 알고리즘 등을 통합한 제어 시스템을 개발하고 있다.

독일 항공 우주 센터의 연구진은 이 기술이 향후 인간-로봇 협업의 자연스러움을 크게 향상시킬 것으로 전망한다. 순응 제어는 우주와 같은 극한 환경뿐 아니라, 지상에서의 다양한 서비스 로봇에도 점차 적용될 수 있는 범용적 로봇 기술이다.

서피스 아바타 프로젝트의 책임자인 닐 Y. 리Neal Y. Lii 박사는 이 실험을 두고 이렇게 말했다. "독일 항공 우주 센터의 제어 기술은 유럽우주청의 인간-로봇 상호 작용 연구소Human-robot interaction laboratory와 협력하여, 우주 비행사가 국제 우주 정거장이나 탐사선에서 지구에 있는 휴머노이드 로봇을 원격으로 제어하고 협업하는 데 실질적인 기반이 된다."

▶▶ 일상으로 들어온 우주 기술, 스마일 프로젝트

우주를 위한 기술은 이제 더 이상 우주에만 머무르지 않는다. 한때 극한 환경에서 우주 비행사의 생존과 임무 수행을 위해 개발되었던 기술들은 오늘날 다양한 방식으로 인류의 일상에 적용되고 있다. 로봇 기술은 사람이 하기 어려운 작업을 안전하게 수행하고, 장애인이나 노인 돌봄 등 복지 분야에서의 활용 가능성을 넓히며, 에너지를 효율적으로 사용하는 등 다른 기술로는 대체하기 어려운 고유한 강점을 바탕으로 일상 속에서 실질적인 가치를 만들어 내고 있다.

독일 항공 우주 센터는 우주 탐사 과정에서 축적된 기술을 기반으로 다양한 지상 응용 기술을 개발하고 있다. 재활 로봇·의료 기기·스마트 소재 등이 그 예다. 특히 고령화 사회에 대응하기 위한 돌봄 로봇과 에너지 효율화를 위한 지능형 시스템 개발은 우주 기술의 사회적 전환 가능성을 보여 주는 대표적 사례다.

서피스 아바타 프로젝트에서의 경험은 스마일Smart Interactive Lightweight Explorer, SMILE 프로젝트의 고정밀·저지연 제어 알고리즘, 예측 기반 보정 기능, 촉각 피드백 처리 기술로 구체화되며 이어지고 있다.

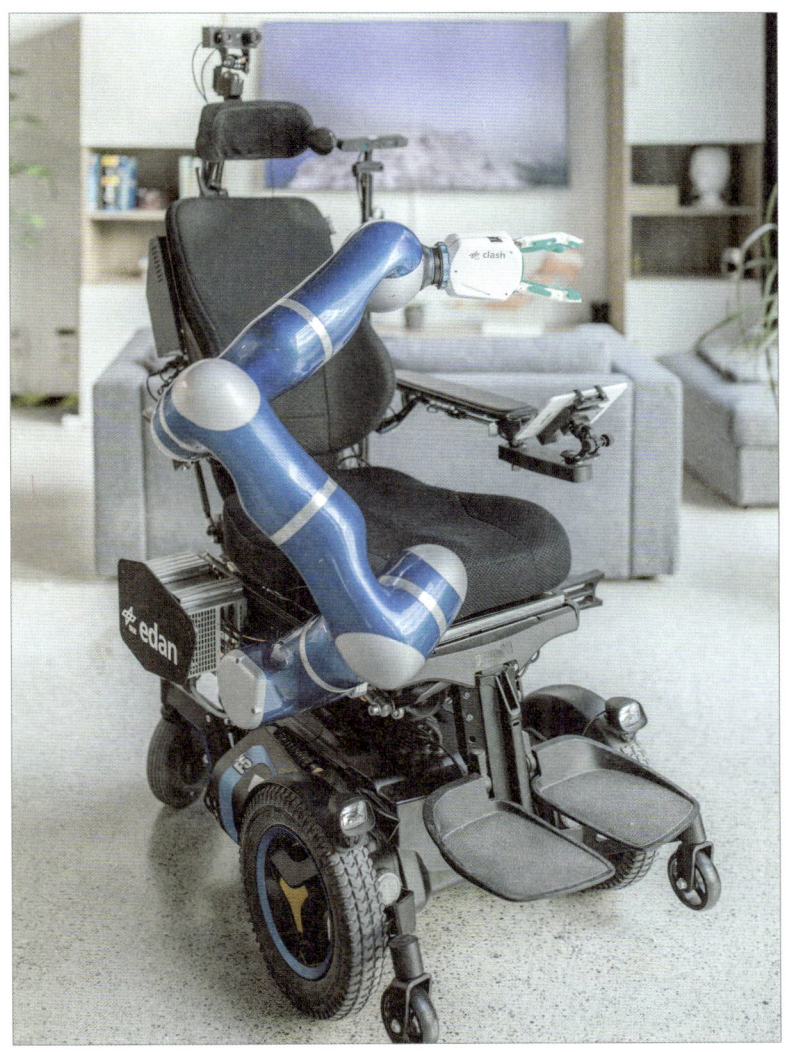

DLR 프로젝트 스마일 보조 로봇 분야의 응용. 휠체어 로봇 에단

출처: DLR

스마일은 고령자, 신체적 제약이 있는 사람, 돌봄이 필요한 사람 등을 지원하기 위한 로봇 기반의 생활 보조 시스템 개발 프로젝트다. 로봇이 원격 제어를 통해 사람에게 물품을 전달하고, 식사와 약을 복용하도록 보조하고, 휠체어 이동을 지원한다. 뿐만 아니라 감정적 상호작용까지 수행할 수 있도록 설계되어 있다. 이러한 기술들은 실제 요양 시설과 병원 등에서 테스트되고 있다. 이 테스트에는 우주 탐사에서 개발된 기술을 인간의 돌봄과 재활 분야에 적용하여 인간의 생활 수준을 향상시키려는 목표가 있다.

이 외에도 스마일 프로젝트는 다양한 로봇 기술을 개발하는 중이다. 대표적인 예로 바이에른주의 장크트 빈첸츠 요양원에 있는 휠체어 로봇 에단EDAN이 있다. 이 로봇은 우주 기술이 고령화 문제 해결에 응용된 대표 사례다.

에단은 전동 휠체어에 로봇 팔과 손이 장착된 형태다. 근전도 신호를 통해 사용자의 근육 움직임을 감지한다. 이를 통해 사용자는 음료를 따를 수 있고 문을 열고 닫는 등의 일상적인 작업도 수행할 수 있다.

현재 에단은 보조 로봇으로서 노인들의 일상생활을 지원하고, 간병인의 부담을 줄이는 데 기여하고 있다. 나아가 미래에는 로봇이 보조 기기에 국한되지 않고, 인간의 의도를 해석하고 실시간으로 반응할 수 있는 파트너로 진화할 것으로 기대된다.

순응 제어 기술이 발전할수록 로봇은 인간의 일상 속에 안정적으로 통합될 수 있다. 이 기술이 중요한 이유다. 그래서 스마일 프로젝트는 인간과 로봇의 통합을 위한 기능 개선과 사용자 데이터를 축적하는 실험 플랫폼으로 기능하고 있다.

지금 인류는 다양한 산업 프로젝트를 통해 인간과 로봇이 협력하는 환경을 만드는 공동의 목표를 가지고 있다. 우주에서 인류가 누릴 새로운 삶 역시 그 일환일 것이다. 점차 강화되고 있는 로봇과의 상호작용을 지켜보며, 인류 산업 역사에 중요한 변곡점을 통과하고 있음을 실감한다.

By **심나리**
전통과 혁신이 공존하는 뮌헨에서 산업과 정책, 시장의 흐름을 관찰한다. 장인 정신과 기술 기반이 어우러진 독일 산업을 들여다보며, 오래된 것에서 새로운 트렌드의 실마리를 찾고 있다. 연결의 힌트는 늘 현장에 있다.

작은 위성이 만든
커다란 변화

시드니

▶▶ 우주 산업의 흐름을 읽은 기술자

로마에서 태어난 플라비아 타타 나르디니Flavia Tata Nardini에게 우주는 일상이었다. 그녀는 유럽 우주국과 네덜란드 응용 과학 연구 기구 Organization for Applied Scientific Research, TNO에서 로켓과 추진 시스템을 설계하며 점차 우주 산업의 흐름을 꿰뚫는 시야를 갖게 됐다.

그러던 중, 그녀의 시선은 작고 유연한 소형 위성으로 향하게 된다. 당시 유럽에서는 아직 상업적 가치조차 인정받지 못한 영역이었다. 2014년에 그녀는 자신이 발견한 새로운 가능성을 좇아 지구 반대편 호주 아델레이드Adelaide로 향한다.

플릿 스페이스의 공동 창립자 (좌)매트 피어슨, (우)플라비아 타타 나르디니
출처: 플릿 스페이스 홈페이지

    당시 우주국조차 없었던 호주에서 그녀의 첫 프로젝트는 아이들과 함께한 런치 박스launch box였다. 3D 프린터로 소형 위성을 만들어 이를 성층권에 띄우는 교육은 곧 위성 산업의 가능성으로 이어졌다. 그녀는 이를 현실로 옮기기 위해 2015년 기업가 매트 피어슨Matt Pearson과 함께 플릿 스페이스 테크놀로지Fleet Space Technologies를 설립한다.

    그들이 본 미래는 명확했다. 광산·에너지·국방·물류 산업에 필요한 건 느리고 거대한 위성이 아니라, 수많은 IoT 센서 신호를 빠르고 유연하게 연결하는 소형 위성 네트워크였다. "그 작은 위성들로 무엇을 할 수 있겠느냐"는 회의도 있었지만 그녀는 기술로 답했다. 그리고 결국 플릿 스페이스Fleet Space는 광물을 탐사하는 기술을 제공하고 세상을 연결하는 방식을 바꾸는 기업이 되었다.

▶▶ 드릴 없는 탐사 시대의 도래, 지하 구조를 읽는 새로운 방식

플릿 스페이스가 광물 탐사 분야에서 소형 위성에 집중하는 이유는, 빠르게 변화하는 산업 수요에 기민하게 대응하고, 비용 효율적이며 유연한 데이터 수집 체계를 구축하기 위함이다. 소형 위성은 대형 위성에 비해 제작 및 발사 비용이 낮고, 발사 준비 기간도 짧아 신속한 배치가 가능하다.

또한 복잡한 지상 인프라 없이도 운용할 수 있어, 다양한 지리적 조건에서도 효과적인 데이터 수집이 가능하다. 플릿 스페이스는 여러 기의 소형 위성을 저비용으로 쏘아 올려 단일 대형 위성과 유사한 수준의 관측 및 통신 범위를 확보하고 있다. 이 방식은 일부 위성에 문제가 생기더라도 다른 위성이 그 역할을 대신할 수 있어, 전체 서비스의 안정성과 연속성을 유지할 수 있다.

반면, 대형 위성 한 기에 의존할 경우 고장 시 전체 네트워크가 마비될 수 있다. 따라서 소형 위성은 기동성·확장성·신뢰성을 갖춘 차세대 탐사 인프라로, 플릿 스페이스가 지향하는 빠르고 효율적인 광물 탐사의 핵심 기술이다.

플릿 스페이스의 스마트 지진 센서 지오디스　　　　　　출처: 플릿 스페이스 홈페이지

엑소스피어　　　　　　출처: 플릿 스페이스 홈페이지

플릿 스페이스의 기술력은 엑소스피어 바이 플릿exosphere by fleet이라는 이름 아래 구체화되었다. 이 시스템은 저궤도 위성을 통해 지표면에 설치된 스마트 지진 센서, 지오디스geodes에서 수집된 데이터를 실시간으로 전송한다. 소형 위성은 이 데이터를 지구의 클라우드 서버로 전달하고, 인공지능 모델은 이를 분석하여 지하 단층·지질 구조 등을 고해상도 3D 이미지로 만든다. 이 과정을 통해 기업은 시추 없이도 지하 구조를 정밀하게 파악할 수 있다. 뿐만 아니라 탐사 비용과 시간, 환경에 미치는 영향도 최소화할 수 있게 되었다. 이처럼 엑소스피어는 전략적 의사 결정에 혁신을 일으켰다.

세계가 플릿 스페이스를 주목하는 이유는, 세계 최초로 멀티모달multimodal 인공지능 기반의 핵심 광물 탐사 모델을 상용화했기 때문이다. 이 모델은 위성 데이터·지진 센서 정보·과거 지질 자료 등 이질적인 데이터를 통합 분석하여 유망 지역을 특정하고, 과학적 근거에 기반하여 탐사 대상과 우선순위를 정밀하게 예측한다.

플릿 스페이스는 데이터 융합과 인공지능 분석을 결합한 고도화된 기술력을 바탕으로, 리튬·니켈·코발트 등 에너지 전환 시대에 필수적인 자원을 더 빠르고 정확하게 찾아낸다. 그 결과 지속 가능한 방식으로 자원 탐사를 혁신하려는 글로벌 기업들의 신뢰받는 파트너로 자리하고 있다.

▶▶ 보이지 않던 가능성을 드러내다, 덕 크릭의 재발견

남호주에 위치한 맥쿼리 아크Macquarie Arc에는 구리와 금이 풍부하게 매장되어 있다. 이곳은 호주에서도 잠재적인 광물 자원이 많은 곳 중 하나다. 맥쿼리 아크 지역을 기반으로 한 덕 크릭duck creek 프로젝트는 선도적인 구리 탐사 기업 인플렉션 리소스Inflection Resources가 추진하던 핵심 개발 사업이었다.

하지만 덕 크릭 지대는 깊은 퇴적층에 덮여 있었기 때문에 전통적인 탐사 방식은 번번이 실패했다. 탐사의 기본이 되는 지질 정보를 제

스마트 지진 센서 지오디스 활용 사례　　　　　　　　출처: 플릿 스페이스 홈페이지

대로 파악하지 못한 채, 인플렉션 리소스의 계획은 답보 상태에 빠질 위기에 놓여 있었다.

이런 상황에서 인플렉션은 플릿 스페이스의 엑소스피어를 도입했다. 덕 크릭 일대에 플릿 스페이스의 위성과 연결된 스마트 지진 센서들을 설치했고, 수집한 데이터는 실시간으로 위성을 통해 전송했다. 엑소스피어를 통해 생성된 3D 모델은 알칼리성 구리-금 매장지 주변에서 흔히 나타나는 지질적 특징을 디지털로 시각화해 입체적으로 보여 줬다. 이는 경제적 가치가 있는 광물이 축적되는 현상인 광물화 가능성을 시사하는 중요한 단서로 평가되었다.

인플렉션은 새롭게 확보된 지질 정보를 바탕으로 시추 우선순위를 도출할 수 있었고, 이는 탐사 전략의 중요한 전환점이 됐다. 공동 탐사 파트너인 글로벌 금광 대기업 앵글로 골드 아샨티AngloGold Ashanti의 신뢰를 더욱 높이는 계기가 되었으며, 프로젝트는 본격적인 시추가 포함된 2단계로 진입하게 되었다.

▶▶ 플릿 스페이스가 다시 쓰는 가능성의 경계

플릿 스페이스는 자원 탐사 한계에 꾸준히 도전하고 있다. 2024년 4월에는 차세대 위성인 센타우리-6Centauri-6 발사에 성공했다. 센타우리-6는 다양한 첨단 기술을 탑재한 고성능 위성이다. 데이터를 더욱 빠르게 송신할 수 있는 시스템과 태양 에너지를 활용해 구동하는 기술

스페이스 엑스Space X의 밴드 웨건-1Band wagon-1 미션을 통한 플릿 스페이스 센타우리-6 발사
출처: 플릿 스페이스 홈페이지, 스페이스 엑스Space X

을 갖추고 있다. 플라비아는 "청정에너지 전환 시대에는 빠르고 지속 가능한 자원 탐사가 필수이며, 센타우리-6는 그런 미래를 실현하는 핵심 연결 고리"라고 강조했다. 이 위성은 미국 플로리다에 위치한 케네디 우주 센터Kennedy Space Center에서 발사되었으며, 지금은 지구 저궤

도에 안정적으로 안착했다.

같은 해, 플릿 스페이스는 엑소스피어에 중력 탐사 기능을 새롭게 추가했다. 이 기술은 자연 발생 소리와 진동을 이용해 지구 내부 구조를 분석하는 환경 잡음 단층 촬영Ambient Noise Tomography, ANT 기술에 암석 밀도를 분석할 수 있는 중력 데이터를 추가함으로써, 지하 구조를 더욱 입체적이고 정밀하게 파악하게 한다. 이제 고객들은 탐사 한 번으로 환경 잡음 단층 촬영과 중력 데이터를 동시에 수집할 수 있다. 인공지능의 통합 분석 결과를 통해 탐사의 정확도와 속도도 획기적으로 향상시킬 수 있다.

2025년 업그레이드에서는 두 가지 중요한 기술이 추가되었다. 첫 번째는 퇴적층 보정 중력 모델이다. 퇴적층과 그 아래에 있는 단단한 암석층의 경계에서 중력 데이터를 분석하다 보면 오류가 발생하기도 하는데, 이를 해결하기 위해 개발된 기술이다. 엑소스피어는 소리와 진동 데이터를 활용해 중력 데이터를 자동으로 보정한다. 이후 플릿 스페이스 전문가들의 점검을 거쳐 더욱 정확한 데이터를 만든다. 두 번째 기술은 3D 밀도 모형이다. 이 기술은 지하 암석의 밀도와 구조를 3D로 시각화한다. 중력 탐사로 얻은 암석 밀도 정보와 환경 잡음 단층 촬영에서 얻은 지진 속도 정보를 결합하여 지하 구조를 더욱 명확하게 나타낸다. 두 가지 정보를 결합하면 지하의 암석 종류를 더 쉽게 구별할 수 있고, 탐사의 정확도와 효율성도 크게 향상된다. 또한, 기존에 자주 발생하던 데이터 오류를 줄여 더 신뢰할 수 있는 데이터를 만들 수 있게 되었다.

▶▶ 지진 탐사 전문 기업과 융합하며 기업 가치 끌어올린 플릿 스페이스

2025년, 플릿 스페이스는 기술 통합을 가속화하기 위해 지진 탐사 전문 기업 하이시이스HiSeis를 인수했다. 하이시이스는 단단한 암석층에서 발생하는 지진 신호를 정밀하게 측정하고 분석할 수 있는 고해상도 지진 탐사 기술을 보유한 선도적인 기업이다. 이번 인수를 통해 플릿 스페이스는 지진 신호를 능동적으로 탐지하고 분석하는 기능도 추가할 수 있게 되었다.

두 회사의 기술이 결합되면서 지상에 설치된 센서가 지진 신호를 수집하고, 위성을 통해 데이터를 전송한 후 인공지능이 이를 분석하는 방식, 즉 초기 탐사부터 정밀 시추 타깃 선정까지 모든 과정이 하나의 시스템으로 통합된 멀티모달 탐사가 가능해졌다. 이 통합 기술은 지구 지질 탐사에 머물지 않는다. 미래에는 달·화성과 같은 다른 행성 탐사에도 활용될 가능성이 높다. 전 세계가 이 기업을 긍정적으로 평가하는 이유다.

플릿 스페이스의 기술 발전은 글로벌 투자 시장에서도 크게 주목받고 있다. 2024년, 플릿 스페이스는 5,000만 호주달러(약 455억 원) 규모의 시리즈 C 투자를 유치했고, 이어 같은 해 연말에는 총 1억 5,000만 호주달러(약 1,365억 원)의 추가 투자를 확보했다. 이를 통해 기업 가치를 8억 호주달러(약 7,280억 원) 이상으로 끌어올렸다.

현재 플릿 스페이스는 130명 이상의 글로벌 인력을 바탕으로 미국·

호주 스마트 광물 탐사 기업 플릿 스페이스 출처: 플릿 스페이스 홈페이지, 스페이스엑스

캐나다·칠레·룩셈부르크 등 5개 대륙에 걸쳐 글로벌 거점을 운영하고 있다. 또한 40개 이상의 탐사 기업들과 협력하고 있다.

▶ 우주에서 연결하는 지구의 가장 깊은 곳

플릿 스페이스의 비전은 단순한 구호에 그치지 않는다. "우주에서 지구의 가장 깊은 곳을 연결한다."

이들의 선언은 이제 구체적인 기술적 진보와 현장 중심의 성과로 이어지고 있다. 그 시작은 남호주의 외딴 구리 광산 지역에서 이루어진 초기 실증 사례였다. 플릿 스페이스의 초소형 위성과 스마트 센서를 활용한 실시간 지하 탐사 기술은, 기존 방식과는 전혀 다른 탐사의 패러다임을 제시했다.

기존의 광물 탐사는 대형 기계와 드릴을 이용해 지층을 뚫는다. 이 뚫린 구멍을 통해 지하 샘플을 채취한다. 이 방식에는 시간과 비용이 크게 소요된다. 뿐만 아니라 불필요하게 지형을 훼손하고 탄소 배출량도 지나치게 높다. 특히 수개월에 걸친 반복적인 시추 작업, 샘플 분석, 제한된 지역에서의 데이터 수집은 탐사의 효율성을 크게 떨어뜨리는 주요 요인으로 작용한다.

플릿 스페이스는 이 한계를 완전히 바꾸어 놓았다. 탐사 현장에 스마트 센서를 설치해 지하 수백 미터 아래의 정보를 탐지하고, 이 센서들이 수집한 물리적 지질 데이터를 초소형 위성을 통해 실시간으로 전송함으로써, 지형적 특성을 시각적으로 즉시 확인할 수 있게 만든 것이다.

소형 위성 시스템이 광물 탐사에서 혁신적인 이유는 시간과 장소에 구애받지 않고 효율적인 데이터 전송과 실시간 분석을 가능하게 하기 때문이다. 기존의 지상 네트워크 방식은 외딴 지역에서 통신이 불안정하거나 연결이 끊기기 쉬운 단점이 있었다. 반면 위성 통신은 이러한 한계를 극복한다. 위성은 지구 어디에서든 고해상도 데이터를 실시간으로 전송하는 데도 불구하고 안정적이다. 그래서 탐사 지점의 상태를 즉시 파악하고 분석할 수 있도록 한다. 이로 인해 탐사 작업이 더 빠르고 정확하게 이뤄진다. 탐사 속도가 향상되는 것이다.

실제로 수개월이 소요되던 초기 탐사 작업이 플릿 스페이스의 기술을 통해 단 몇 주 이내에 완료될 수 있었다. 시추 횟수가 획기적으로 줄어들면서 탐사 비용은 80%까지 절감되었고, 탄소 배출량도 크게 줄어들었다. 무엇보다도, 위성이 실시간으로 전송하는 데이터는 탐사 속도를 높이며 현장의 위험 요소를 감지하고 대응할 수 있게 했다. 작업자의 안전까지 향상시킨 것이다.

▶ 기술과 지속 가능성의 융합

플릿 스페이스의 기술에는 다양한 효과가 있다. 작업자의 위험 노출 감소·장비 수명 연장·현장 대응 속도 향상은 물론이고, 환경을 고려한 탐사 방식도 구현이 가능하다. 보호·절감·지속 가능이라는 근본적 변화를 일으킨 것이다. 그들의 존재는 빠른 발전이 아니라 '더 나은 방식'으로의 전환이라는 의미를 갖는다. 호주를 넘어 전 세계 각지의 광산 현장과 실시간으로 연결된 이 기술은 전 지구적 과제에 대한 실질적인 해법이 될 것이다.

그들의 기술은 지금 이 순간에도 지구의 바깥으로 확장되고 있다. 달과 화성 등 행성 탐사를 위한 응용 가능성도 높게 평가받고 있으며, 차세대 우주 탐사 플랫폼으로의 진화를 예고하고 있다. 인공지능과 우주 기술의 융합은 전통적인 광물 탐사의 방식에 혁신을 더하며, 산업의 새로운 패러다임을 만들어 가고 있다.

코트라는 기술의 진보가 필요와 편의를 넘어서 더 나은 미래를 구현할 수 있을 때 가치가 있다고 바라보고 있다. 기술과 지속 가능성의 융합이 만든 이 변화는, 지금 우리가 어디에 있고 어디로 가야 하는지를 분명하게 보여 주고 있다.

By 전희정

익숙해질 듯 낯선 땅에서 여전히 새로운 날들을 맞이한다. 빠르게 변화하는 트렌드를 다루는 작업 속에서도 느리고 정적인 것을 좋아한다. 세월이 흐른 탓일까, 일상의 소소한 순간에 감사하며 작고 평범한 것들을 소중히 여기게 되었다.

야생어 번역기가 확인시켜 준 공존 가능성

취리히

▶▶ **스위스에 돌아온 늑대**

어린 시절 한 번쯤 읽어 봤을 동화 《늑대와 일곱 마리 아기 염소》에서는 엄마 염소가 집을 비운 사이 변장한 늑대가 문을 열고 들어와 아기 염소들을 잡아먹는다. 이 오래된 이야기는 현실에서도 일어나고 있다. 이야기의 무대가 동화에서 스위스 알프스로 옮겨졌고, 아기 염소 대신 목축 농가의 가축들이 주인공이 되었다.

스위스에서 늑대는 19세기 말 모습을 감췄다. 너무 오래 자취를 감춘 탓에, 1986년 제정된 수렵법에서도 그 존재는 언급되지 않았다. 법률에서조차 실리지 않은 이름, 늑대는 그렇게 잊힌 동물이 되었다. 그런데 지금 늑대들이 돌아왔다. 수십 년에 걸친 유럽의 야생 동물 보호 정책 속에서, 늑대는 숲의 바람처럼 돌아온 것이다. 그리고 2024년의 스위스 알프스에는 약 320마리의 늑대가 39개의 무리를 이루며 살아가고 있다.

자연은 회복되었지만 모두가 기뻐할 수는 없었다. 늑대 울음소리가 들리는 밤이면 어떤 농가는 양 수십 마리를 하룻밤 사이에 잃었다.

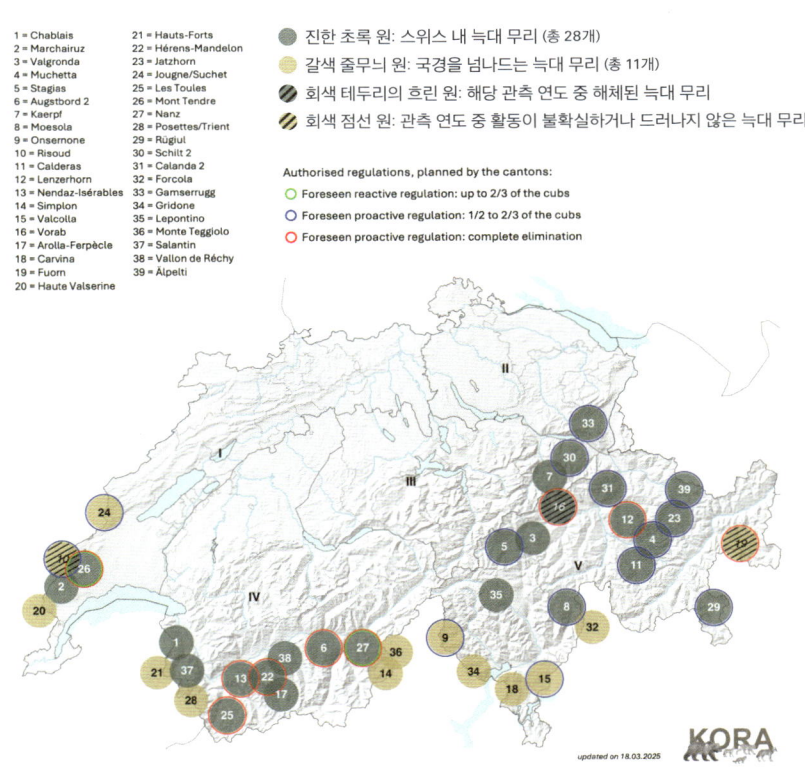

스위스와 리히텐슈타인의 늑대 무리 모니터링 현황   출처: 스위스 포식 동물 연구소, KORA 홈페이지

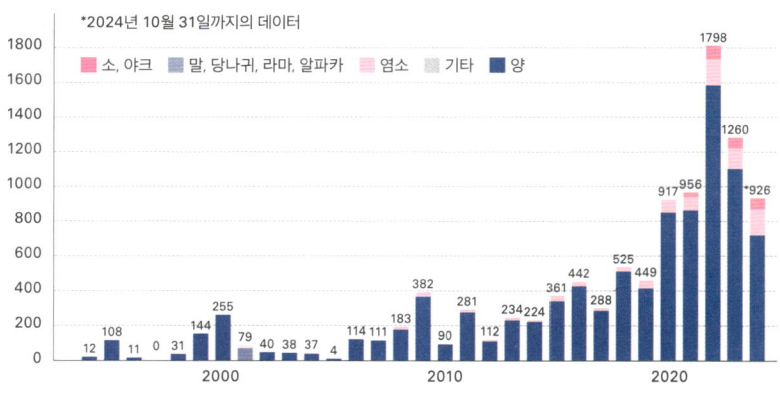

스위스와 리히텐슈타인에서 늑대로 인한 가축 피해를 보상한 건수

출처: 스위스 포식 동물 연구소, KORA 홈페이지

산에서 마을 가장자리까지 내려온 늑대에 대한 뉴스가 사람들에게 전해졌고, 불안은 산을 넘어 도시까지 번졌다. 이런 상황에서 사람들은 되묻기 시작했다. "우리는 어떻게 해야 하는가?"

사람들 사이에 이 질문이 무겁게 자리하기 몇 년 전인 2020년 9월, 스위스는 국가 차원에서 국민과 함께 "늑대를 예방적으로 제거할 수 있도록 수렵법을 개정할 것인가?"에 대한 논의를 했다. 투표 결과는 팽팽했다. 국민의 51.9%가 반대표를 던졌다. 도시 거주자와 여성 유권자들은 '종 보호'를, 농촌 지역과 남성 유권자들은 '가축 보호'를 더 많이 지지한 것으로 스위스 공영 방송사SRF와 여론 조사들이 전했다. 녹색당과 세계 자연 기금World Wide Fund for Nature, WWF은 종 "보존의 승리"라 말했지만, 농민 단체는 "현실을 외면한 결정"이라며 반발했다.

이 투표는 '사냥을 허용할 것인가'를 묻기 위함이 아니었다. 스위스 사회 전체가 야생 동물과 어떻게 살아갈 것인가를 묻고 함께 고민한 순간이었다. 인간과 자연이 어떻게 공존할 것인가를 치열하게 고민한 여운은 지금도 이어지고 있다.

비록 법 개정은 부결되었지만 연방 의회는 한걸음 나아갔다. 2025년부터 조건부 늑대 예방적 제거가 허용됐다. 다만, 늑대가 인간을 두려워하지 않거나 반복적인 가축 피해가 우려되는 경우로 제한된다.

스위스 사회의 한 편에서는 정말 그것만이 답인지 고민했다. 늑대가 다가오기 전에 그 존재를 감지하고, 사람과 동물 모두를 지킬 방법은 없을지. 죽이지 않고 공존하는 길은 존재할지. 이 고민과 질문에 기술로 응답한 기업이 있다.

▶▶ 자연과 공존 방법을 고민한 기술

"야생은 항상 인간에게 무언가를 말하고 있다."

시네이처Synature 공동 창업자 올리비에 슈텔리Olivier Stähli가 자주 하는 말이다. 그가 이야기하는 야생의 언어는 늑대의 울음소리, 곤충의 날갯짓과 같이 숲을 이루는 모든 움직임이자 자연의 언어다. 시네이처가 개발한 스마트 마이크는 자연에서 발생한 소리를 데이터로 변환한다. 그리고 인간이 이해할 수 있는 방식으로 기록한다.

시네이처를 설립한 올리비에 슈텔리와 노아 슈미트Noah Schmid는 로

시네이처의 스마트 마이크가 숲속에 설치된 모습　　　　　　　출처: 시네이처 홈페이지

잔 연방 공과 대학교École polytechnique fédérale de Lausanne, EPFL와 취리히 연방 공과 대학교Eidgenössische Technische Hochschule Zürich, ETH Zurich에서 공학과 컴퓨터 과학을 공부했다.

　　두 사람은 2024년에 로잔 연방 공과 대학교에서의 연구 성과를 바탕으로 스타트업 시네이처를 설립했다. 이 기업은 로잔 연방 공과 대학교의 스핀 오프 스타트업이다. 공동 창업자가 된 스위스의 젊은 두 개발자는 인공지능 기반의 스마트 마이크를 개발했다. 야생 동물의 소리를 자동으로 감지·분석하고, 필요한 경우 경고 신호까지 보내는 시스템을 구축했다. 이 장치는 야생의 소리에 귀를 기울이는 듣는 수단일 뿐 아니라, 야생의 소리에 담긴 의미를 파악하고 존재를 감지하는 데 목적이 있다. 공존을 위한 혁신적인 자연어 해석기다.

▶▶ 현장 감각과 지속 가능성
　　사이에서 찾는 균형

　　스위스 일부 주에서 조건부로 허용된 늑대 무리 전체 수렵 또는 살처분은, 인간을 위한 빠른 대응이라는 긍정적인 효과가 있다. 그러나 생태계 균형을 파괴한다는 비판과 윤리적 논란을 피하기는 어렵다. 늑대에게 직접적으로 피해를 겪는 농가들 사이에서도 대량 살처분보다는 정밀한 대응을 지지하는 목소리가 있다. 양을 키우는 농부이자 스위스에서 늑대 보호 및 관리를 위해 활동하는 비영리 단체 울프 스위스 그룹Gruppe Wolf Schweiz의 전무 이사는, 늑대 개체를 선별적으로 사냥하는 방식에는 찬성하지만, 무리 전체를 제거하는 접근에는 반대한다. 생태계의 균형과 윤리적 기준을 함께 고려한 그의 입장은, 단순한 보존 논리가 아닌 현장의 감각과 지속 가능성 사이의 균형을 보여 준다.

　　사냥과 보호라는 이분법적 틀에서 벗어나려는 관점은 야생 동물과 공존할 수 있는 기술적 대안 모색으로 연결되고 있다. 그동안 스위스에는 다양한 동물 감지 수단이 도입되었지만 매번 뚜렷한 한계가 있었다. 카메라 트랩은 시야가 제한되고, GPS 추적기는 높은 비용과 동물에게 가하는 스트레스가 문제였으며, 울타리와 경비견 같은 물리적 수단은 지형과 인프라에서 제약을 받았다. 무엇보다 이 방식들은 실시간 광역 대응에 있어 지속 가능한 해결책이 되기에는 한계가 있었다.

　　이를 극복하기 위한 대안으로 청각 기반 기술이 주목받게 되었다. 초기에는 고주파 센서와 음파 감지기가 실험적으로 시도되었지만, 분석 정확도와 환경 적용성 측면에서 상용화에 이르지는 못했다. 청각적 접근은 시야나 고정 지점에 구애받지 않는다는 분명한 장점을 지녔지만, 기술적 정교함이 뒷받침되지 않는 한 실질적 대안이 되기에는 어려웠다.

시네이처는 이러한 기술적 장벽을 넘어, 인공지능과 스마트 마이크를 결합해 실시간으로 야생을 이해하고 인간과의 공존을 모색하는 새로운 길을 열고 있다.

▶▶ 자연의 소리를 인공지능으로 해석하는 기술

시네이처의 스마트 마이크는 생태계에 직접 개입하지 않는다. 단지 소리라는 비접촉적 수단을 통해 실시간 모니터링을 가능하게 한다. 이 장치의 핵심은 시간에 구애받지 않고 생태계의 변화를 24시간 끊임없이 감지하는 것이다. 매시간, 매일 축적되는 울음소리와 움직임 패턴은 종의 출현·계절 이동·군집 변화 등 더 큰 생태적 흐름을 밝혀낸다.

스마트 마이크를 통해 수집된 오디오 데이터는 먼저 인공지능에 의해 스펙트로그램spectrogram이라는 시각 정보로 변환된다. 이는 시간에 따라 변화하는 소리의 주파수와 세기를 시각적으로 표현한 것으로, 소리를 그림처럼 그린 것이다.

이후 인공지능 스펙트로그램을 딥 러닝 기반의 합성 신경망neural

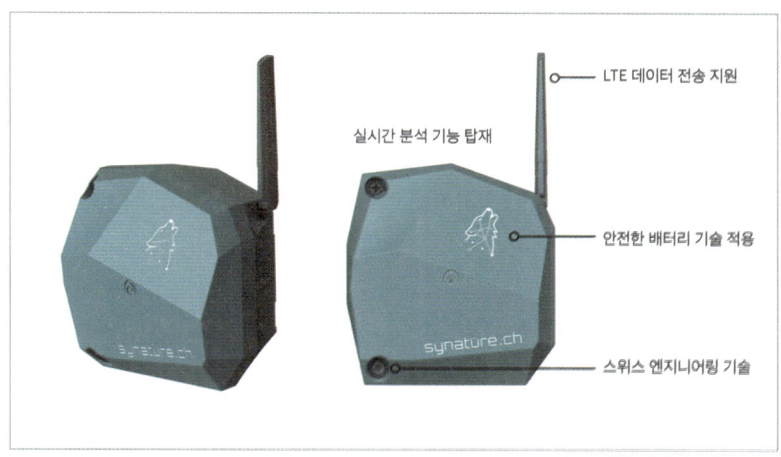

시네이처의 스마트 마이크 기기 상세 설명   출처: 시네이처 공식 링크드인Linkedin 페이지

network으로 분석해 소리의 출처를 식별한다. 즉, 인공지능이 소리를 그림처럼 보고 해석하는 구조다. 다중 동시 소리, 소리 간 유사도, 음향의 맥락 변화를 더 정교하게 인식할 수 있다. 덕분에 항공기 소음·비바람 소리·곤충 울음소리처럼 예측 불가능한 자연 소음 속에서도 높은 정확도와 현장 적응력을 유지할 수 있다.

기술적 차별성은 인공지능의 학습 방식에서도 분명하게 드러난다. 기존 인공지능 감지기는 대부분 특정 동물·알람 소리·총성 등 인간이 입력 후 지정한 소리를 탐지하는 방식으로 설계돼 있다. 주로 유튜브나 공개된 음향 데이터처럼 인위적인 환경에서 수집된 소리로 학습된다. 반면 스마트 마이크는 실제 숲에서 직접 채집한 수천 시간 분량의 라벨링된 생태계 소리를 기반으로 훈련되었다. 이는 인공지능이 단순

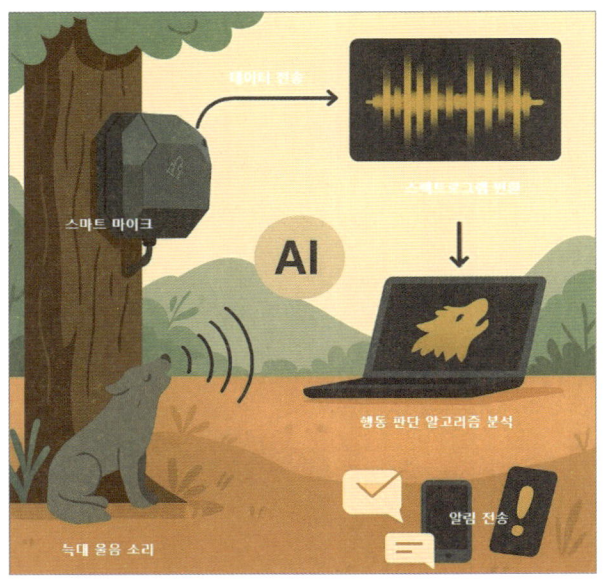

늑대 울음 감지부터 경고 전송까지의 기술 흐름도
출처: 취리히 무역관 제공

히 무엇인지를 분류하는 작업이 아니라, 왜 그런 소리가 났는지를 해석한다. 늑대가 어떤 맥락에서 울고, 어떻게 패턴을 바꾸는지를 파악한다. 야생의 흐름을 이해하는 방식으로 설계된 것이 특징이다.

이 장치는 일정 거리 내에서 늑대의 울음소리를 구분해 낼 수 있으며, 성체와 어린 개체의 울음소리도 판별할 수 있을 만큼 세밀한 분석 능력을 갖췄다.

이렇게 학습된 인공지능은 늑대의 울음소리를 비롯해 다양한 야생동물의 소리를 맥락적으로 구분할 수 있다. 이를 통해 울음의 반복성과 분포 양상, 소리 간의 간격과 방향 등의 정보를 해석하며, 야생 동물

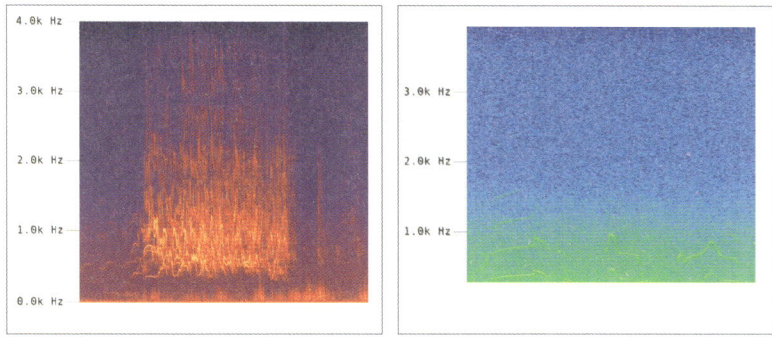

시네이처의 스마트 마이크로 녹음된 야생 동물의 소리 주파수
출처: 시네이처 공식 링크드인 페이지

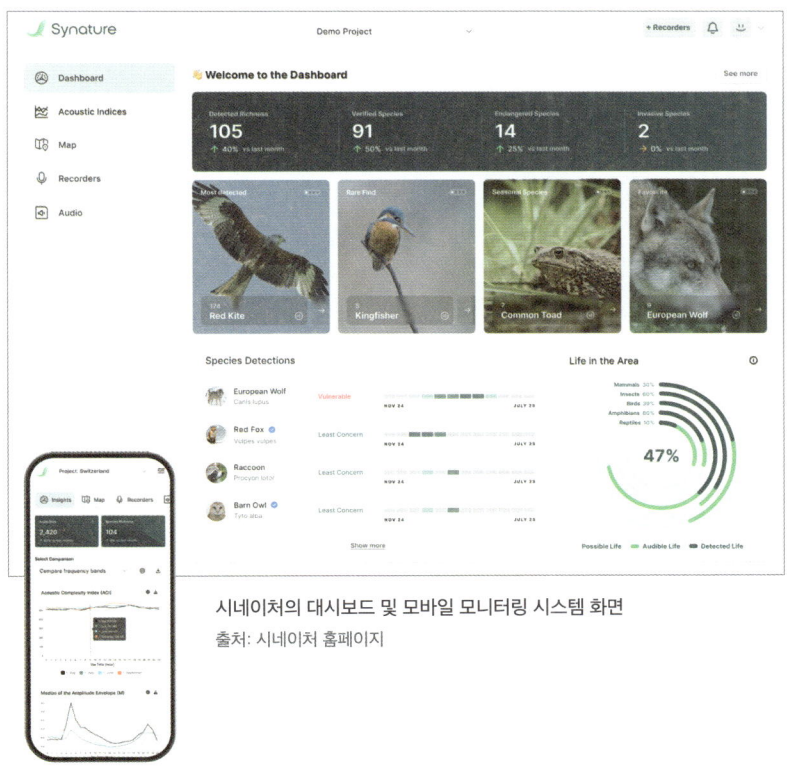

시네이처의 대시보드 및 모바일 모니터링 시스템 화면
출처: 시네이처 홈페이지

의 활동 경향이나 서식지 내에서의 움직임에 대한 단서를 제공한다. 이러한 분석은 인간과 야생 동물의 중장기적 공존 방안을 모색하는 데 기초 자료가 될 수 있으며, 즉각적 대응보다는 생태계 관리를 위한 계획 수립에 활용된다.

이 모든 분석이 일정 기준치를 넘어서면, 스마트 마이크는 문자·이메일·대시보드, 시네이쳐 모니터링 애플리케이션synapp 등 다양한 방식으로 마을·농가·보호 기관에 경고 신호를 실시간 전송한다. 이 경고는 단순한 발견이 아니라, 지금 대응이 필요하다는 인공지능의 판단 결과다. 시네이쳐의 스마트 마이크는 스스로 인식하고, 분석하며, 판단하고 이후 전달까지 완결하는 현장형 인공지능 생태 단말기인 셈이다.

▶▶ 다양한 국제적 환경 실험을 통한 검증

시네이쳐의 인공지능 기반 생태계 모니터링 기술은 스위스를 비롯한 여러 나라에서 다양한 생물 종을 대상으로 파일럿 테스트를 거쳤다. 그리고 인간과 야생의 공존 가능성, 실효성을 입증했다.

스위스 클라루스주에서는 늑대를 대상으로 해당 기술을 활용해 늑대의 울음소리를 정확히 식별하고, 늑대의 존재 여부와 활동 반경을 파악하는 능력을 실험했다. 남미 에콰도르에서는 조류를 중심으로 열대 지역의 다양한 생태 음향 데이터를 수집하여 알고리즘의 민감도와 적용 가능성을 검증했다. 이어서 남아프리카 지역에서는 코끼리를 대

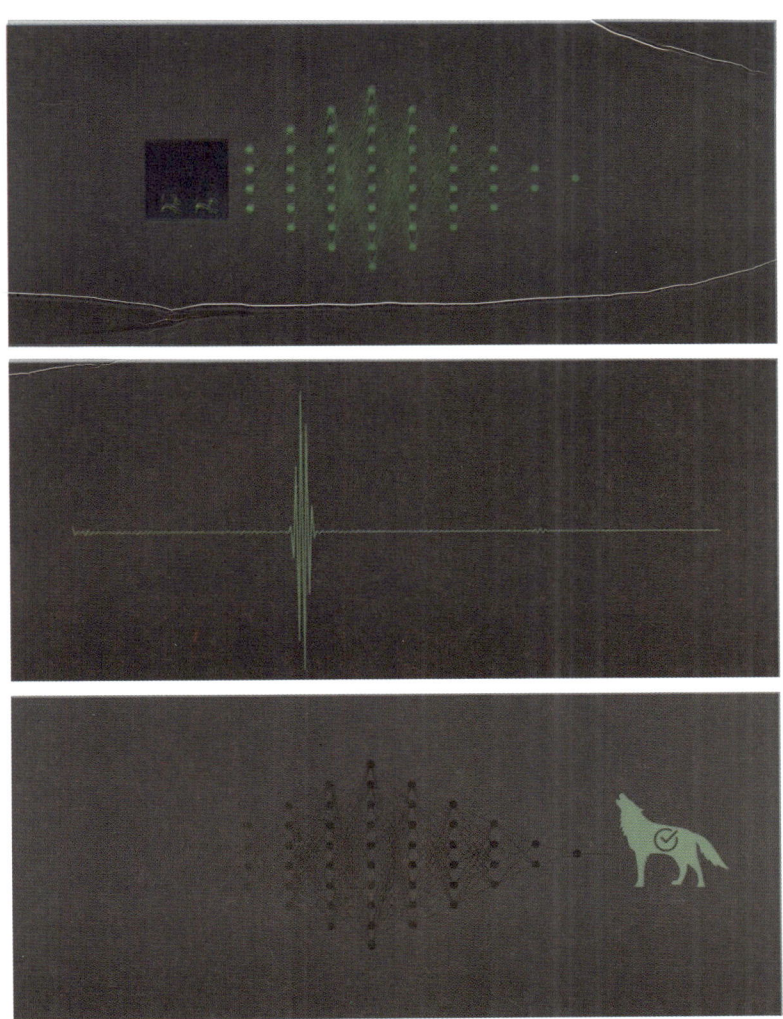

시네이처의 스마트 마이크로 녹음된 소리 데이터를 스펙트로그램으로 변환한 뒤, 최첨단 합성 신경망을 활용한 이진 분류 과정을 통해 동물 개체를 식별하는 장면
출처: 시네이처 공식 링크드인 페이지

남미 에콰도르에서 생물 다양성 분석을 위해 스마트 마이크를 다양한 토지 이용 유형에 설치했다. 스마트 마이크의 위치를 항공 사진으로 시각화한 대시보드 화면   출처: 시네이처 공식 링크드인 페이지

남미 에콰도르에 설치된 스마트 마이크에서 수집된 음향 데이터를 활용해 조류의 움직임을 실시간으로 시각화한 대시보드 화면   출처: 시네이처 공식 링크드인 페이지

상으로 연구가 진행되었으며, 다양한 기후와 지형, 생물 다양성을 갖춘 환경에서 기술의 적용 가능성을 넓히기 위한 연구가 활발히 이어지고 있다.

다양성을 염두에 두고 여러 국가, 대륙, 그리고 서식지 유형에 걸친 국제적 현장 실험이 계속되고 있다. 이는 시네이처의 기술이 높은 신뢰성과 유연성을 갖춘 생태계 모니터링 솔루션으로 기능할 수 있음을 보여 준다.

시네이처는 스위스 여러 통신사와 기술적 파트너십을 통해 보다 안정적인 데이터 전송과 실시간 분석 인프라를 구축하고 있다. 시네이처의 기술은 ESG 보고 및 생물 다양성 회복과 관련된 국제 프레임워크에서도 활용 가능성을 지닌 솔루션으로 주목받고 있으며, 실제 정책 적용에 대한 논의도 이어지고 있다.

생물 다양성이 빠르게 감소하는 오늘날, 자연을 보다 정량적으로 측정하고 수치화할 필요성은 점점 더 커지고 있다. 이는 시네이처가 기술 개발을 통해 추구하는 방향이기도 하다. 시네이처의 마이크는 1만 종 이상의 소리 내는 생물종을 자동으로 감지할 수 있으며, 이는 재생 농업·재생 에너지·보존 지역 등 인간과 자연이 맞닿는 다양한 공간에서 유용하게 활용될 수 있다. 궁극적으로 시네이처의 목표는 동물의 커뮤니케이션을 보다 이해하기 쉽게 만드는 것이다.

▶▶ 한국의 상황과 기술 실현

한국 역시 산림과 생태계 보호 활동에 힘입어 멧돼지·고라니·산양 등 야생 동물이 늘어나면서 농가 피해도 증가하고 있다. 특히 산림과 인접한 마을에서는 작물 훼손, 농업 기반 파괴, 인간-동물 간 충돌, 인명 피해 등이 발생했으며, 전국적으로 연간 수백억 원 규모의 경제적 손실이 보고된다. 멸종 위기종인 반달가슴곰이 민가에 출몰했고, 복원 사업을 통해 야생에 방사된 산양이 도로에 내려오는 사례도 늘고 있다.

현재 한국의 대응은 수렵 허가 외에 전기 울타리·포획 틀·야간 조명·드론 감시 등 물리적·수동적 방어책에 머물러 있다. 하지만 이러한 방식은 비용 부담이 크고, 지형의 제약을 많이 받으며, 실시간 대응에는 한계를 지닌다. 또한 생태계 보전의 관점에서도 지속 가능한 해결책이 되기 어렵다.

시네이처가 개발한 스마트 마이크 시스템은 한국에도 중요한 대안을 제시할 수 있다. 인공지능 기반의 음향 감지 기술은 특정 지역에서 발생하는 동물의 소리를 실시간으로 분석하고, 이상 징후와 위험 징후가 감지되면 농가·지방 자치 단체·보호 기관 등에 경고 신호를 보낼 수 있다. 이는 피해 발생 이후가 아닌, 그 이전에 대응할 수 있도록 하는 예방형 시스템이며, 비접촉적이고 자율 운영이 가능한 점에서 한국의 산림에도 적합하다.

특히 야간·악천후·안개 등 시각 기반 장비가 제대로 작동하기 어려운 환경에서도 청각 기반 탐지는 안정적으로 작동할 수 있다. 이 기술은 소리를 통해 이해하고 반응하는 방식으로 관계를 맺을 수 있다는 새로운 감각을 보여 준다. 이는 기술이 환경 문제를 다루는 방식, 그리고 자연에 접근하는 감각 자체를 새롭게 설계하는 시도라 할 수 있다.

물론 이 기술이 모든 문제의 해답은 아닐 것이다. 스마트 마이크는 우리가 자연과 어떤 방식으로 관계 맺을 수 있는지, 그리고 기술이 생태계와 어떻게 연결될 수 있는지를 다시 묻게 한다. 핵심은 특정 기술의 도입 여부가 아니라, 그 기술이 품고 있는 가치와 그에 접근하는 우리의 태도에 있다.

기후 위기 시대, 인간은 자연을 함께 살아가는 존재로 바라보아야 한다. 그리고 그 공존은, 지금 이 순간 숲에서 들려오는 아주 작은 울음을 이해하려는 노력에서 시작될 수 있다. 그 울음에 응답하는 기술과 감각이 우리 사회 안에서 조용히 뿌리내리기를 기대한다.

By **서현진**
밥을 짓다 글을 짓게 된 사람. 공공 기관에서 전시와 축제를 기획하다 콩나물도 안 파는 나라로 건너왔다. 작고 느린 것들을 오래 들여다보는 걸 좋아한다.

자연을 닮은 로봇 벌

프랑크푸르트

▶▶ 전 지구의 문제, 꿀벌 실종

넷플릭스 시리즈 〈블랙 미러〉는 꿀벌이 사라진 미래를 배경으로, 드론 벌이 생태계를 대신하는 세계를 그린다. 이는 허구의 세계에서만 가능한 설정이 아니다. 현실 세계에서도 생태계의 작은 수호자인 꿀벌이 사라지고 있다. 기후 위기·농약 사용·서식지 파괴 등 다양한 원인이 복합적으로 엉켜 꿀벌 전체의 개체 수가 전 세계적으로 급감하고 있다. 꿀벌 실종 현상은 생물 다양성 감소 문제에서 더 심화되어 생태계 전반에 심각한 영향을 미치는 조용한 재앙으로 이어지고 있다. 꿀벌 감소가 인류의 식량 안보와도 밀접하게 연결되어 있기 때문이다.

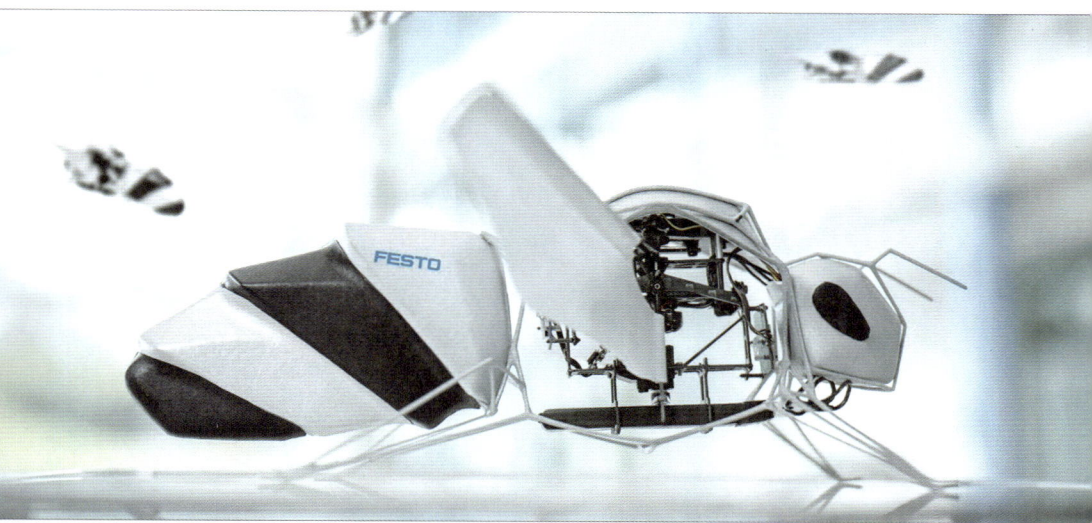

바이오닉비의 디자인　　　　　　　　　　　　　출처: 페스토 홈페이지

　유엔 식량 농업 기구에 따르면, 전 세계 식량의 90%를 차지하는 작물 100종 중 70종 이상이 꿀벌의 화분 매개 활동에 의존한다. 한국은 물론 독일을 비롯한 세계 각지에서도 벌의 집단 폐사 현상이 반복적으로 보고되고 있다. 이 전 세계적인 위기는 해마다 그 범위와 강도를 더해 간다.

　꿀벌 실종 문제 해결을 위해 기술적 대안을 모색하는 움직임도 활발히 전개되고 있다. 그중 하나가 독일의 자동화 기술 기업 페스토Festo의 바이오닉비BionicBee다. 페스토는 생물 모방 기술을 기반으로 한 인공 생명체로 바이오닉비를 공개하며 전 세계의 주목을 받았다.

　로봇 벌이라고 불리는 이 비행체는 기술이 생태계 기능을 어떻게 보완할 수 있는지 보여 주는 상징적 사례다. 이 로봇 벌은 생물학적 기능을 모사한 자율 비행과 군집 비행 기술을 갖췄다. 아직 화분 매개 기능까지 수행하지는 못하지만, 향후 화분 매개체로 활용될 수 있는 가능성을 보여 주고 있다. 그렇기에 로봇 벌은 꿀벌 실종이 초래할 생태계 공백 문제를 보완할 새로운 방법으로 전 세계의 주목을 받고 있다.

▶▶ 정밀하고 민첩한 날갯짓, 바이오닉비의 비행 기술

바이오닉비는 페스토가 2024년 공개한 초소형 비행 로봇이다. 이 로봇은 벌의 비행 원리를 기술적으로 해석하고 구현에 성공했다. 생물 모방 기술의 최신 사례로 손꼽힌다. 무게는 약 34g, 길이는 220mm, 날개 폭은 240mm인 바이오닉비는 초경량 구조 덕분에 민첩하고 정교한 비행이 가능하다.

바이오닉비는 제너레이티브 디자인generative design을 통해 탄생했다. 제너레이티브 디자인이란 인공지능 기반 디자인 설계 방식이다. 설계 조건을 컴퓨터에 입력하면 인공지능이 다양한 구조를 자동으로 생성해, 가장 효율적인 결과를 찾아 준다.

개발자가 최소한의 매개 변수를 입력하면, 소프트웨어는 최적의 구조를 설계하고 재료 배분 작업까지를 자동으로 마친다. 이 과정을 통해 바이오닉비는 안정성과 경량화를 한꺼번에 구현할 수 있었다. 바

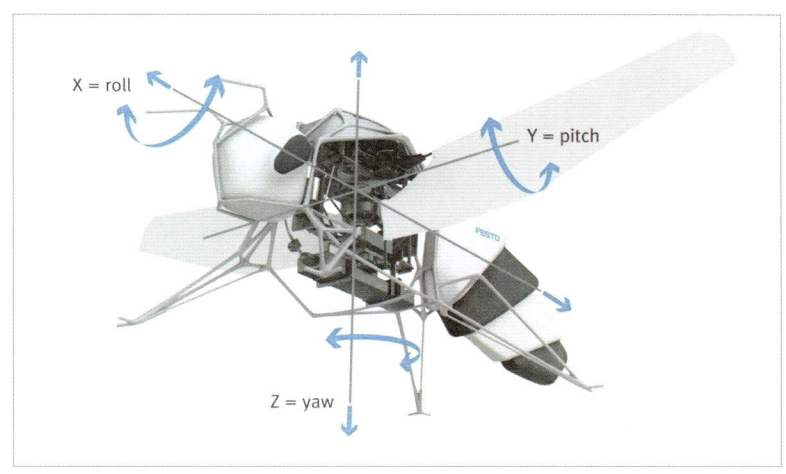

바이오닉비의 구조. 바이오닉비는 X축을 중심으로 좌측 또는 우측으로 이동을 하며roll, Y축을 중심으로 전진 또는 후진을 할 수 있고pitch, Z축을 중심으로 회전을 할 수 있다yaw
출처: 페스토 홈페이지

이오닉비 몸통 내부에는 브러쉬리스 모터brushless-motor·서보모터·배터리·기어·전자 제어 시스템이 고밀도로 모여 있다. 이 시스템에 연결된 날개는 초당 15~20회 주기로 빠르게 움직인다. 활동 각도도 180도에 달한다.

낯선 비행체이기 때문에 비행 수행 능력이 정교하지 못할 것이라는 오해도 있지만, 실제로는 그렇지 않다. 바이오닉비는 위아래로 날개를 움직이는 수준을 넘어서 정밀하고 입체적인 비행을 할 수 있다. 서보모터가 날개 뿌리 부분의 각도를 미세하게 조정하는 방식을 통해 양력을 정밀하게 조절할 수 있다. 이를 통해 전진·후진·좌우 회전·상하 이동 같은 복잡한 비행도 가능하다. 이처럼 바이오닉비는 자연의 날갯짓을 그대로 구현하고 인공 시스템의 정밀함을 더한 새로운 비행체라고 볼 수 있다.

▶▶ 로봇 벌의 집단 지능이 반영된 자율 비행과 군집 제어 시스템

바이오닉비의 두드러지는 특징은 여러 대가 함께 움직이는 군집 비행swarm flight 기능이다. 당신이 만약 영화 〈스파이더맨: 파 프롬 홈〉을 보았다면, 스타크의 드론이 무리를 이뤄 동시에 비행하며 입력 값에 맞춰 대형을 형성하는 모습을 보았을 것이다. 바이오닉비가 구현하는 기술이 바로 이와 같다. 이 기술은 드론 여러 대가 동시에 날아다니는 수준을 넘어, 서로 충돌하지 않고 자율적으로 움직인다. 마치 무리를 지어 날아다니는 진짜 생명체처럼 협력한다. 실제로 벌이나 새처럼 무리를 이루어 움직이는 생물학적 군집 행동을 본떠 개발된 기술이다.

이러한 군집 비행의 핵심은 초광대역Ultra-Wide Band, UWB 기술을 이용한 실내 위치 측정 시스템이다. 실험 공간에는 초광대역 앵커가 8개 설치되어 있다. 이 앵커들이 로봇 벌에 신호를 보낸다. 각 바이오닉비는 그 신호가 도달하는 데 걸리는 시간을 분석해, 자기 위치를 실시간으로 계산한다. 이 덕분에 위성 위치 정보GPS 신호가 닿지 않는 실내 공간에서도 센티미터 단위의 정밀한 위치 제어가 가능하다.

흥미로운 점은, 바이오닉비 각각이 스스로 위치를 파악하고 중앙

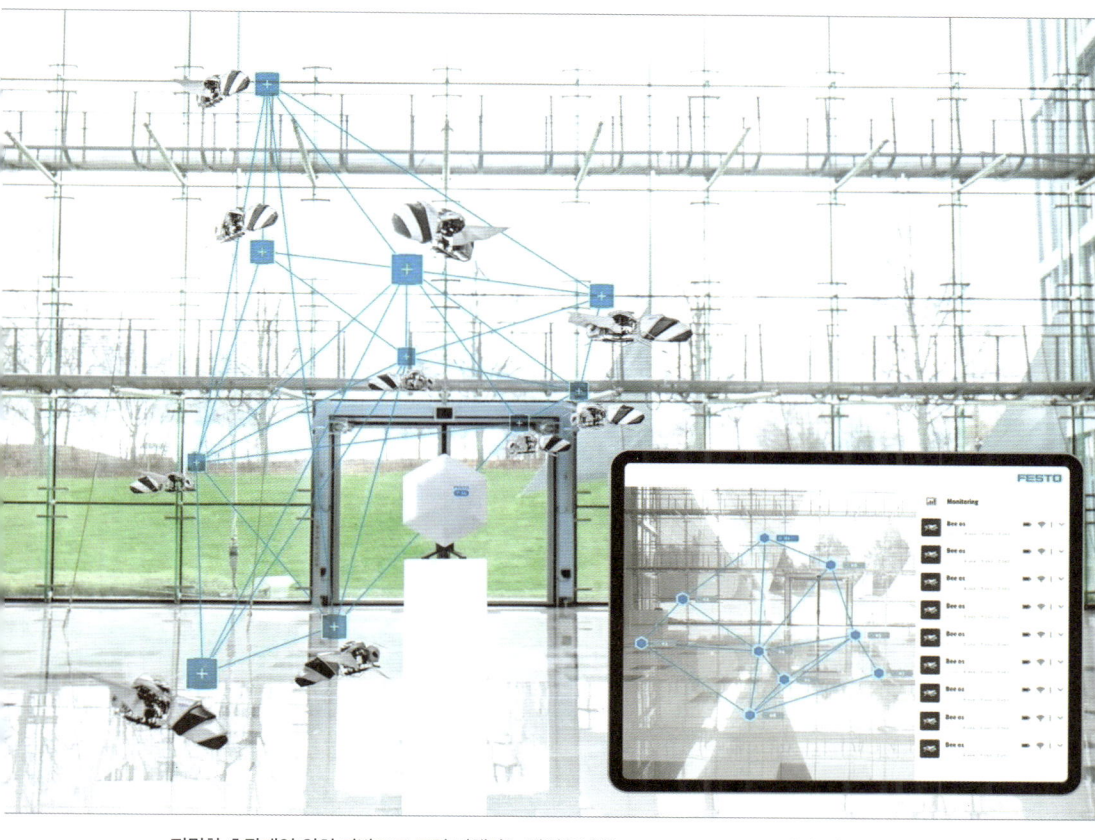

정밀한 초광대역 위치 기반으로 군집 비행하는 바이오닉비

출처: 페스토 홈페이지

컴퓨터가 설정한 경로를 따라 자율적으로 움직인다는 것이다. 즉, 사람이 일일이 조종하지 않아도 로봇 벌이 스스로 길을 찾아 비행할 수 있다.

또 하나 주목할 만한 기능은 자동 보정 기능이다. 모든 바이오닉비는 정밀하게 수작업으로 제작된다. 그래서 각각의 기체마다 미세한 성능 차이가 생길 수밖에 없다. 그런데 이 로봇들은 짧은 비행 테스트를 통해 자신에게 맞는 최적의 움직임 설정을 찾아낸다. 각자 조금씩 다른 몸 상태를 알아차리고 그에 맞게 비행 방식을 조정하는 것이다. 이런 기능 덕분에 외부에서 보면 모든 바이오닉비가 동일한 성능을 가진 것처럼 일관된 움직임을 보여 준다.

이러한 기술은 향후 농업용 분산 비행, 재난 구조 등 다수의 드론을 동시에 제어해야 하는 분야에서 인간을 돕게 될 것이다. 때문에 바이오닉비는 자율 드론 군집 기술의 상용화를 앞당길 수 있는 중요한 이정표로 평가받는다.

▶▶ 생태계 위기 속 로봇 벌이 제시하는 가능성

바이오닉비에는 자연의 일부 기능을 보완하거나 대체할 수 있는 가능성이 있다. 특히 초경량 설계와 정밀한 날갯짓 비행은 농작물 사이를 유연하게 이동하며 다양한 환경 정보를 수집할 수 있는 기술적 기반을 제공한다. 여기에 더해 개별 개체의 자율 제어 능력은 복잡한 농업 환경에서도 빠르고 민첩한 대응을 가능하게 한다.

한국 역시 기후 변화와 병·해충 문제, 노동력 감소 등으로 인해 농업 자동화와 정밀 관리 기술에 대한 수요가 증가하고 있다. 최근에는 스마트팜·수직 농장 등 새로운 농업 형태가 확산되면서, 좁은 공간에서도 민첩하게 작동할 수 있는 소형 비행 로봇의 필요성도 커지고 있다.

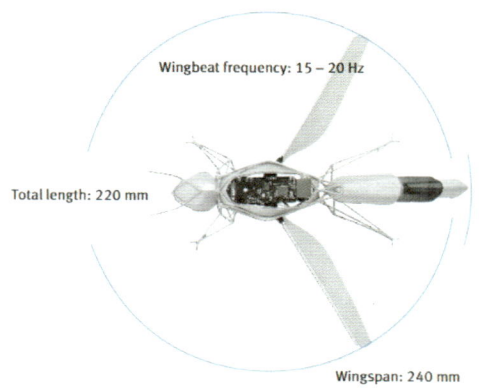

바이오닉비 인포그래픽. 날갯짓 주기wingbeat frequency는 15~20Hz, 전체 길이total length는 220mm, 날개폭wingspan은 240mm에 달한다. 출처: 페스토 홈페이지

바이오닉비는 이러한 요구에 부응할 수 있는 기술적 방향성을 갖추었다. 미래 농업의 한 축이 될 수 있는 잠재력도 충분히 보여 주었다. 비록 현재 로봇의 길이가 220mm이기 때문에 실사용을 위한 초소형화 단계에는 이르지 못했지만, 향후 소형 경량화와 정밀 제어 기술이 고도화되면 작물 생장 모니터링, 해충 감지, 환경 정보 수집 등의 작업을 자동화할 수 있는 기반이 될 수 있다.

특히 로봇 벌 여러 대를 사용해 구현 가능한 군집 비행 기술은, 밀집된 농업 공간에서 충돌 없이 효율적으로 작업을 수행할 수 있게 하는 핵심 요소다. 물론 현재의 기술 수준으로는 농업 현장 투입까지 여전히 과제가 남아 있다. 얼마나 더 작고, 가볍고, 에너지 효율적인 형태로 발전하게 만드는지가 핵심 과제다. 코트라는 이 로봇 벌이 향후에는 수분 기능을 보조하는 초소형 드론으로 응용될 가능성이 있다고 전망한다. 생태계 보존과 지속 가능한 농업을 위한 혁신적 해법으로 주목받게 될 것이다.

▶▶ 생물 모방 기술의 현재와 미래

페스토는 1990년대 초부터 자연의 메커니즘과 작동 원리를 기술에 적용하는 생체 모방 기술을 깊이 연구해 왔다. 이러한 연구를 토대로 이 회사는 2006년 대학·연구소·개발 기업 들과 함께 바이오닉 러

유영하는 아쿠아 펭귄

출처: 페스토 홈페이지

협동하는 바이오닉 앤트   출처: 페스토 홈페이지

닝 네트워크Bionic learning network를 설립했고, 생물에서 영감을 받은 혁신적 기술 개발에 박차를 가하고 있다.

이 네트워크는 엔지니어·디자이너·개발자·생물학자·로봇 전문가·학생 등으로 구성된 학제 간 팀이다. 자연의 구조와 동작을 기술로 재해석하여 산업 응용 및 차세대 자동화 기술의 새로운 방향을 제시한다.

바이오닉 러닝 네트워크 팀은 벌·새·잠자리·나비와 같은 비행 생물은 물론, 해파리·펭귄과 같은 해양 생물과 개미·캥거루와 같은 육지 생물의 행동 패턴까지 기술의 언어로 해석하고 구현해 왔다. 예를 들어 수중 생물의 움직임을 모방한 사례로는 펭귄에서 영감을 받은 아쿠아 펭귄Aqua penguins이 있다. 페스토는 에너지 소비를 줄이며 유영하는 펭귄의 체형을 본떠 아쿠아 펭귄을 설계했다. 여기에 더해, 3D 음파 탐지 시스템과 압력 센서를 탑재하여 위치를 파악하고 수심을 측정할 수 있도록 했다.

지상 생물에게서 영감을 받은 중요한 기술 자산도 있다. 개미를 모방한 로봇인 바이오닉 앤트bionic ANTs도 주목받고 있다. 바이오닉 앤트는 개미의 해부학적 구조뿐 아니라 협업 행동까지 기술로 구현해 냈다. 각 개체는 독립적으로 판단하면서도 서로 협력해 복잡한 작업을 수행할 수 있도록 설계되었으며, 지능형 구성 요소 기반의 미래 생산 시스템을 상징적으로 보여 준다. 이러한 시스템은 높은 유연성과 자율성을 바탕으로 더욱 정교한 작업 수행을 가능하게 한다.

페스토의 생물 모방 기술은 자연을 모방하는 수준을 넘어선다. 그들은 자연이 지닌 효율성과 기능을 기술적으로 해석하고 이를 산업에 접목시키는 단계에 이르고 있다. 이는 기술이 진화해 나가기 위해서는 자연을 참고해야만 한다는 사실을 분명히 보여 준다.

▶▶ 생태 기술에서 배우는 미래 전략과 한국의 과제

독일의 바이오닉비는 단순한 기술 시연을 넘어, 인공지능·자동화·생물 모방 기술이 하나의 통합된 시스템으로 구현될 수 있다는 가능성을 보여 주었다. '기후 위기와 생태계 붕괴라는 전 지구적 문제에 기술이 어떻게 응답할 수 있는가'라는 철학적 질문에 대한 하나의 방향 제시이기도 하다.

한국에서도 이러한 방향을 보여 주는 사례가 있다. 대표적으로 물

아이로의 로봇 물고기 마이로   출처: 아이로 홈페이지

고기의 유선형 구조와 유영 방식을 본떠 개발된 수중 로봇 마이로miro다. 마이로는 실제 물고기들과 함께 아쿠아리움에서 헤엄칠 수 있을 정도로 자연스러운 움직임을 구현한다. 현재는 아쿠아리움에서 관상용으로 쓰이고 있지만, 향후 수중 생태계 모니터링·수질 조사 등에 활용 가능성을 보여 주고 있다.

지금까지 살펴본 것처럼 기술이 자연에 스며들어 함께 작동하는 방식은 생태 기술의 중요한 모델이 될 수 있다. 기술의 진화가 사회적 책임과 연결되기 위해서는 국가 차원의 장기 투자와 제도가 필수적으로 기반을 이뤄야 한다. 2025년 1월, 독일 연방 교육 연구부는 '기술 주권을 위한 연구와 혁신 2030(이하 FITS2030)'을 발표했다. 이 프로그램은 2018년에 채택된 AI 국가 전략KI-Strategie을 포함한 기술 정책 전반을 보다 넓은 관점에서 재정비한 것이다.

독일은 국제 무대에서 독자적인 기술로 경쟁력을 갖추기를 목표로 한다. FITS2030은 2030년까지 인공지능을 비롯한 8개의 디지털 핵심 기술과 4개의 산업 핵심 기술을 강화하고자 한다. 이를 실현하기 위해 2025년에는 약 16억 유로(약 24조 원)의 예산이 책정되어 있다.

이외에도 2024년 8월부터 유럽 AI 규정KI-Verordnung이 발효되면서, 인간의 기본권 보호를 위해 인공지능의 신뢰성 보장이 강화되었다.

독일의 촘촘한 시스템과 전략 아래에서 바이오닉비는 그들이 추구하는 독일산 인공지능AI made in Germany을 갖췄다. 앞으로 바이오닉비는 실용성과 윤리성을 반영한 인공지능의 상징적 사례로 해석될 것이다.

국가와 사회의 경제적·철학적 지원이 뒷받침될 때, 기술 개발은 산업 경쟁을 넘어 사회 문제를 해결하는 수단으로 진화할 수 있다. 생물 모방 기술처럼 자연의 원리를 모방하거나 자연을 보존하려는 기술은 가까운 미래에 더 큰 역할을 할 것으로 기대된다. 이에 따라 관련 분야에 대한 투자가 확대되고, 사회적 가치를 창출하기 위한 본격적인 상용화 가능성도 시험대에 오를 것으로 예상된다.

생태 기술은 사회의 일부분이나 특정 기업의 과제가 아니다. 정부와 기업이 환경의 변화와 인류의 생존이라는 화두를 공동에 두고, 협업해야 할 과제다. 질문·고민·도전·실행·협의가 어우러지며 가치관과 기술이 조화롭게 확장되어야 할 것이다. 급변하는 사회와 산업의 한가운데에서 살아가는 우리 모두는 기술이 진보할 때마다 그 기술이 향하는 방향성과 사회적 역할에 대해 질문할 필요가 있다. 그것이 바로 생태 기술이 요구하는 새로운 산업 전략의 출발점이며, 미래 지속 가능한 경쟁력의 핵심이다.

By 이주영
노잼 아닌 꿀잼으로 채운 독일 살이 10년 차. 법학 연구로 독일과 한국 사이의 법적 가교 역할을 하다, 이제는 코트라에서 경제 분야의 가교 역할을 즐겁게 이어가고 있다.

Intelligent Lifestyle

Wearable Technology

기술이 발전하는 모든 일의 중심에는 언제나 사람이 있으며, 있어야 한다. 사용할 사람에 대해 고민하고, 문제를 떠올리고, 해결하려는 따뜻한 감성을 바탕에 둔 혁신 기술은 수많은 사람들의 삶을 조금씩 나아지게 하고 있다.

홍콩의 시각 장애인용 인공지능 기반 음성 안내 웨어러블 기기, 미국의 인공지능 보행 보조 신발, 일본의 고령화 문제를 겨냥한 스마트 배설 케어 시스템 등, 이번 장에 담은 사례는 기술이 편리함을 넘어서 사용자의 일상을 지키고 인간으로서의 존엄을 세우는 데 도움이 된다는 사실을 보여 준다. 이번 리포트에서는 미래를 향해 달려가는 기술이 지금 어떻게 인간을 중심으로 변화하고, 삶을 이끌어 갈지를 알아본다.

TREND REPORT 5

따뜻한 감성과 혁신 기술이 조우하는 시대

Made to
Measure

시각 장애인의
새로운 동반자

홍콩

▶▶ 시각 장애인의 일상에 일어난 혁명적인 변화

　분주한 평일 아침, 홍콩의 혼잡한 거리. 트램의 종소리가 울리고, 신호등이 초록불로 바뀌는 소리가 들린다. "띠띠띠띠…" 이 소리가 울리자 찌힌 씨는 자신감 있게 길을 건넌다. 그의 옷깃에는 작은 기기가 달려 있다. 바쁘게 오가는 사람들 사이에서 그는 차분한 안내음에 귀 기울이며 지하철역으로 향한다. 기기의 음성 안내에 따라 방향을 수정하고, 장애물을 피해 자연스럽게 경로를 바꾼다. "전방 5미터 12시 방향에 계단이 있습니다. 우측으로 우회하여 경사로를 이용하세요." 익숙한 음성이 들리자, 찌힌 씨는 안내 대로 경사로를 찾아 안전하게 이동한다.

시각 장애인인 찌힌 씨가 이렇게 복잡한 홍콩 거리를 어떻게 혼자서 이동할 수 있었을까? 그의 자신감 넘치는 발걸음 뒤에는 옷깃에 달린 작은 휴대용 인공지능 웨어러블 기기 시커seekr가 있다. 이 기기 덕분에 홍콩의 분주한 거리는 그의 길을 막는 장애물이 되지 않는다.

시각 장애가 없는 사람들은 눈으로 확인할 수 있는 정보를 통해 길을 찾고, 장애물을 피하며 일상을 살아간다. 신호등의 색깔을 구분하고, 메뉴판을 읽으며, 지하철 노선도를 확인하는 것까지 모두 시각에 의존한다. 하지만 시각 장애인에게 이런 일상은 매 순간 도전의 연속이다. 홍콩의 좁은 골목, 가파른 계단, 복잡한 환승 통로 등은 이들에게 위험 요소로 가득하다.

이러한 현실 속에서 홍콩의 스타트업 비디 랩스Vidi Labs가 개발한 시커는 시각 장애인의 일상에 혁명적인 변화를 가져오고 있다. 이 작은 인공지능 기반 웨어러블 기기는 시각 장애인에게 이동에 대한 불안을 완화해 주고 복잡한 도시 환경에서 일상을 보내는 두려움을 줄여 준다.

시커는 카메라와 센서를 통해 인공지능 기술로 주변 환경을 분석하고 실시간 음성 안내를 제공한다. 사용자는 이를 통해 장애물·계단·신호 등 보행 환경 상태와 최적 경로를 정확히 파악할 수 있다. 아울러 실내의 좁은 공간에서도 앞에 펼쳐진 상황을 분석해서 세세하게 전달해 시각 장애인이 자연스럽게 행동 관련 의사 결정을 내릴 수 있도록 도와준다.

이 인공지능 기술 기반의 휴대용 기기는 기존의 시각 장애인 보조

시커의 사진   출처: Seekr Powered by Vidi Labs

기술이나 도구가 제공하지 못했던 경험을 선사하고 있다. 마치 우리의 눈이 신호를 뇌에 전달해 의사 결정을 돕는 것처럼, 시각 장애인들에게는 이러한 역할을 대신 해 주는 친구가 생긴 셈이다.

▶▶ 테슬라의 자율 주행 기술을 담은 작은 휴대용 기기

비디 랩스의 두 공동 창업자인 투르조 보스Turzo Bose 와 라미아 세르야 라만Lamia Sreya Rahman 은 홍콩에서 대학을 다니면서 자신들의 경험에 기반해 개발 사업을 시작했다.

　투르조의 조부는 시력을 상실했고, 투르조는 그가 다른 사람의 도움 없이 스스로 행동할 수 있도록 돕는 무언가를 만들어야겠다고 결심했다. 특히 시각 장애인에게 정말 필요한 기술은 단순히 이동을 돕는 역할이 아니라 정확한 정보를 빠르게 제공하여 스스로 판단을 내릴 수 있도록 지원하는 방식이어야 한다고 생각했다. 마침 미국에서 교환 학생으로 공부했던 투르조는 테슬라의 자율 주행 기술에 관심이 많았다. 특히 공학을 전공하는 학생이자 엔지니어로서 컴퓨터 비전 알고리즘computer vision algorithms에 관심이 컸다. 투르조는 문득 "작은 웨어러블 기기에 테슬라의 자율 주행 자동차 기술을 탑재하면 어떨까?"라는 생

시커의 공동개발자 투르조와 라미아　　　　　　　　　　　출처: 홍콩 무역관

각을 했다. 그리고 곧바로 홍콩의 빈곤층 밀집 지역에서 봉사 활동을 하며 많은 시각 장애인을 접했던 경험이 있는 라미아에게 생각을 공유했다.

라미아는 봉사 활동을 통해 많은 시각 장애인들이 안내견이나 지팡이에 의존하고 있다는 점을 알게 되었다. 그러던 중 '안내견은 글을 읽을 수 없고, 지팡이는 충분히 인도할 수 없다Guide dogs can't read, canes can't lead'는 시커의 슬로건을 떠올렸다.

실제로 홍콩 내 안내견이 전반적으로 부족하고 안내견을 무한정 양성하는 데 한계가 있음을 알게 되면서 투르조의 의견에 깊이 공감하게 되었다. "인공지능 기술은 시각 장애인에게 진정으로 도움될 수 있는 혁신적인 기기를 만들 수 있는 기회를 제공해 주지 않을까?"라는 질문은 법학을 전공하고 있던 라미아를 투르조와 함께 비디 랩스의 공동 창업자로 뛰어들게 만들었다.

그러나 시각 장애인을 위한 인공지능 기반 웨어러블 기기를 개발하는 과정은 녹록하지 않았다. 세계 곳곳에 이미 유사한 기능을 가진 기기들이 존재하는 상황이었다. 이에 투르조와 라미아는 두 가지의 차별화된 기능에 집중했다.

첫 번째로 시커는 기존 웨어러블 기기들과 달리 텍스트나 사물을 단순히 감지해 알려 주는 데 그치지 않고, 짧은 시간 안에 고도화된 연산 및 분석 기술을 활용하여 사용자가 쉽게 이해할 수 있는 실질적이고 유용한 정보를 제공하고자 했다. 투르조는 "사용자가 사진을 찍으면, 시커는 사진 속의 데이터를 빠르게 분석해 정보를 재구성하여 완벽한 문법을 가진 문장으로 표현할 수 있다"고 설명했다.

두 번째로 더 작은 기기에서 배터리 수명이 오래갈 수 있도록 하여 경쟁력을 강조하고 싶었다. 다른 유사한 경쟁 제품인 스마트 글라스smart glass는 얼굴에 착용하는 특성상 평균 배터리 수명이 30분~2시간 정도에 불과하지만, 시커는 4~6시간가량 사용할 수 있어 사용자들이 충전 걱정 없이 장시간 사용할 수 있다. 투르조는 "배터리 수명은 시커가 다른 경쟁 제품들과 차별화되는 핵심 장점 중 하나"라고 강조했다.

현재 시커는 최신 인공지능 고성능 기술을 탑재한 웨어러블 기기로 인정받고 있다. 시커는 세계 최대의 소비재 가전 전시회인 2025년 미국 국제 전자 제품 박람회Consumer Electronics Show, CES에서 이노베이션 어워드Innovation Award를 받으며, 전 세계의 이목을 끌었다.

이러한 성과의 배경에는 끊임없는 도전과 노력이 있었다. 투르조와 라미아가 학생 신분으로 처음 시커를 개발했을 당시, 많은 사람들은 이를 단순한 학생 프로젝트로 치부하며 큰 관심을 보이지 않았다. 특히, 자금과 경험 부족은 그들에게 큰 난관이었다. 라미아는 당시를 회상하며 "우리는 홍콩 과학 기술원Hong Kong Science and Technology Park Corporation과 리졸브 재단Resolve Foundation 같은 단체로부터 자금과 인큐베이팅 지원을 받고, 될 수 있는 한 많은 해커톤hackathon*에 참여해 시행착오를 반복하면서 기술의 완성도를 높이는 방식으로 연구 개발 자금을

- 소프트웨어 개발 경진 대회. 해커톤은 해킹hacking과 마라톤marathon의 합성어다. 소프트웨어 개발자·디자이너·기획자 등이 한 팀이 되어 제한된 시간 동안 아이디어를 도출하고 결과물을 만든다.

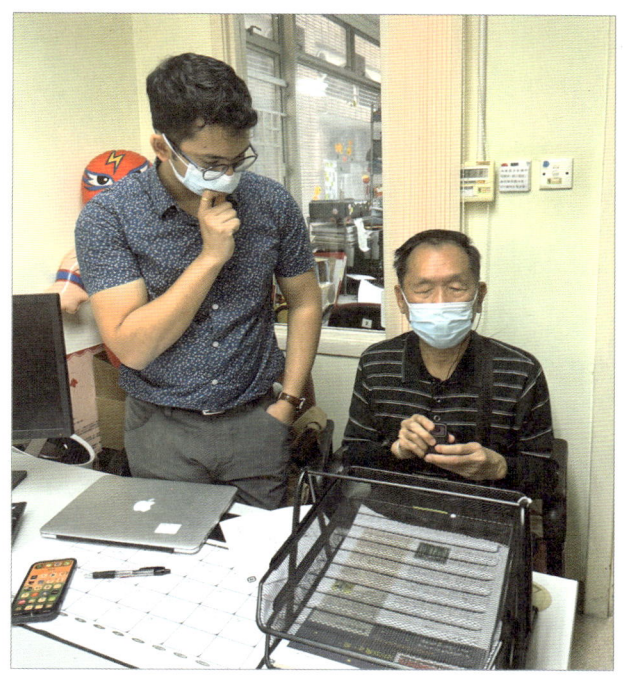

동화 병원Tung Wah Hospital에서 실제 기기를 사용하는 모습
출처: Seekr Powered by Vidi Labs

마련했다"고 말했다. 투르조 역시 "해커톤에서 받은 상금이 제품 개발에 큰 도움이 되었다"고 덧붙였다.

자금 문제뿐만 아니라 초기 고객을 확보하는 것도 스타트업의 주요 과제였다. 다행히도 라미아와 투르조는 장애인을 고용해서 운영하는 사회적 기업 레스토랑에서 첫 번째 고객을 만나게 되었다. 이 고객이 홍콩에서 가장 큰 규모의 시각 장애인 지원 단체인 홍콩 시각 장애인 연맹The Hong Kong Blind Union에 시커를 소개하면서 고객층이 확대되기 시작했다. 적절한 자금 지원과 고객층 확대 과정에서 시커는 네 차례의 주요 업그레이드와 수많은 개정을 거칠 수 있었다. 그 결과 크고 무거웠던 초기 프로토타입에서 빠른 데이터 처리가 가능한 지금의 80g 미만의 경량화 모델로 진화했다.

▶▶ 사용자 중심의 맞춤형 인공지능 웨어러블 기술

시커는 단순히 기계적으로 방향을 안내하고 앞에 있는 장애물을 경고하는 전통적인 기술이 아닌, 노인과 시각 장애인이 스스로 주체적인 판단을 내릴 수 있도록 돕는다. 비디 랩스는 시커의 이용자를 V.I.P.라고 칭한다. 여기서 V.I.P.는 Visually Impaired People의 약자로서 보다 광범위한 의미에서의 시각 장애인을 포괄한다. 즉, 시커의 기술이 적용될 수 있는 사용자의 범위는 무궁무진하다고 할 수 있으며, 사용자가 기술 개발의 핵심이다. 투르조도 시커의 가장 큰 강점은 '사용자 중심user focus의 설계'라고 강조한다. 이 기기는 단순히 주어진 시각적 상황을 그냥 읽어 주는 기계가 아니다. 사용자 대신 '세상을 배우는 법'을 익히며 사용자가 필요로 하는 정보를 스스로 선별해 제공한다.

이러한 기능을 가능하게 하는 핵심 기술은 딥 러닝과 컴퓨터 비전computer vision이다. 딥 러닝은 사람의 뇌 구조를 본떠 만든 인공지능 기술로, 컴퓨터가 데이터를 스스로 학습할 수 있도록 하는 방법이다. 단순한 패턴뿐 아니라 복잡한 데이터도 분석하고 이해할 수 있는 기술이다. 컴퓨터 비전은 컴퓨터가 이미지나 동영상에서 정보를 이해하고 분석할 수 있도록 돕는 기술로, 컴퓨터가 사람처럼 눈으로 보고 이미지를 해석하는 방법을 배우는 것이다. 자동으로 정보를 추출하고 이미지에 숨겨진 패턴을 찾아내는 데 사용된다.

시커는 개발 초기에 개발팀이 직접 홍콩 곳곳을 다니며 시각 장애인이 자주 접하는 좁은 골목길·슈퍼마켓·환승역 등 다양한 환경을 기록해 데이터를 수집했다. 이를 기반으로 인공지능은 다양한 상황에서 유용하게 작동할 수 있도록 학습되었다. 시커는 딥 러닝과 컴퓨터 비전 기술을 활용해 주변 환경을 분석하고, 사용자에게 필요한 정보를 체계적으로 제공한다. 사용자가 스마트폰의 카메라로 특정 대상을 촬영하면, 해당 이미지는 클라우드 서버로 전송된다. 서버에서는 고도화된 머신 러닝 모델을 통해 이미지를 분석하고, 비전-언어 모델vision-language model(이하 VLM) 기술을 활용해 주요 장면의 요소를 텍스트로 변환한다. VLM은 이미지·동영상 같은 시각적 데이터와 텍스트 데이터를 함께 처리할 수 있는 인공지능 기술이다. 그림·사진 등을 보고 그 내용을 글로 설명하거나 글을 이해해서 관련된 이미지를 분석하는 모델이다. 이렇게 텍스트로 변환된 데이터는 분석을 거쳐 주요 관심 영역region of interest(이하 ROI)를 판단해 사용자에게 적합한 정보를 선별한다.

예를 들어 사용자가 슈퍼마켓에서 상품을 촬영하면, 서버는 VLM 기술로 상품의 텍스트 정보를 분석하고, 이를 통해 상품명·유통 기한·가격 등의 정보를 ROI로 판단해 사용자에게 전달한다. 반면, 거리에서 카메라를 사용할 경우 장애물의 위치나 신호등 색상 등 주변 환경 정

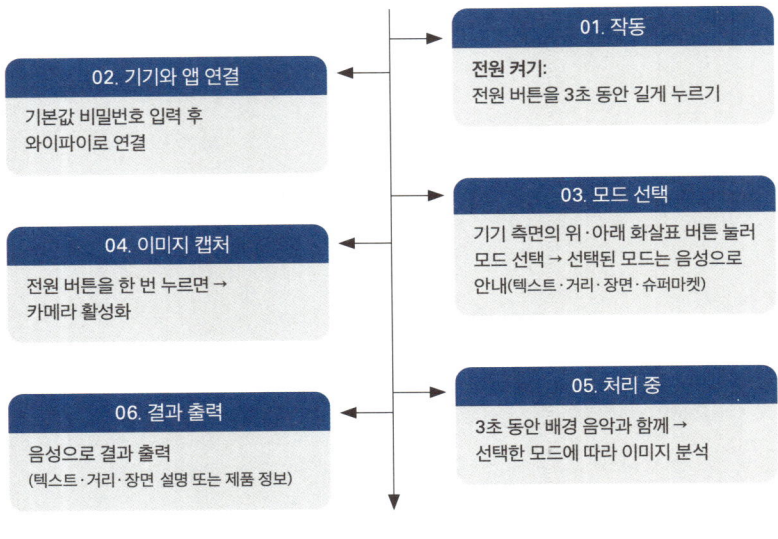

시커의 작동 방법   출처: Seekr Powered by Vidi Labs, 홍콩무역관

보를 안내받을 수 있다. 이처럼 상황에 따라 유연하게 정보를 제공하며, 모든 과정은 약 2초 내에 이루어져 사용자는 실시간에 가까운 속도로 정확한 정보를 얻을 수 있다.

　이 기기는 누구나 손쉽게 사용할 수 있도록 설계되었다. 전원 버튼을 3초간 눌러 기기를 켠 다음, 와이파이를 통해 기기와 앱을 연결한다. 그 후, 측면에 있는 버튼을 위·아래로 눌러 모드를 선택해야 한다. 총 4가지 모드가 제공되며, 어떤 모드를 선택했는지는 음성으로 확인할 수 있다. 텍스트 모드를 통해 글자를 읽을 수 있고, 거리 모드를 통해 사물의 위치를 파악할 수 있으며, 장면 모드를 통해 상황을 이해할 수 있다. 슈퍼마켓 모드를 통해서는 상품을 식별할 수 있다. 분석 결과

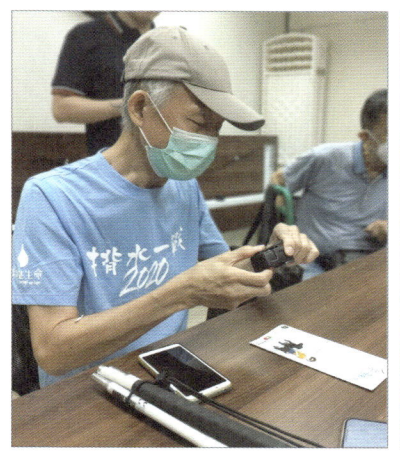
텍스트 모드를 통해 글자를 읽는 모습
출처: Seekr Powered by Vidi Labs

슈퍼마켓 모드를 통해 상품을 식별하는 모습
출처: Seekr Powered by Vidi Labs

는 선택한 모드에 따라 실시간으로 음성 출력된다.

또한, 시커는 사용자의 개인 정보 보호와 프라이버시도 최우선으로 고려하도록 설계되었다. 모든 이미지와 데이터는 클라우드에서 처리된 후 즉시 삭제되며, 얼굴이나 차량 번호판 같은 민감한 정보는 자동으로 흐리게blurred 처리된다.

사용자는 자신의 데이터를 인공지능 학습 목적으로 제조사인 비디랩스에 제공할지 여부도 직접 선택할 수 있다. 동의하지 않을 경우 데이터는 인공지능 학습에 사용되지 않는다. 유럽 연합의 GDPRGeneral Data Protection Regulation(유럽 연합 일반 데이터 보호 규정)과 같은 세계에서 가장 엄격한 데이터 보호법을 준수하도록 설계되었으며, 모든 데이터 전송 과정은 암호화되어 안전하게 처리된다. 이처럼 프라이버시 중심 설계를 통해 사용자의 신뢰를 얻을 수 있다.

더 나아가 현재 개발팀은 사용자 피드백을 적극 반영하여 인공지능 기술을 지속적으로 개선하고 있다. 예를 들어, 사용자가 "ATM 위치를 더욱 정확히 알고 싶다"고 요청하면 해당 정보를 기반으로 알고리즘을 업데이트한다. 또한, 특정 지역(한국·일본 등)의 슈퍼마켓·박물관 데이터도 수집해 지역과 장소별 맞춤형 경험을 제공한다. 새로운 환경을 학습시키고 적응시키는 데는 약 일주일이 소요된다. 이렇게 지역과 장소 맞춤형 데이터를 제공하는 동시에 다양한 사용자층을 위해 무료(basic 요금제)와 프리미엄(premium 요금제, 월 88홍콩달러, 약 1만 5,000원)의 두 가지 구독 옵션 서비스를 제공한다. 무료 요금제는 텍스트와 물체 인식 기능 위주로 제공하고, 프리미엄은 버스 인식·장면 묘사 등 보다 구체적인 상황에 맞는 정보를 제공하는 추가 기능까지 포함하여 지원한다. 시커의 제품 가격은 개당 6,000홍콩달러(약 100만 원)로 책정되어 있다.

▶▶ **인공지능 웨어러블 기술이 꿈꾸는 따뜻하고 포용적인 미래**

기계가 세상을 배우는 목적은 인간의 삶을 더 나아지게 하는 데 있다. 인공지능 기술은 일반적인 기술과 달리 인간과 소통하며, 사회적으로 소외된 계층의 문제를 해결하는 데 도움을 주기 용이하다. 특히 돌봄 기술care tech의 영역까지 인공지능이 적용되면서 사회 통합 등 인간 사회에 긍정적인 변화를 가져오고 있다.

국제 연합은 2100년까지 65세 이상 인구가 24.4억 명에 이를 것으로 전망한다. 다양한 주제에 대한 실시간 세계 통계 제공 사이트인 월도미터Worldometer에 따르면 홍콩 평균 기대 수명은 85.6세로 초고령화 사회의 대표 사례로 주목받고 있다. 세계 보건 기구에 따르면, 백내장·녹내장·황반 변성 등 시각 질환은 고령층에서 매우 흔하게 나타나고 있으며, 전 세계 시각 장애인의 82%가 50세 이상에서 발생한다. 미국 질병 통제 예방 센터Centers for Disease Control and Prevention, CDC도 고령자가 많아질수록 실명 등 심각한 시각 장애 환자 수가 증가한다고 밝히고 있다. 이처럼 인구의 고령화가 심화하면서 시각 장애를 겪는 노인들도 계속해서 늘어날 전망이다. 시커와 같은 인공지능 웨어러블 기술은 이들의 일상에서 불편을 최소화하고, 사회의 구성원으로서 의미 있는 삶을 살아갈 수 있도록 지원할 수 있다.

또한 장애인과 관련한 이슈를 다루는 전문 매체인 더 인디고The Indigo는 전 세계 장애인의 약 80%가 저소득 국가에 거주한다고 밝히고 있다. 그러나 이들 국가에서는 장애인을 지원하기 위한 사회적 시스템이 잘 갖춰져 있지 않은 경우가 많다. 인공지능 기술은 이러한 격차를 단기간에 줄이고, 사물·텍스트·사람을 실시간으로 인식해 음성으로 전달함으로써 장애인의 자율성과 독립성을 지원하며 삶의 질을 크게 높인다. 이러한 음성 지원 기능은 문맹률이 높은 국가에서도 빠르게 채택되어 활용될 수 있다.

비디 랩스는 시커의 업그레이드 버전이자 상호 음성 소통 기능을 갖춘 시커 엔게이지seekr engage를 2025년 9월에 출시할 예정이다. 이 모델은 스마트폰 없이도 독자적으로 작동하며, 음성 명령과 대화형 인공지능을 통해 사용자의 정보 수요에 실시간으로 대응한다. 특히 기계 사용이 익숙하지 않은 노인층을 위해 음성 활성화 기능과 대화형 시스템을 개발해 정보를 제공하는 것을 넘어 정서적 안정감까지 지원한다.

투르조는 "노인들은 대화를 좋아하지만, 대화 상대가 부족한 경우가 많다. 시커 엔게이지는 양방향 소통을 통해 정서적 안정감까지 제공할 것으로 기대한다"고 말했다.

인공지능 기술은 고령화와 장애라는 두 도전에 대응하며 삶의 질을 높이고 사회적 통합을 이루는 데 중요한 역할을 한다. 이는 단순한 기술 발전을 넘어, 인간 중심의 가치를 실현하고 모두가 기술의 혜택을 누리는 포용적인 미래를 만든다.

인공지능 기술에 기반한 돌봄 기술은 향후 인간과 상호 작용하면서 함께 발전하며 그 영역을 넓혀 갈 것이다. 이러한 기술은 사회적인 도움이 필요한 사람들과 소통하며 그들이 정말로 필요한 부분을 채워 줄 수 있는 따뜻한 동반자로 진화할 것이다. 또한 인간 삶에 긍정적인 변화를 지속적으로 가져올 것이다. 시커는 이러한 인간 중심 인공지능 기술의 시대가 이미 우리 삶에 다가와 있음을 보여 준다.

By 김유림

홍콩 무역관에서 반년 간 실습하며 꿈꿔 온 해외 생활과 실무를 동시에 경험하고 있습니다. 매일 홍콩의 일상과 무역관에서의 배움 같은 특별한 순간들을 글로 기록하고 있습니다. 늘 나만 볼 수 있는 작은 노트에 글을 적지만, 이제는 모두가 볼 수 있는 이곳에 제 글을 담아 봅니다. 좋은 성장의 기회를 주신 무역관원들께 감사의 마음 또한 남겨 적습니다.

By 보니 로

케이팝을 좋아해 한국어를 배우기 시작한 홍콩 출신 유학생으로, 한국에서 3년 반 동안 거주하며 한국 문화를 익혔다. 졸업 후 직장 생활을 거치고 다시 홍콩으로 돌아와 현재 코트라 홍콩 무역관에서 근무하고 있다. 글을 통해 한국과 홍콩을 연결하여 경제·문화 등 다양한 분야에서 교류를 활발히 촉진하고자 한다.

인간 이동의 한계를 넘는 발걸음의 진화

시카고

▶▶ 현실이 된 날개 달린 신발

그리스 로마 신화에 등장하는 헤르메스는 양쪽에 작은 날개가 달린 신발을 신고 세상을 누비며 제우스의 뜻을 전했다. 이 신발 덕분에 헤르메스는 어디든 순식간에 이동할 수 있었다. 인간의 한계를 넘어선 그의 신발은 신화에서만 볼 수 있었지만, 21세기 기술이 이를 현실로 만들어 주목받고 있다.

2022년 10월, 미국 스타트업 시프트 로보틱스Shift Robotics는 이동 방식에 혁신을 가져올 획기적인 웨어러블 모빌리티 기기 문 워커moon walkers를 세상에 선보였다. 문 워커는 평범하게 걸어도 달리기 속도를 낼 수 있도록 기존 신발 위에 착용하는 모터 장치다. 사용자의 걸음걸이를 인공지능이 초당 100회 이상 분석해 자동으로 속도를 조절한다. 롤러스케이트처럼 생긴 이 기기는, 성인의 평균 보행 속도를 기준으로 최대 3배 속력인 시속 11km까지 가능하게 한다. 사용자가 바닥을 밀지 않아도 바퀴가 독립적으로 작동하도록 설계되었다. 이 때문에 자연스러운 보행을 유지하면서도 속도를 극대화할 수 있다.

문 워커의 개발은 창립자 순지에 장Xunjie Zhang의 개인적인 경험에서 출발했다. 그는 출퇴근길에 스쿠터를 이용하다 사고를 당할 뻔했다. 이후 가장 안전하고 친환경적인 이동 수단인 걷기에 대해 고민했다.

'걷기를 싫어하는 사람들의 이유는 무엇일까?'

그는 보행 속도와 효율성 부족 때문으로 결론을 냈다. 이후 그는 카

문 워커 착용 사진　　　　　　　　　　　　　　　　출처: ShiftAI

네기 멜런 대학교 로봇 연구소Carnegie Mellon's Robotic Institute 출신의 엔지니어들과 로봇 공학자들을 모았다. 그리고 5년 간의 연구 끝에 문 워커를 개발했다.

2023년 5월 기준 SNS 플랫폼 틱톡TikTok에서 문 워커 홍보 영상이 조회수 2,470만 회를 기록했다. 문 워커는 빠른 보행 속도와 독특한 움직임으로 대중의 뜨거운 관심을 받으며 새로운 이동 혁명의 시작을 알렸다.

▶▶ 보행 패턴을 학습하는 적응형 신발

문 워커는 이동 보조 장치로 쓰일 수도 있지만, 그 이상의 기능을 할 수 있다. 인공지능이 사용자의 보행 패턴을 학습하는 적응형 신발이기 때문이다.

문 워커는 머신러닝 알고리즘을 통해 사용자의 보행 주기에 맞춰 자동으로 반응한다. 예를 들어 사용자가 보행을 정지하면 멈추고, 계단을 오를 때는 바퀴를 고정하며, 내리막길에서는 속도를 조절해 안전성을 높인다. 사용자는 간단한 발동작만으로 문 워커를 걷기 모드와 잠금 모드로 전환할 수 있다. 이러한 기능으로 실내·외 어디서든 편리하게 사용할 수 있다.

시프트 로보틱스는 홈페이지를 통해 두 가지 타입의 제품을 판매하고 있다. 가장 먼저 출시된 문 워커와, 이후 출시된 문 워커 에어로

시프트 로보틱스 대표 제품

연번	항목	문 워커 에어로	문 워커
1	사진		
2	특징	가볍고 조용하며 도시 환경에 적합	울퉁불퉁한 지형에서도 견딜 수 있도록 설계됨
3	최고 속도 / 평균 주행 거리	7.0 mph (약 11.3 km/h)	7.0 mph (약 11.3 km/h)
4	무게	4.2 lbs (약 1.9 kg)	5.3 lbs (약 2.4 kg)
5	신발 사이즈	여성 W6 - 남성 M12	여성 W8 - 남성 M12
6	최대 소음	50 dB	70 dB
7	구동 방식	4륜 구동(4-wheel drive)	8륜 구동(8-wheel drive)
8	최대 경사	10º	10º
9	배터리 용량	3.0Ah	3.0Ah
10	완충 시간	1.5시간	1.5시간
11	급속 충전(80%)	30분	30분

출처: 시프트 로보틱스

moonwalkers Aero다. 문 워커는 매끄럽지 않은 표면이나 울퉁불퉁한 도로에서도 사용할 수 있는 것이 특징이다. 이에 비해 문 워커 에어로는 문 워커보다 가볍고 조용하다. 길거리와 실내에서 착용하기에 더 적합하다.

소비자들이 문 워커를 신뢰하는 이유는 꼼꼼한 검수 방식 때문이다. 문 워커는 여덟 단계의 검수를 거쳐 판매된다. 이 과정에는 기계 부품 검사, 소재 검사, 기어박스 조립 검사, 전자 부품 검사, 기어 테스트,

바퀴 테스트, 보행 테스트, 배터리 및 충전 포트 테스트가 포함된다.

특히 발판 부착 단계에서 비상 정지 기능과 보행 테스트를 거쳐 전반적인 기능과 제동력을 점검한다. 전자 부품 검사에서는 배터리 관리 시스템과 모터 구동 회로의 전력 출력을 테스트한다. 오작동으로 인한 사고를 예방하기 위함이다. 마지막으로 배터리 잔량을 30% 수준으로 조정해 과충전 및 전기적 결함으로 인한 위험 요소를 사전에 차단한다. 이러한 체계적인 품질 검증 과정을 통해 문 워커는 신뢰할 수 있는 안전성과 내구성을 갖췄다.

▶▶ 성장하는 차세대 웨어러블 기기 시장

글로벌 시장 조사 기관인 맥시마이즈 마켓 리서치Maximize Market Research에 따르면, 전 세계 인공지능 기반 신발 시장은 빠른 속도로 성장하고 있다. 2023년 약 2,692억 달러(약 390조 3,000억 원) 규모에서 2030년까지 연평균 약 19.5% 성장해, 약 9,369억 달러(약 1,358조 5,000억 원)에 이를 것으로 전망된다.

2023년 기준, 북미 시장 점유율이 38%를 웃돌며 전체 인공지능 신발 시장의 성장을 주도했다. 특히 미국은 건강 및 웰니스에 대한 관심과 스마트 웨어러블 기기의 수요가 급증하고 있기 때문에, 향후에도 높은 시장 점유율을 유지할 것으로 예상된다.

미국 국립 보건원 산하 학술 기관인 국립 심장 폐혈액 연구소NHLBI

글로벌 인공지능 기반 신발 시장 점유율

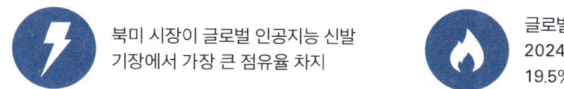

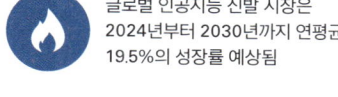

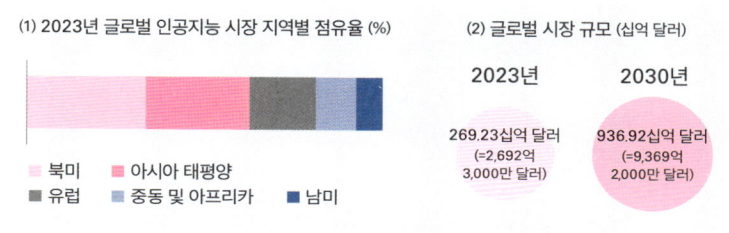

출처: 맥시마이즈 마켓 리서치

에 따르면 2023년 6월 기준, 미국인 3명 중 1명이 건강을 위해 웨어러블 기기를 사용하는 것으로 나타났다. 이러한 스마트 웨어러블 기기 시장의 확대는 인공지능 기반 신발 시장의 성장을 촉진하고 있다.

▶▶ 일상에 도움을 주는 웨어러블 기기

60대 중반의 존은 매주 5일씩 비행기를 타며 출장을 다니는 비즈니스 애널리스트이자 변호사이다. 그는 넓은 공항에서 문 워커를 착용해 걸으면 보다 효율적으로 이동할 수 있다고 한다. "예전부터 무릎과 허리에 통증을 겪고 있었는데, 제품 사용 이후 근육과 관절에 무리 없이 효율적으로 몸을 움직일 수 있게 되면서 신체에 부담이 덜 가는 효과를 체감했습니다." 처음에는 단순한 재미를 위해 문 워커를 구매했지만 결과적으로 건강에 큰 도움이 되었다는 점에서, 우리는 웨어러블 기기의 실질적인 활용 가치를 알 수 있다.

문 워커를 이용하는 또 다른 소비자 폴은 60세다. 그는 문 워커를 활용해 기존에 하던 걷기 운동을 더욱 역동적으로 하고 있다. 뛰는 것이 어려운 나이이기 때문에 걷기가 지루했던 그는, 운동을 더 재미있게 만들 방법을 찾던 중 문 워커를 구매했다.

"균형 감각을 유지하는 것이 나이가 들수록 중요해지는데, 문 워커를 사용하면서 하체 근육이 강화되고 균형 감각도 향상되는 것을 느꼈습니다."

문 워커를 착용한 후 더욱 즐겁게 동네를 활보했다는 폴의 이야기는, 장년층의 활동적인 라이프스타일 형성에 기여할 수 있는 문 워커의 또 다른 장점을 보여 준다.

▶▶ 물류 산업의 게임 체인저

2024년 1월, 시프트 로보틱스는 CES에서 문 워커 엑스moonwalkers X라는 신형 모델을 공개했다. 물류 센터·선박·대규모 창고 근무자를 위해 개발된 제품이다. 이전에 출시한 제품들보다 더 가벼운 3.2파운드로 설계했으며 좁은 공간에서도 사용자가 쉽게 기능을 조작할 수 있

물류 창고에서 문 워커엑스를 착용하고 일하는 직원들 출처: 시프트 로보틱스

도록 개선했다. 더불어, 제품의 충격 흡수력을 강화해 내구성을 높이고 바퀴 반응성과 제어력을 개선했다.

시프트 로보틱스는 이 제품의 실효성을 검증하기 위해 실제 테스트를 진행했다. 플로리다에 위치한 5만 5,000ft^2 규모의 창고인 피씨리퀴데이션PCLiquidations의 직원들에게 6주간 착용해 보도록 한 것이다.

직원들은 평소와 똑같은 시간과 노력을 들여 일했지만, 업무 효율성은 놀랍도록 개선되었다. 배송을 위해 직원이 선반에서 제품을 꺼내는 속도가 2배 증가했으며, 새롭게 진열해 정리하는 제품의 양도 2배 많아졌다. 6주간의 테스트에서 문 워커 사용으로 직원들의 근무 시간은 매주 41시간 단축되었다. 문 워커 엑스는 일반 소비자를 타깃으로 한 제품이 아니기 때문에 공식 웹사이트를 통해 판매되지는 않는다.

문 워커는 물류 및 유통 업계에 크게 기여할 수 있을 것으로 기대된다. 연구에 따르면 하루 3만 걸음 이상 걷는 창고 근로자들이 문 워커를 착용했을 때 업무 생산성이 2배 이상 향상된 것으로 나타났다. 또한 문 워커를 사용하는 한 기업은 직원들의 업무 이동 시간을 연간 400시간 가까이 절감할 수 있을 것으로 예측했다. 문 워커가 이동 속도를 높일 뿐만 아니라 직원들의 업무 효율성을 높이고 피로도를 줄여 주는, 혁신적인 설루션이 될 수 있음을 시사한다.

▶▶ 보행의 미래, 인간 중심의 모빌리티 혁신

미국 물류 시장은 2025년까지 약 1조 3,800억 달러(약 1,932조 원) 규모로 성장할 것으로 예상된다. 물류 업계에서는 효율성을 개선할 수 있는 방법을 모색하고 있다. 인공지능 신발은 이러한 니즈에 부응하는 핵심 기술로 부상하고 있다.

문 워커와 같은 인공지능 신발은 보행 속도를 높이고, 실시간 모니터링과 보행 분석을 통해 작업자가 안전하게 더 많은 배송을 신속하게 처리할 수 있도록 돕는다. 동일한 인력으로 더 많은 작업을 수행할 수 있다면, 물류 업계의 인력 부족 문제 또한 해결할 수 있을 것이다.

시프트 로보틱스는 문 워커를 산업 현장뿐 아니라 사람들의 일상생활에서도 자연스럽게 사용될 수 있는 이동 보조 장치로 자리매김하고자 한다. 건강을 위해, 그리고 재미를 위해 롤러 블레이드를 타는 듯한 즐거운 경험을 제공하고, 누구나 편리하게 활용하는 것을 궁극적인 목표로 삼고 있다.

　인간의 가장 기본적인 이동 방식인 보행이 차세대 기술과 함께 혁신적으로 변화하고 있다. 미래에는 신발을 신는 것만으로도 더 빠르고 효율적으로 이동하게 될지도 모른다. 문 워커는 그 변화의 시작점이다. 날개 달린 신발이라는 신화 속 이야기가 현실이 되는 순간이 우리에게 다가오고 있다. 인간 중심의 모빌리티 혁신을 상상하며, 미래에 이뤄질 즐거운 여정을 기대한다.

By 조민주
시카고에서 새로운 여정을 시작한 지 반년. 낯선 환경이 주는 신선함 속에서 미국 사회의 다채로운 면모를 흥미롭게 탐구하고 있다. 대학 시절 밤샘 팀플의 경험들이 새로운 아이디어와 트렌드를 찾는 즐거움을 알게 했고, 이 원고를 쓰는 데 밑거름이 되었다.

By 이영주
시카고살이 1년 차. 일상의 순간마다 다양한 트렌드를 관찰하고 분석하고 있다. 보스턴에서 통계학과 컴퓨터사이언스를 전공하며 숫자 너머의 맥락을 읽는 통찰력을 길렀고, 현재는 그 경험을 바탕으로 시카고 무역관에서 트렌드를 해석하고 전하는 조사 담당자로 일하고 있다.

스마트 의수로
회복하는 일상

멕시코시티

▶▶ 일상을 새롭게 살아가기 위한 장치

멕시코에는 인공지능 의수 기업 바이오그립Biogrip이 있다. 창업자인 알란 에르난데스Alan Hernandez는 2023년 10월 〈포브스〉와의 인터뷰에서 스마트 의수 무선 신경-기계 인터페이스wireless nerve-machine interface를 만드는 동안 만난 사람들을 떠올리면서 이렇게 말했다.

"누군가가 인공 팔다리를 가졌다고 하면, 우리는 우리가 그동안 미디어에서 접한 슈퍼 파워, 혹은 올림픽 우승자를 떠올릴 것이다. 하지만 우리가 만난 실제 사용자들은 '사랑하는 사람의 손을 잡고 싶다' '자신의 손으로 이름을 다시 써 보고 싶다'는 바람을 가진 따뜻하고 평범한 사람들이었다."

2019년 알란 에르난데스Alan Hernandez와 공동 창업자 이스라엘 곤잘레스Israel Gon-zalez는 인공지능을 통해 인간의 움직임과 기술의 경계를 허물며, 불의의 사고로 팔과 다리를 잃은 사람들이 일상을 새롭게 살아갈 수 있도록 돕는 스마트 의수를 개발했다. 이 스마트 의수는 뇌 신호를 전기 신호로 감지하는 센서와 인공지능이 만나 사용자의 의도된 움직임을 예측하고 정확하게 제어할 수 있는 무선 신경 기계 인터페이스wireless nervemachine interface다. 멕시코 의료 기기 분야에서 혁신을 불러오고, 나아가 사지 절단 장애인의 삶을 변화시킨 바이오그립에 대해서 알아보자.

▶ 기술성과 포용성을 한번에, 바이오그립의 도약

바이오그립의 무선 신경-기계 인터페이스는 기존 의수와 많은 면에서 차이를 보인다. 가장 획기적인 점은 재활 기간이 필요 없다는 것이다. 기존 재활 방식에는 짧게는 몇 주, 길게는 몇 년이 필요하다. 반면 바이오그립 사용자는 5분 안에 계란을 들 수 있고, 15분이면 작은 나사도 유리잔에 넣을 수 있을 정도로 미세 동작이 가능하다.

2019년에 창립한 바이오그립의 성과는 지금까지 무궁무진하다. 2022년 멕시코 몬테레이 INC 액셀러레이터2022 México Monterrey INC Accelerator에서 우승 이후 사우디아라비아 기업가 정신 월드컵Entrepreneurship

World Cup, EWC에서 3만여 개의 기업 중 단 1개의 기업에게만 부여하는 최고 기술상을 받을 영광을 안았다. 2023년에는 전 세계적으로 가장 영향력 있는 스타트업 액셀러레이터 프로그램 중 하나인 보스턴 테크스타 액셀러레이터Boston Techstars Accelerator 프로그램에 라틴아메리카 기업 중 유일하게 선정되어 강력한 잠재력을 입증했다. 바이오그립은 사전 계약으로 20만 달러(약 2억 8,000만 원)의 기술 계약을 체결했고, 향후 구독형 모델을 도입해 보철 기기의 비용 부담을 줄이고 접근성을 높일 계획이다. 또한 기술 접근성이 낮은 사람들을 위해 장비를 무상으로 기증하는 희망의 100가지 이야기100 Historias de esperanza 프로그램도 운영하고 있다.

▶ 무선 신경 기계 인터페이스가 대체하는 재활

재활에 들이는 시간이 획기적으로 단축될 수 있는 가장 큰 이유는, 인공지능이 사용자의 신호를 학습하며 자연스럽게 움직임을 보정하는 과정에서 시행착오를 줄여 주기 때문이다. 이는 스마트 의수를 맞춤형으로 제작하기에 가능하다.

바이오그립 스마트 의수는 먼저 사용자의 개인적인 배경과 경험에서 출발한다. 어떤 사고였는지, 기존 장치 경험은 어땠는지, 어떤 동작이 가장 절실한지 파악한 후 의료 및 심리적 평가를 동시에 진행한다. 이는 사용자가 의수를 심리적으로 수용하고, 일상생활에 통합할 수 있

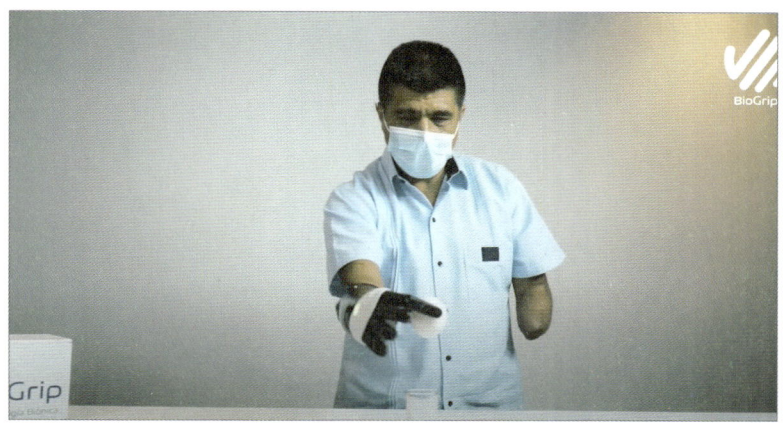

바이오그립 무선 신경 인터페이스로 달걀을 옮기는 사용자 출처: 바이오그립

는 상태가 되어야 제품을 적합하게 활용할 수 있고, 스마트 의수를 도구로 인식하는 편견을 넘어서서 자기 몸의 일부로 받아들이는 과정이 필요하기 때문이다.

그후 절단 부위 상태의 근전도 신호를 측정하여 뇌에서 전달되는 전기 신호가 충분한지 분석 후 3D 스캔으로 사용자의 피부와 절단면에 맞도록 의수를 제작한다. 사용자는 의수 조정 및 학습 기간을 통해 활용법을 익히고, 인공지능은 이 과정에서 점점 정밀하게 사용자 고유의 동작을 학습한다.

바이오그립은 미래에는 이 과정을 스마트폰 애플리케이션을 통해 원격 스캔으로 진행하겠다는 목표를 세웠다. 나아가 사지 이식 수술 후 신경 연결 지연으로 발생하는 근육 위축 문제와 신경 손상 회복을 위한 재활 장비 개발도 목표로 하고 있다.

바이오그립 무선 신경 기계 인터페이스로 동작을 학습하는 사용자 출처: 몬테레이 공과 대학

바이오그립 스마트 의수의 모든 제작 및 사용 단계는 철저히 개인화되어 제공되므로, 소비자가 단순히 구매를 원한다고 해서 누구나 사용할 수 있는 것은 아니다. 이 의수는 개인화된 짧은 학습 과정을 거친 후 평균적으로 약 5년간 사용할 수 있으며, 인공지능 기반의 실시간 움직임 예측 모델을 통해 사용자에게 직관적이고 끊어짐 없는 경험을 제공한다. 또한 높은 이동성과 정밀도로 설계되어, 글쓰기나 작은 물체를 집는 등 정교한 동작도 수행할 수 있다.

특히, 바이오그립 스마트 의수는 인공지능 기반 인터페이스를 활용하여 뇌의 전기 신호를 미리 코딩된 동작 모델로 변환한다. 일반적인 의수의 경우 사용자가 익숙해지기까지 1년 이상 걸리는 반면, 바이오그립 스마트 의수는 이 학습 기간을 10~15분 내외로 크게 단축시킨

보스턴 테크 스타 액셀러레이터에서 발표하는 CEO 알란 에르난데스   출처: 몬테레이 공과 대학

것이 특징이다. 현재 바이오그립 스마트 의수는 4개의 프로토타입 제작을 완료하고, 기술 개발을 마친 상태이며 상용화 초기 단계에 있다.

바이오그립은 한 기업의 성공 사례를 넘어, 멕시코 보건 의료 산업이 어떻게 인공지능 기술을 받아들이고 있는지를 보여 준다. 실제로 최근 몇 년 동안 멕시코는 보건 분야에 인공지능을 점진적으로 도입하면서 기술 기반 설루션의 가능성을 시험하고 있으며, 특정 질환에서부터 공공 보건 시스템에 이르기까지 다양한 영역에 적용하고 있다. 이는 멕시코 보건 의료 산업의 구조적 변화와도 맞닿아 있다. 다음은 멕시코 내에서 주목받고 있는 인공지능 기반 의료 기술의 다양한 사례들이다.

▶▶ 멕시코 보건 산업 내 인공지능 적용 사례

멕시코 의료 기기 분야에서 가장 보편적으로 인공지능이 활용된 사례는 피트니스 트래커와 스마트 워치와 같은 웨어러블 디바이스다. 시장 분석 기관 스태티스타Statista에 따르면, 멕시코 디지털 헬스 케어 시장 규모는 2017년 약 1억 6,300만 달러(약 2,282억 원)에서 2024년 처음으로 10억 달러(약 1조 4,000억 원)를 돌파했다. 이후 상승세가 유지되어 2029년까지 약 14억 2,500만 달러(약 1조 9,950억 원)에 이를 것으로 전망된다.

보건 전문가들은 지난 2020년 팬데믹이 멕시코 내 디지털 피트니스 수요를 증가시킨 주요 요인 중 하나라고 보고 있다. 주요 시장 공급자로는 핏빗Fitbit·핏코치FitCoach·가민Garmin·삼성 등이 있다.

멕시코 보건 산업 내 인공지능 적용 사례는, 질병 진단·조기 발견·예후 예측 등 의료의 다양한 분야에서 연구 기관과 주州를 중심으로 적

가민 스마트 워치 멕시코 현지 광고　　　　　　　　　　　　　출처: 가민

용되고 있다.

일례로 멕시코, 푸에블라 주의 공무원 건강 보험 기관ISSSTEP, ISSEMyM 에서는 고급 전자 의무 기록 시스템Expediente Medico Avanzado, EMA을 통해 환자의 검사 결과·입퇴원 기록·질병 경과 등을 하나의 시스템에 저장한다. 이 시스템은 의사·간호사·병원 관리자·약사 간의 실시간 협업을 가능하게 한다. 뿐만 아니라 약물 자동 조제 로봇과도 연동되어 정확한 용량만을 조제하여 낭비·재고 과잉·유통 기한 초과 등을 방지한다.

멕시코 안과 전문 기관인 루이스 산체스 불네스 병원Luis Sanchez Bulnes은 비즈니스 데이터 이볼루션Business Data Evolution과 협력하여 미숙아 망막 병증ROP을 조기에 감지하는 인공지능 기반 알고리즘을 2021년에 개발해 현지 의료계의 이목을 집중시켰다. 이 알고리즘은 마이크로소프트 애저Azure 클라우드 플랫폼을 활용해 스마트폰으로 안구 속의 뒷부분을 촬영한 이미지를 분석한 후, 몇 초 안에 질병 여부를 예측한다. 게다가 정확도가 60%였던 기존 진단법보다 더 높은 확률인 85%를 자랑한다. 멕시코에서는 매일 신생아 12명이 미숙아 망막 병증으로 시력을 잃기 때문에 이를 예방하기 위한 핵심 도구로 개발되었다. 특히 고가의 특수 장비를 대체할 수 있어 자원이 부족한 지역에서도 활용 가능할 것으로 예상된다.

마지막으로, 멕시코 진투라이프Genes2Life와 중국 코요테 바이오사이언스Coyote Bioscience는 2024년에 인공지능을 활용해 커피 머신 크기의 자동화 현장 진단 시스템 나노 루치Nano Luci를 발표했다. 이는 의료 서비스 접근이 제한된 지역 사회에서도 활용할 수 있는 인공지능 기반 의료 기기를 개발하는 데 목적을 두었다. 이 기술은 사전에 장착된 카트리지로 9~10분 내 분자 생물학적 진단을 수행할 수 있고, 코로나-19·인간 면역 결핍 바이러스HIV·결핵 등 다양한 질병을 탐지할 수 있어 지역 내 의료 격차가 큰 멕시코에서도 범용적으로 활용될 수 있다.

멕시코 정부는 헬스 케어 분야의 기술 개발 규제가 필요하다고 강조하고 있다. 2024년 5월 멕시코 보건부는 최근 자체 보고서를 통해 "보건 분야에서 인공지능 기반 의사 결정 도구의 도입은 필수적이며, EU 인공지능법EU AI Act* 등을 참고해 멕시코에서도 보건 분야 인공지능 규제 프레임워크를 제정해야 한다"고 밝혔다.

▶▶ 통합 설루션과 현장 진단 기술, 한국 기업의 기회로

멕시코는 디지털 보건 인프라와 인공지능 기술 적용이 빠르게 적용되는 성장 시장이다. 특히 규제 환경이 유연한 상황이기 때문에, 멕시코는 소비자의 반응과 기술 실증을 동시에 검토할 수 있는 전략적인 진입 시장이 될 수 있다.

멕시코는 북·중부·남부 간 지역 격차가 크고, 인종적·사회경제적 불균형도 뚜렷한 국가다. 따라서 사회 문제 해결형 인공지능 헬스 기

- 2024년 3월 유럽 의회에서 가결된 세계 최초의 포괄적 인공지능 규제법이다. 인공지능 활용 금지 행위, 고위험 인공지능 시스템, 인공지능 시스템 제공자 및 배포자 의무 등에 대해서 다루고 있다.

술은 단순한 소비자 니즈를 넘어서 정부 기관의 관심 대상이기도 하다. 이러한 기술은 공공성과 포용성을 갖춘 ESG 관점에서 정책 수요와도 연결된다. 바이오그립과 나노 루치 사례에서 볼 수 있듯, 기술 자체의 성능뿐만 아니라 장애인 등 사회적 약자의 삶의 질을 얼마나 개선할 수 있는지에 따라 멕시코 사회의 반응이 달라진다. 이는 한국 헬스 테크 기업들이 기술력뿐 아니라 사회적 가치를 강조하는 ESG 기반 전략을 통해 멕시코 시장에서 경쟁력을 확보할 수 있음을 시사한다.

멕시코는 의료 사각지대가 큰 편이다. 그래서 원격 진단과 모바일 플랫폼 수요가 크고, 인공지능 기술과 현장 진단 장비가 결합된 상품과 기술에 대한 수요 또한 높다. 멕시코의 주요 인공지능 의료 기술 발전은 현지 스타트업·병원·글로벌 IT 기업 간의 파트너십을 통해 진행되고 있다. 루이스 산체스 불네스 병원이 마이크로소프트와 협력하여 미숙아 망막 병증 초기 시스템을 수립하는 사례는, 기술 기반 국제 공동 연구와 오픈 이노베이션 가능성을 암시한다.

한국 기업도 현지 스타트업, 의료 기관과 공동 개발, 기술 이전을 통해 멕시코 시장 진출이 가능하다. 초기 진출 시에는 잠재 구매 기관과의 네트워킹 등을 위해 기부 기반 CSR 프로그램을 활용하는 기업도 일부 있는 관계로, 진출 희망 기업들은 이러한 점도 참고 가능하다.

By 박서영

2026년 2월 귀임을 앞둔 초파 과장입니다. 중남미의 심장인 멕시코시티에서 일과 학업이라는 두 마리 토끼를 잡기 위해 오늘도 분투 중입니다.

By 에릭 바라하스

저는 국제 관계 전문가이자 사회학자입니다. 현재 코트라 멕시코 무역관에서 리서치 분석가로 근무하고 있습니다. 독서와 그림 그리기를 좋아하고, 맛있는 음식을 먹거나 드라마를 보는 것도 아주 좋아합니다.

초고령 사회의 간병 혁신, 스마트 배설 케어

후쿠오카

▶▶ **간병 인력 부족 문제를 앞둔 초고령 사회**

2024년 12월, 한국은 전체 주민 등록 인구 중 65세 이상 인구의 비율이 처음으로 20%를 넘기며 초고령 사회˚로 진입했다. 2000년 11월 공식적으로 고령화 사회에 접어든 지 17년 후인 2017년 8월에 고령화 비율 14.02%로 고령 사회에 진입했고, 또 다시 7년 4개월 만에 초고령 사회를 맞이했다. 고령 사회에서 초고령 사회로 진입하는 데 덴마크가

- 65세 이상 인구가 전체 인구에서 차지하는 비중이 7% 이상이면 고령화 사회, 14% 이상은 고령 사회, 20% 이상은 초고령 사회로 구분한다.

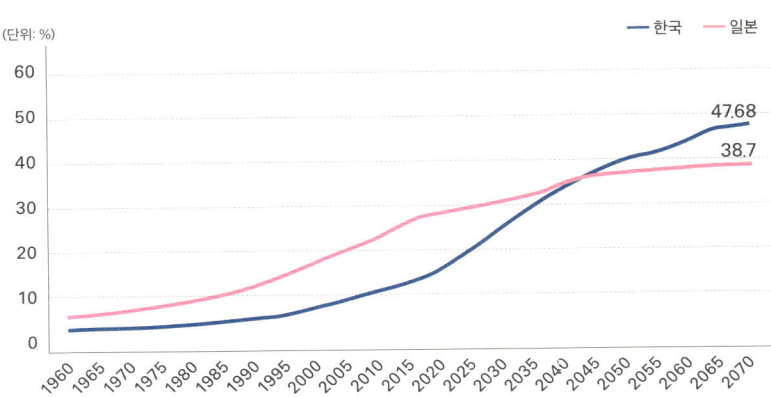

한국과 일본의 65세 이상 인구 비율 변화 추이

출처: 한국 통계청, 일본 총무성 통계국

42년, 프랑스가 29년, 일본이 10년 걸린 속도와 비교하면 매우 빠르다.

2007년, 한국보다 먼저 초고령 사회에 진입한 일본도 상황이 좋지 않다. 일본 총무성Ministry of Internal Affairs and Communications, MIC이 2024년 9월 15일에 발표한 추계 인구에 따르면, 65세 이상 인구는 3,625만 명으로 전체 인구에서 65세 이상 인구 비율이 약 29.3%다. 특히 2025년은 전후 베이비붐 세대(약 800만 명)인 단카이 세대가 모두 75세 이상의 후기 고령자가 되는 해다. 이에 따른 의료 및 간병 수요가 폭증할 것으로 예상되어 '2025년 문제'로 불리고 있다.

이러한 초고령 사회 속에서 양국 모두 간병 인력 부족 문제에 직면해 있다. 한국 은행 고용 분석 팀이 발행한 2024년 보고서에 따르면, 한국의 돌봄 서비스 인력 부족 규모는 2022년 19만 명에서 2032년

38~71만 명, 2042년에는 61~155만 명으로 급증할 것으로 예상된다. 이러한 인력 부족으로 인해 가족 간병이 증가하면서 2042년에는 국내 총생산GDP의 2.1~3.6%에 달하는 경제적 손실이 발생할 것으로 추정된다.

일본의 후생 노동성에 따르면 2024년 간병 업계 유효 구인 배율은 3.9로, 2024년 전체 산업 평균인 1.25의 약 3배에 달한다. 일본의 간병 인력 부족은 2026년에는 약 25만 명, 2040년에는 약 57만 명에 이를 것으로 예상된다. 유효 구인 배율은 구직자 대비 구인자 비율로 수치가 높을수록 기업이 필요한 인력을 구하기 어려움을 보여 준다.

간병 인력 부족의 주요 원인은 높은 노동 강도로 인해 장기 근속자가 적다는 데 있다. 2020년 한국 BMS 제약의 인식 조사에 따르면, 만 20~59세 일반 국민 1,000명 중 중증 질환 환자 보호자의 약 80%가 간병 스트레스를 경험한다. 또한 간병 과정에서 감염병에 걸린 경험이 있다는 응답은 36.8%였으며, 이 중 56%는 지난 1년간 감염병에 걸린 적이 있다고 응답했다. 국민 건강 보험 공단의 2023년 요양 병원 간병 서비스 제공 실태 조사 결과, 간병인의 근속 기간이 1년 미만인 경우가 44.5%에 달하는 것으로 확인되었다.

▶▶ 가장 힘들었던 간병 업무 조사에서 시작된 서비스

일본에서는 간병 업계의 인력 부족 문제를 해결하기 위해 간병 서비스의 디지털 전환digital transformation, Dx이 중요한 대안으로 떠오르고 있다. 디지털 전환이란 아날로그 방식의 업무와 서비스를 디지털 기술을 활용해 효율적으로 전환하는 과정을 의미한다.

일본 식품 안전 케어 협회Japan Society of Food & Care Attendants에 의한 설문 조사에서 가장 힘들었던 간병을 조사한 결과, 배설 케어가 24.5%로 1위를 차지했다. 배설 보조는 간병인이 화장실까지 이동할 수 있는 경우 보행이나 변기로 이동하는 과정을 돕는다. 그리고 옷을 입거나 벗는 동작을 돕고, 배변 후 뒷정리도 도와준다. 자주 잠을 자는 경우에는 소변병을 이용한 배뇨와 기저귀 교환 등의 케어도 함께 진행된다.

초고령 사회에 접어든 일본은 고령자·장애인 등 움직임이 어려운

간병인들이 뽑은 가장 힘든 업무

- 배설 보조 24.50%
- 병원 동행 11.80%
- 기저귀 교환 11.80%
- 옷 갈아 입히기와 청소 3.90%
- 목욕 보조 11.80%
- 식사 보조 19.60%
- 보행 보조 12.70%
- 기타 3.90%

출처: 일본 식품 안전 케어 협회

사람들을 위한 스마트 배설 케어 시스템 개발에 힘쓰고 있다. 이 시스템은 센서, 인공지능 사물 인터넷Internet of Things, IoT 기술을 통해 배설 시기를 예측하고 사용자와 보호자에게 알람을 제공하여 생활의 질을 향상시키는 디지털 전환의 대표적인 예시다.

배설 보조의 부담이 큰 이유로는 '기저귀 교체가 힘들다', '횟수가 많다', '한밤중에 일어나야 한다', '냄새·오물·오줌이 묻는다', '수치심을 고려해야 한다' 등의 답변이 있었다. '현실을 직시했을 때 생각보다 충격적이었다'는 경험담도 있었다. 실제로 현장을 목격하면 상상 이상으로 힘들다고 느끼는 사람이 많은 것으로 보인다.

▶▶ 효율적인 해결을 위해 개발된 웨어러블 기기

그렇다면 어떻게 해야 이러한 배설 보조를 덜 힘들게 하고, 적은 간병 인력으로도 효율적으로 고령화 문제에 대응할 수 있을까? 일본에서 대표적인 스마트 배설 케어 제품으로는 디프리DFree가 있다.

디프리는 초음파 센서를 통해 방광 내 소변이 쌓이는 상태를 실시간으로 측정하고, 배뇨 시점을 미리 알려 주는 웨어러블 기기다. 이를 통해 사용자는 배뇨를 놓치지 않도록 돕고, 요실금 등의 불편함을 줄일 수 있다. 배뇨 시기를 정확히 예측할 수 있어, 사용자는 여유 있게 화장실에 갈 수 있고, 신체적으로나 정신적으로 더 편안한 일상생활을 유지할 수 있다.

디프리의 사용 방법은 매우 간단하다. 기기는 하복부에 착용하며, 초음파를 이용해 방광의 소변량을 실시간으로 확인할 수 있다. 그래프나 알림을 통해 소변 상태를 추적하고, 이를 바탕으로 언제 화장실에 갈지를 정확히 알 수 있다. 또한, 스마트폰 앱을 통해 알림을 받을 수 있어, 사용자가 물리적으로 떨어져 있어도 가족이나 간병인에게 소변 상태를 전달할 수 있다. 이러한 특징은 특히 고령자 및 신체적 제한이 있는 사용자에게 유용하며, 요양원 등 시설에서도 폭넓게 활용 가능하다. 또한, 디프리는 2022년부터 복지 용구로 인정받아 간병 보험을 통해 9,900엔 수준의 저렴한 비용으로 구매할 수 있는 장점이 있다.

디프리 홈페이지에 소개된 실제 사용 후기를 살펴보면 다음과 같다. 77세의 한 사용자는 치매로 인해 요의를 제대로 느끼지 못하는 문제가 있었다. 기저귀로 인한 안정감 때문에 기저귀 용량을 초과하여 누출되더라도 계속해서 기저귀 안에 배설하는 상황이 발생했고, 그 결과 기저귀 교체가 자주 필요해 간병인에게 큰 부담이 되었다. 그러나 디프리 도입 이후, 사용자는 스스로 화장실에 갈 수 있게 되었다. 뿐만 아니라 배변 알림 기능을 통해 수치가 '6'에 도달하면 음성 안내를 통해 화장실로 유도되어 배변 성공 확률이 크게 증가하는 긍정적인 변화를 경험했다. 이와 같이 사용자가 화장실 이용에 대한 새로운 기준을 설정하고 자발적으로 배변 활동을 하게 되면서, 기저귀 교체에 따른 부담도 현저히 줄어드는 긍정적인 경험을 했다고 한다.

디프리를 도입한 일본의 한 요양원은, 이전에 배뇨 시점을 예측하기 어려웠던 상황이 디프리의 도입으로 개선되었다고 한다. 간병인들

 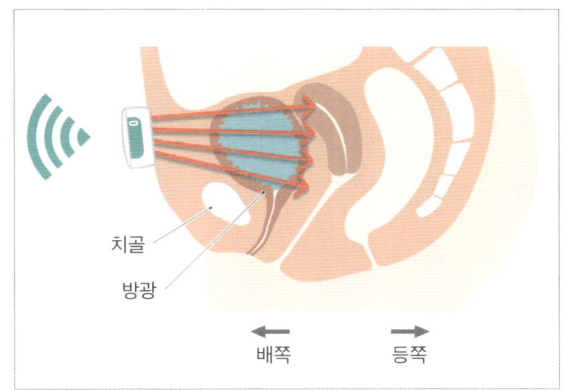

디프리 작동 원리 출처: 디프리 홈페이지

이 예상보다 더 정확한 시간대에 입소자를 화장실로 유도할 수 있게 되었고, 사용자가 화장실에서 배뇨를 완료한 후에도 패드가 더러워지지 않은 상태를 유지하여 입소자와 간병인 모두에게 만족감을 주었다는 것이다. 디프리 착용 후 배뇨 성향 분석을 통해 새롭게 설정된 시간대에 맞춰 배뇨 유도가 이루어졌으며, 그 결과 약 70~80%의 성공률을 기록하는 등 배뇨 유도 횟수가 적정화되어 간병인의 부담도 크게 경감되었다고 한다.

▶▶ 스타트업부터 대기업까지 주목하는 서비스

디프리와 같이 혁신적이고 과감한 도전을 시도하는 스타트업뿐만 아니라, 전자 제품 대기업들도 배설 케어 제품에 주목하고 있다. 일본을 대표하는 가전 대기업 파나소닉Panasonic Corporation은 초고령화 사회에 대응하고 스마트 배설 케어 시장에 진출하기 위해, 라이프렌즈LIFELENS라는 시스템을 개발했다.

라이프렌즈는 요양 시설을 대상으로 다양한 센서와 인공지능 기술을 활용한 첨단 돌봄 지원 시스템이다. 시스템은 수면·배설·활동 상태 등을 실시간으로 모니터링 하며, 간병인의 업무 효율성을 높이고 보다 정확하고 체계적인 돌봄을 제공하는 것을 목표로 한다. 그렇다면 라이프렌즈 시스템의 여러 기능 중 배설 관리 시스템은 구체적으로 어떻게 작동할까?

라이프렌즈는 기존 변기에 간편하게 부착할 수 있는 배설 센서를 활용해 배설 정보를 자동으로 감지·기록·분석하며, 데이터를 실시간으로 제공한다. 이를 통해 입소자의 화장실 이용 시간과 배설 상태를 자동으로 감지하고, 해당 데이터를 체계적으로 관리할 수 있다. 또한, 라이프렌즈를 사무실의 컴퓨터와 연계하면 요양 보호사들이 실시간으로 배설 정보를 확인하고 보다 정확한 케어를 제공할 수 있다. 센서와 인공지능 기술을 활용하여 배설 데이터를 자동으로 기록하며, 배설 시간대·횟수·양 등을 분석해 평소와 다른 변화를 감지할 수 있다.

라이프렌즈 프로젝트 리더 야마오카 마사루는 파나소닉 홈페이지에 게시된 공식 인터뷰에서 "최첨단 기술을 활용해 고령자의 건강을 지원하고 싶었다"고 밝혔다. 그는 간병인의 주관적인 정보와 객관적인 데이터를 결합하면 더욱 효과적인 케어가 가능하다고 설명하면서 정확한 데이터 기록의 중요성을 강조했다. 또한, 라이프렌즈가 단순한 간병 보조 제품을 넘어 요양업 전체에 기여하는 플랫폼으로 자리 잡기를 기대한다고 전했다.

라이프렌즈의 배설 센서는 화장실 이용 과정을 자동으로 모니터링한다. 입소자가 화장실에 들어가면 입실을 감지하고, 착석 시간을 기록한다. 배설이 이루어지면 그 상태를 분석하여 데이터를 저장하며, 이를 서버에서 통합 관리한다. 해당 시스템은 기존 변기에 간단히 부착할 수 있도록 설계되어 있으며, 탈부착이 용이해 세척 및 유지·보수가 간편하다.

파나소닉과 협력하여 라이프렌즈 배설 센서를 도입한 일본의 고급 요양 시설 그란다 요츠야グランダ四谷는 라이프렌즈를 통해 배설 상태를 보다 정확히 파악할 수 있게 되었다. 도입 전에는 입소자의 기억이나 변기의 상태(냄새·흔적) 확인에 의존해야 했기 때문에 정확한 지원이

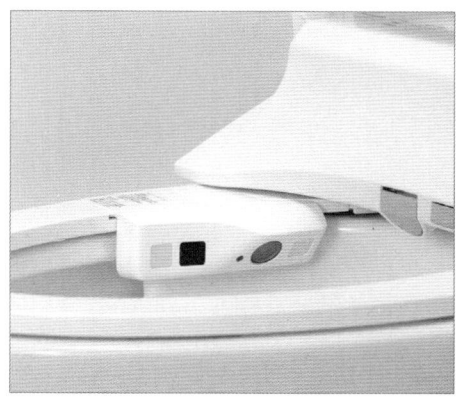

라이프렌즈 배설 센서

출처: 파나소닉 홀딩스 제공

어려웠지만, 센서를 통해 데이터를 시각화하면서 보다 객관적인 정보 기반의 지원이 가능해졌다. 현재 요양 보호사 및 간호 직원이 실시간으로 데이터를 확인하며 활용하고 있으며, 앞으로는 모든 직원이 데이터를 적극적으로 활용해 입주자의 생활 패턴을 최적화하는 것이 목표라고 한다. 라이프렌즈의 배설 센서는 일본의 시니어 라이프 종합 연구소 비즈니스 어워드 2023에서 제품상을 받았다.

한편 디프리는 고령자 개인이 직접 착용하는 웨어러블 배뇨 센서다. 배뇨 상태를 실시간으로 감지하고 예측하여 요실금 예방 및 자립 지원에 초점을 맞추고 있다. 가정에서도 사용이 가능하며 배뇨 습관을 데이터화하여 개인 맞춤형 케어를 제공한다.

반면 라이프렌즈는 주로 요양 시설에서 활용된다. 다수의 입소자를 체계적으로 관리할 수 있도록 설계된 배설 케어 시스템이다. 즉, 디프리는 개인 맞춤형 자립 지원을, 라이프렌즈는 요양 시설 내 체계적인 관리 및 간병인의 업무 경감을 목표로 한다는 점에서 차이가 있다.

▶▶ 스마트한 간병·요양 서비스로 초고령 사회에 대비

한국은 세계에서 가장 빠른 속도로 고령화가 진행되고 있다. 그래서 2045년에는 한국의 고령 인구 비율이 37.4%에 달해 일본(36.7%)을 넘어설 것으로 예상된다. 한국과 일본은 동일한 고령화 사회의 길을 걷고 있다. 특히 간병 인력 부족이라는 공통된 문제에 직면해 있다.

먼저 고령화 사회로 진입한 일본에서는 이미 가정과 요양원에 스마트 배설 케어 기술을 도입하여 간병 부담을 줄이고 요양 서비스의 질을 개선하고 있다. 이러한 공통된 사회적 변화 속에서, 스마트 배설 케어와 같은 혁신적 기술이 양국의 간병 문제 해결에 중요한 역할을 하게 될 것이다.

By 김성영
가깝고도 먼 나라 일본 거주 3년 차. 대한 해협도 수영해서 13시간 만에 건넌다는데, 동네 수영장 등록은 왜 이렇게 오래 걸릴까. 두 문화의 교차점에서 매일 발견하는 '차이'를 관찰하는 것이 즐겁다.

By 황신혜
1년간 교환 학생으로, 반년간 코트라 현장 실습생으로 지내고 있는 도시, 후쿠오카. 스물두 살, 첫 사회 생활을 시작한 후쿠오카 무역관에서의 시간은 하루하루가 새로움과 배움의 연속이다. 나의 첫 사회생활이 이곳에서 시작되었다는 사실이 참 뜻깊다. 이 시간은 평생 기억에 남을 특별한 경험이 될 것 같다.

글로벌 패션 테크 혁명,
맞춤 의류 시장의 새로운 미래

밀라노

▶ 럭셔리 패션, 디지털 기술을 만나다

몸에 꼭 맞는 이탈리아 명품 의류를 장인의 손길 그대로 집에서 경험할 수 있다면 어떨까. 럭셔리 패션의 가치는 디테일에서 비롯된다. 그 디테일 중에서도 가장 섬세한 요소가 피팅이다. 피팅은 착용자의 품격을 높이고, 디자인 본연의 아름다움을 극대화한다. 최근 럭셔리 패션 업계는 이러한 피팅의 중요성을 디지털 기술과 융합하며 한 단계 더 진화하고 있다. 바로 이탈리아에서 패션 테크의 중심에서 떠오르고 있는 스타트업 프로케Proke가 그 주인공이다.

프로케는 정밀한 신체 사이즈 측정을 위한 특수 수트와 스마트폰

맞춤 옷 제작 과정　　　　　　　　　　　　　　　　　　　출처: 프로케 홈페이지

애플리케이션을 결합한 인공지능 기반의 3D 신체 측정 시스템이다. 사용자가 수트를 착용하고 스마트폰으로 간단히 촬영하면, 이미지 분석을 통해 신체 데이터가 만들어지고 이 정밀한 수치는 맞춤 의류 제작에 활용된다.

　이 기술은 팬데믹을 계기로 개발되었다. 이탈리아의 숙련된 재단사 로베르타 오스텔라리Roberta Ostellari와 엔지니어인 그녀의 딸 파올라 그리지오Paola Griggio는 대면이 어려운 상황에서 정밀하게 피팅할 수 있는 방안을 고민했고, 그 결과 프로케가 탄생했다. 전통 재단 방식에 디지털 기술을 결합한 프로케는, 비대면 시대에 최적화된 새로운 맞춤 의류 설루션을 제시하며 업계의 표준을 새롭게 정의했다.

▶▶ 프로케 기술의 원리와 사용 방법

프로케는 맞춤 의류 산업에서 활용되는 B2B SaaS(클라우드 기반 서비스형 소프트웨어) 설루션이다. 프로케 시스템의 혁신성은 크게 두 가지 핵심 요소로 이루어진다.

첫 번째 요소는 사용자 신체 치수 측정을 위해 제작된 특수 수트다. 사용자가 입어야 하는 이 수트는 신축성과 복원력이 뛰어난 스판덱스 등의 고기능성 섬유로 제작되어 다양한 체형에 밀착된다. 그리고 촬영 시 정확하게 신체 윤곽을 드러내도록 설계되어 있다. 수트 전면과 후면에는 여러 개의 비접촉형 마커visual fiducial markers가 인쇄되어 있으며, 인체의 주요 지점—어깨·허리·엉덩이·무릎·발목 등—에 정확히 배치된다. 이 마커들은 프로케의 이미지 분석 알고리즘이 측정 기준점landmark points을 인식하고, 각 마커 간의 거리 및 각도를 정밀하게 계산함으로써 신체의 입체적 구조와 비례를 포착하는 데 핵심적인 역할을 한다.

두 번째 요소는 사용자 친화적인 스마트폰 애플리케이션이다. 사용자는 앱의 상세한 안내에 따라 수트를 착용하고, 특정 자세와 위치에서 스마트폰 카메라로 촬영을 진행한다. 보통 2~3장의 전신 사진을 정해진 각도에서 촬영하는 방식이다. 앱은 실시간 피드백을 통해 촬영자의 자세·거리·조명 상태 등을 점검하여 데이터 수집 과정에서 발생할 수 있는 오차를 최소화한다.

촬영된 이미지는 즉시 프로케의 클라우드 서버로 전송된다. 클라우드에서는 고도화된 인공지능 알고리즘이 이미지를 정밀하게 분석

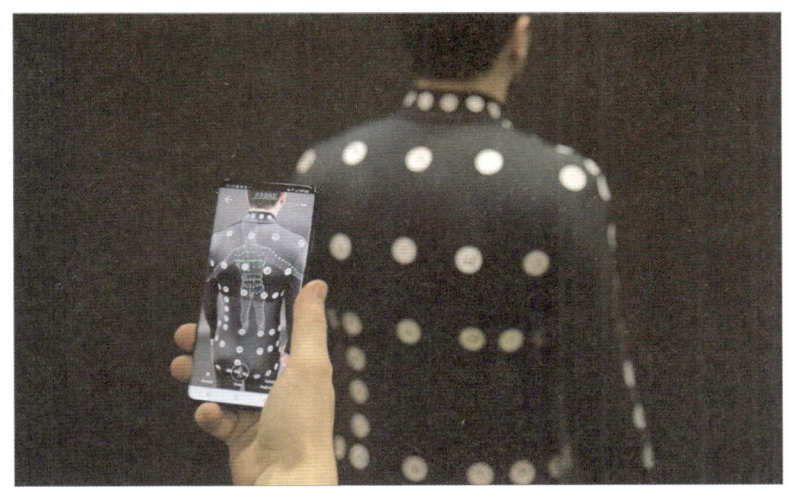

프로케 애플리케이션과 기술 출처: 프로케 홈페이지

한다. 이 인공지능 시스템은 수집된 데이터를 기반으로 사용자의 3차원 신체 모델을 밀리미터 단위까지 정확히 구현한다. 특히, 인공지능은 미세한 신체 굴곡과 형태뿐 아니라 촬영 시 나타나는 자세의 미세한 변화까지 자동으로 보정한다.

프로케의 방식은 기존의 고가 3D 스캐너나 순수 소프트웨어 기반의 측정 방식과 다르게 탁월한 정확성과 신뢰성을 제공한다. 3D 스캐너는 초기 도입 비용과 공간적 제약 때문에 중소 규모 업체에서 사용하기 어렵고, 소프트웨어 기반 방식은 촬영 환경이나 사용자의 숙련도에 따라 측정 정확도가 크게 변동될 수 있는 한계도 있다. 반면 프로케의 방식은 비용 부담이 적어 중소 규모의 기업에서도 도입하기가 쉽다. 또한 높은 데이터 품질을 바탕으로 정확성과 일관성을 동시에 제공함으로써 의류 제작 과정에서 발생할 수 있는 오류, 재작업률을 현저히 감소시킨다. 결과적으로 맞춤 의류 업체는 생산 공정에서 소요되는 시간과 비용을 크게 절약할 수 있게 된다.

▶▶ 프로케만의 독보적인 경쟁력, 정확성과 지속 가능성

프로케가 구현한 사용자 중심의 서비스는 고객 만족도를 높인다. 효율성이 향상된 맞춤 의류 제작 과정은 제작 기간을 단축시키고 비용도 절감하게 하는 실질적인 이점을 제공한다. 이 이점은 기업이 어떻게 활용하느냐에 따라 고객의 만족도와 브랜드에 대한 신뢰와 충성도를 더 크게 높일 수도 있기 때문에 훌륭한 비즈니스 도구가 된다.

맞춤 의류 시장의 경쟁이 치열해지는 가운데, 프로케는 명확한 기술적 차별화를 통해 경쟁 우위를 확보하고 있다. 앞서 설명한 것처럼 기존의 3D 스캐너는 높은 정확도를 보장하지만, 장비 가격이 높고 설치 공간 역시 물리적으로 넓게 차지하기 때문에 현실적인 제약이 뒤따른다. 또한, 인공지능 기반의 단순 측정 애플리케이션은 촬영 환경과 사용자 숙련도에 따라 정확도가 달라지는 한계가 있다. 반면, 프로케는 전용 측정 수트를 개발하고 스마트폰 앱과 연동시킨다는 간단한 조합만으로 높은 정밀도를 유지함으로써 기술적·물리적 제약을 효과적으로 해결했다.

간편한 사용과 높은 데이터 정확성은 의류 제작자와 소비자 모두

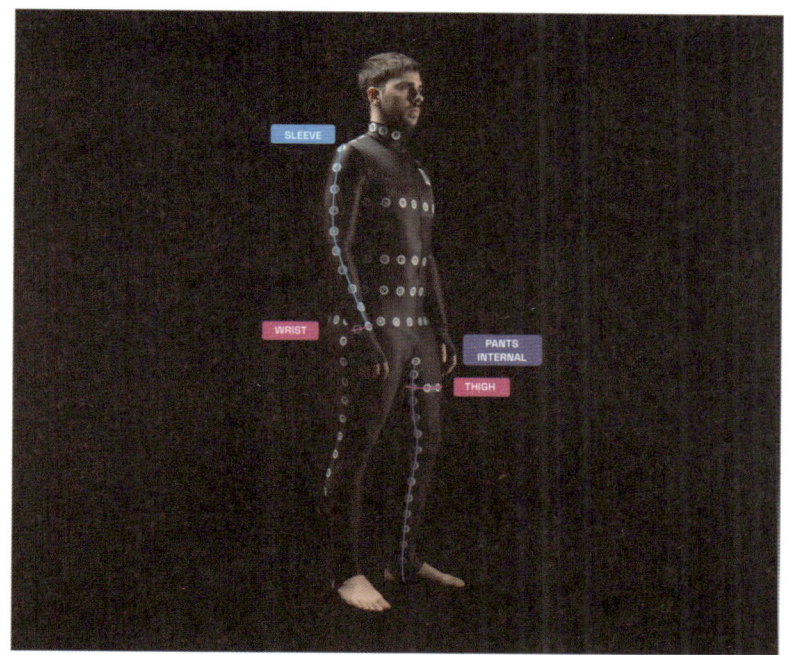

프로케 수트   출처: 프로케 홈페이지

에게 강력한 경쟁력으로 작용한다. 장인의 정교한 제작 기법과 효율성 높은 디지털 기술의 조화는 프로케가 의류 시장에서 독보적인 위치를 차지하는 이유이기도 하다.

프로케의 기술은 지속 가능성 측면에서도 강점을 보인다. 기존 맞춤복 제작 과정에서는 고객과 재단사가 수차례 직접 만나야 했다. 이로 인한 이동은 탄소 배출의 주요 원인이 된다. 예를 들어, 밀라노와 뉴욕 간의 왕복 항공 이동 시 1명의 승객이 약 1t의 이산화탄소를 배출한다. 그러나 프로케가 개발한 원격 측정 시스템은 고객의 물리적 이동을 최소화해 탄소 배출량을 현저히 줄이고 있다.

뿐만 아니라 정확한 신체 측정을 바탕으로 줄어든 제작 오차는 원단 사용의 효율을 높이고, 의류 폐기물을 최소화한다. 이는 자원 효율을 높이고 환경에 미치는 영향을 줄이는 데 기여하며, 기업이 지속 가능한 생산 체계를 구축하는 데 실질적인 바탕이 된다.

소비자 역시 보다 책임 있는 소비를 실천할 수 있다. 신체에 맞지 않는 옷으로 인한 반품과 교환이 줄어들고, 그에 따라 물류 과정에서 발생하는 탄소 발자국도 함께 감소한다. 이로써 기업과 소비자가 함께 지속 가능한 패션 생태계를 만들어 갈 수 있도록 하는 연결 고리 역할도 함께 수행하고 있다.

▶▶ 비대면 시대, 새로운 표준

프로케 기술은 고급 맞춤복 브랜드들에게 새로운 가능성으로 주목받고 있다. 일부 브랜드들은 프로케 원격 맞춤 측정 서비스 기술 도입을 테스트하며, 전 세계 고객을 대상으로 한 글로벌 D2C_{Direct to Consumer} 전략을 강화하고 있다. 소비자 역시 매장 방문 없이도 과거에는 상상하기 어려웠던 이탈리아 수제 의복의 정교함과 품격을 집에서 손쉽게 경험할 수 있게 되었다.

프로케의 주요 고객층인 고급 테일러링 브랜드들도 이러한 기술의 가능성을 빠르게 도입하고 있다. 대표적인 이탈리아의 맞춤 정장 브랜드로 사르토레 아빌리아멘토Sartore Abbigliamento가 있다. 이 회사는 40년 이상 장인 정신을 이어 온 기업인데, 프로케의 측정 시스템을 전통 방식에 접목해 피팅의 정밀도를 크게 향상시켰다. 이 브랜드는 기존에 접근이 어려웠던 해외 고객을 포함해 더 넓은 고객층에게 고품질 맞춤 서비스를 제공하고 있다. "프로케 덕분에 3분 만에 고객 체형을 정확하게 계측할 수 있었고, 결과는 매우 훌륭했다"는 평가를 내놓았다.

현재 프로케는 이탈리아 내에서 소수 브랜드를 중심으로 시범 도입되어 활용되고 있다. 재단사들과 맞춤복 생산자들은 '측정의 자동화'와 '데이터 일관성' 측면에서 기술적 신뢰를 보이고 있다. 장기적으로는 생산 공정의 효율성을 높일 솔루션으로 기대를 받고 있다. 아직은 대중적 확산에 이르지는 않았지만, 이러한 반응을 통해 향후 시장의 확대 가능성을 기대하고 있다.

프로케의 성장은 국제 무대에서도 두드러지고 있다. 2024년 피렌체에서 열린 e-P 서밋e-P Summit에서는 이탈리아 대표 혁신 스타트업으로 선정되었으며, 글로벌 신발 전시회인 밀라노 MICAM에서도 패션테크 분야에서 주목을 받았다. 2025년에는 세계 최대 전자 박람회인 CES에 참가해 북미 시장에서도 본격적인 관심을 끌었다. 이러한 전략적 행보는 프로케가 유럽을 넘어 전 세계 패션 산업의 디지털 전환을 선도하는 플랫폼으로 성장하고 있음을 보여 준다.

▶▶ 패션 산업의 미래를 열어 가는 길

프로케는 이미 맞춤 의류 시장에서 탁월한 정확성과 편의성으로 긍정적인 평가를 받고 있다. 지속적인 기술 개발과 글로벌 파트너십을 통해 인지도도 꾸준히 높이는 중이다. 이들의 시작은 맞춤 정장이지만 다양한 의류 제품군을 선보일 계획이다. 최근에는 기능성과 퍼포먼스가 중시되는 스포츠 웨어 분야로 확장했다. 사이클링 의류·레이싱 수트와 같은 고기능 스포츠 의류는 신체의 자유로운 움직임과 정확한 피팅이 경기력과 직결되기 때문에 더욱 정밀한 맞춤 기술이 요구된다. 기존의 스포츠웨어 제작은 일반적인 표준 사이즈를 기반으로 해 선수 개개인의 신체 특성을 충분히 반영하지 못했지만, 프로케의 디지털 측정 시스템은 각 선수의 신체 데이터를 밀리미터 단위로 정밀하게 분석해 최적화된 피팅을 가능하게 한다.

특히 사이클링 의류의 경우, 신체 치수의 아주 미세한 차이가 공기 저항, 근육 사용의 효율성, 체온 조절 등에 영향을 미칠 수 있다. 프로케의 기술은 그 미세한 차이를 과학적으로 정밀하게 구현하게 함으로써, 프로 선수뿐 아니라 아마추어 선수들도 자신의 기록과 기량을 넘어서 새로운 기회를 쟁취할 수 있는 바탕을 만든다.

프로케의 기술력은 스포츠웨어 브랜드들의 경쟁력을 강화하는 데도 크게 기여한다. 프로케는 현재 레이싱복과 사이클링복을 시작으로, 등산복·골프 웨어·요트 의류 등 다양한 고기능 의류 분야로 사업 영역을 확장하기 위해 준비하고 있다. 이 기업의 분야 확장은 제품 성능 향상에 그치지 않을 것이다. 소비자의 수준을 함께 끌어올림으로써 산업과 문화 역시 긍정적인 측면으로 발전하는 토대가 된다.

▶▶ 우리가 곧 만나게 될 패션 테크

프로케의 기술은 신체 측정 기술면에서 경제성·정확성·신뢰성을 모두 갖춘 종합적인 패션 테크 솔루션으로 자리 잡고 있다. 이는 글로벌 의류 산업 전반에 걸쳐 새로운 표준이 될 가능성이기도 하다. 코트라는 이 기업이 그리는 미래가 다양한 패션 비즈니스에서 핵심 도구가 될 것으로 기대한다. 특히 인공지능과 빅데이터 기술을 기반으로 고객의 신체 정보뿐 아니라 스타일 선호도·활동 유형·라이프 스타일까지 통합적으로 연계된다면, 진정한 의미의 '개인화된 패션'을 구현하는 선두주자가 될 것이다. 기술과 감성, 정밀함과 개성, 오프라인 장인 정신과 디지털 혁신이 조화를 이루는 새로운 시대가 머지않았다. 프로케는 패션 산업의 미래를 새롭게 정의하고 있다.

By 유지윤
여행과 음식을 좋아해 이탈리아에 머물게 된 것을 인생 최대 행운 중 하나라고 여기는 밀라노의 직장인. 인문학 전공자의 관점으로 이탈리아의 경제·정치·산업을 조사하고 이를 글로 엮어 가는 밀라노 무역관의 14년 차 조사 담당자.

침대부터 우주까지,
당신의 몸을 읽는 스마트 셔츠

밴쿠버

▶▶ 글로벌 스마트 의류 시장 규모

캐나다에 사는 젠은 기쁜 마음으로 달리기를 마쳤지만, 자신의 손목을 내려다보고는 탄식했다. 스마트 워치를 착용하지 않았기 때문이다. 달린 시간·거리·심박수 등을 점검할 수도 없게 되었고, SNS에 오늘의 운동 기록을 올릴 수도 없게 됐다. 젠의 이야기처럼 스마트 웨어러블 기기는 이제 생활의 일부로 자리 잡았다.

건강 관리, 피트니스 추적 등에 활용하는 가장 대중적인 기기는 스마트 워치와 밴드이지만 스마트 의류smart clothing도 의외로 우리에게 친숙하다. 국가대표 축구 경기가 끝난 후, 승리의 기쁨을 표현하는 스포츠 스타들이 입은 검은색 탱크톱을 본 적이 있는가? 이들이 착용한 탱크톱이 바로 스마트 의류다. 심박수·심전도·호흡 패턴 등을 생체 센서로 감지해 선수들의 움직임을 분석하고 훈련에 참고 자료로 활용한다.

스마트 의류란 전자 기기·센서·디스플레이 등의 기술을 옷과 결합한 형태다. 사용자의 생체 신호, 환경 데이터 등을 실시간으로 측정하고 분석하는 기능을 갖춘 의류를 통칭한다. 아직 높은 가격과 세탁의 어려움 때문에 일상생활에 완전히 자리잡지는 못했지만, 운동·헬스 케어·산업 안전·우주 항공 등의 분야에서 점점 활용도가 높아지고 있다.

데이터 브릿지 마켓 리서치Data Bridge Market Research의 2024년 발표에 따르면, 글로벌 스마트 의류 시장 규모는 2022년 26.2억 달러(USD 기준, 약 3조 8,000억 원)에서 2030년 203.5억 달러(USD 기준, 약 29조 5,000억 원)까지 연평균 성장률 26.7%를 보이며 성장할 것으로 예상된다.

캐나다 몬트리올에 본사를 둔 헥소스킨HEXOSKIN의 스마트 셔츠는 심전도·호흡률·수면 상태 등을 정밀하게 측정하여 착용자의 신체를 분석한다. 분석된 데이터는 전용 디바이스를 통해 스마트폰과 클라우드로 전송되며, 인공지능 분석을 통해 효율적으로 관리할 수 있도록 돕는다.

헥소스킨은 보다 다양한 사용자들의 목적에 부합하기 위해 다양한 시도를 하고 있다. 디지털 헬스 케어에 관심이 있는 일반인을 겨냥한 헥소스킨 스마트-프로 라인이 있고, 우주 비행사와 연구진 대상의 고사양 제품군인 아스트로스킨astroskin 라인이 있다. 이러한 세분화된 판매는 대중성과 브랜드 이미지 등에도 긍정적인 영향을 준다.

▶▶ 캐나다의 공공 의료와 디지털 헬스 케어의 혁신

캐나다는 정부 주도의 공공 의료 보험 시스템이 갖춰져 있지만, 긴 대기 시간으로 인해 디지털 헬스 케어가 발전한 나라 중 하나다. 캐나다에서 대면 병원 진료를 보기 위해서는 주로 예약 없이 방문하여 대기하거나 응급실을 방문해야 한다. 두 방식 모두 수시간의 대기가 필수적이다. 대기를 통해 일반 가정의를 만나 진료를 받더라도 전문의를 만나 MRI·CT·심장 초음파 등의 세부 전문의 진료를 받기 위해서는 소견서를 받아 최소 몇 주에서 길게는 몇 달까지도 예약을 기다려야

헥소스킨의 스마트 셔츠   출처: 헥소스킨

하는 상황이 일반적이다. 이러한 의료 실정으로 인해 캐나다에서는 화상으로 진료를 보거나, 스마트 웨어러블 기기를 통한 건강 관리가 널리 활용되고 있다.

핵소스킨의 스마트 셔츠를 활용하기 위해서는 셔츠, 전용 디바이스, 스마트기기 전용 어플리케이션 그리고 컴퓨터용 소프트웨어로 구성된 한 세트를 보유해야 한다. 스마트 셔츠는 남성용·여성용·아동용 세 종류로 구분되어 있다. 가격은 적게는 1,240캐나다달러(약 124만 원)에서 1,313캐나다달러(약 131만 원)로 책정되어 있다. 셔츠는 디바이스와 분리하여 기계 세탁이 가능하며, 1개의 디바이스에 여러 장의 셔츠를 연동해 세탁 시에도 끊김 없이 데이터를 측정할 수 있다.

▶▶ 맞춤형 피드백의 실현

이러한 스마트 셔츠가 일반적인 웨어러블 기기와 차별화되는 가장 큰 특징은 정확성이다. 기존의 스마트 워치의 경우 손목에서만 데이터를 측정하기 때문에 갑작스럽거나 큰 움직임에 의해 오차가 발생할 수 있다. 하지만 스마트 셔츠는 옷 자체에 센서가 내장되어 있어 신체의 여러 위치에서 보다 정확한 움직임과 변화를 감지할 수 있다. 이를 통해 프로 운동선수와 피트니스 애호가들은 운동 중 심박수 변화와 호흡 효율성을 실시간으로 분석하여 보다 효과적인 운동 루틴을 관리할 수 있다.

헥소스킨의 스마트 셔츠에는 비침습식 센서가 부착되어 있다. 때문에 사용자는 이 셔츠를 착용하기만 해도 심혈관·호흡 등 신체 활동과 관련한 총 70여 가지의 생체 데이터를 수집할 수 있다. 구체적으로 살펴보면 심혈관 관련 지표로는 분당 심박수heart rate · 심박 변이도heart rate variability · 심전도electrocardiogram 등이 있다. 호흡 관련 지표로는 분당 호흡률breathing rate · 호흡량tidal volume · 분당 환기량minute ventilation 등이 있다. 신체 활동 관련 지표로는 3축 가속도 데이터3-Axis Accelero-metry · 칼로리 소모량·움직임 분석·수면 자세·수면 주기 분석 등이 있다. 이렇게 측정된 데이터를 스마트폰과 컴퓨터에서 실시간으로 확인할 수 있다.

데이터 분석 및 축적뿐 아니라, 인공지능을 활용하여 사용자 맞춤형 피드백을 제공한다. 예를 들어 개인의 심박수·호흡수·활동량과 같은 생리학적 데이터를 수집하여 건강 상태, 피로도 등을 분석하고, 사용자가 얼마나 효율적으로 움직이고 있는지도 함께 분석해 개선이 필요한 부분을 제시해 준다. 특히 효율적인 피트니스 관리를 위하여 특정 운동을 할 때 사용자의 심박수 변화나 피로 회복 시간 등을 분석하여 최적의 운동 강도와 시간을 조절할 수 있도록 돕는다.

이러한 맞춤형 설루션은 건강에 관심이 높은 일반인뿐만 아니라 소방관·응급 구조사와 같은 초기 대응자first responders들의 안전과 효율성을 향상시키는 데에도 중요한 역할을 한다. 장시간의 구조 활동으로 인해 과도한 스트레스나 신체적 피로가 발생하면, 스마트 셔츠는 이를 감지하여 실시간으로 관리 센터 혹은 팀원들에게 사용자의 상태를 공유한다. 사람들은 이를 통해 혹시 모를 비상 상황을 대비할 수 있다. 또

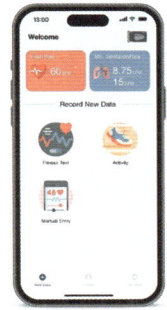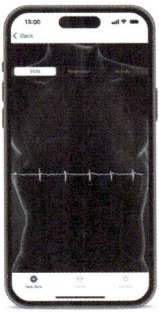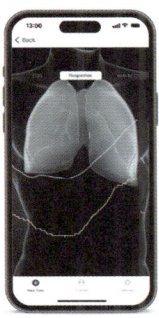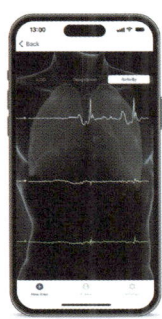

수집된 데이터를 확인할 수 있는 애플리케이션 화면   출처: 헥소스킨

한, GPS 기능을 통해 위치를 실시간으로 추적할 수 있어 복잡한 구조 작업·화재·재난 환경에서의 구조 활동 시 보다 효율적인 사고 대응이 가능하다.

또한 만성 질환을 앓는 환자들에게도 좋은 참고 수단이 된다. 심장 질환을 앓는 환자가 주기적인 병원 진료 외에도 본인의 심장 상태를 모니터링 하고 싶다면, 일상생활 중 스마트 셔츠를 착용하여 심박수와 심전도를 비롯한 주요 생체 데이터를 기록할 수 있다.

이를 통해 이상 징후가 감지될 경우 진료 시에 전문의에게 공유하여 보다 효율적인 치료 계획을 수립할 수 있다. 마찬가지로 불면증과 수면 무호흡증으로 고생하는 이들도 수면 클리닉과 병행하여 수면 심박수·호흡수·자세 등을 분석하여 수면 단계(얕은 수면-깊은 수면-REM 수면) 분석과 수면 효율성 관련 데이터를 관리할 수 있다.

다만, 헥소스킨의 스마트 셔츠는 미국 식품 의약국이나 유럽 의료 기기 인증CE Medical Device Regulation, CE MDR을 취득한 정식 의료 기기는 아닙니다. 따라서 연구 및 모니터링을 위한 보조 수단으로만 활용해야 한다.

▶ 우주 비행사의 건강을 지키는 스마트 셔츠

2019년 캐나다의 우주 비행사이자 의사인 다비드 생 자크David Saint-Jacques는 헥소스킨의 고사양 스마트 셔츠 아스트로스킨을 착용하고 우주로 향했다. 이는 우주 환경에서 발생할 수 있는 다양한 생리학적 변화를 실시간으로 모니터링 하기 위한 연구의 일환이었다. 다비드는 국제 우주 정거장에서 6개월 간의 미션을 수행하고 무사히 지구로 복귀했다.

아스트로스킨 스마트 셔츠는 헥소스킨의 일반 스마트 셔츠보다 한 단계 발전한 기기다. 셔츠·헤드밴드·디바이스로 구성되어 기존 생체 데이터를 더욱 정밀하게 측정하고, 체온과 혈압도 함께 측정한다.

다비드는 스마트 의류를 착용한 최초의 캐나다인 우주 비행사다. 그는 중력이 약한 우주 공간이 신체에 미치는 영향과 결과를 일상·운동·수면 상태 등 다양한 상황에서 수집했다. 수집된 정보는 전송시스템을 통해 실시간으로 지구로 보내졌다. 전문가들은 이를 분석하고 진단하면서 우주에 있는 우주 비행사의 건강 모니터링을 실시간으로 진행했다.

아스트로스킨이 2019년에 최초로 활용된 이후로는 20명이 넘는

국제 우주 정거장에서 아스트로스킨을 착용한 다비드 생 자크 출처: CSA/NASA

미국·캐나다·일본·UAE 등 다국적 우주 비행사들이 뒤를 이었다. 이들은 극미 중력microgravity 상태에서 건강 상태 임상 연구를 위해 아스트로스킨을 착용하고 국제 우주 정거장을 방문했다.

이러한 연구 데이터를 통해 효과를 입증한 헥소스킨은 2024년 캐나다 항공 우주국의 아르테미스 프로그램artemis program(21세기 달 탐사 계획의 일환인 루나 게이트 웨이lunar gateway, 달 우주 정거장) 의류 계약을 수주했다. 달로 향하는 우주 비행사들의 생체 데이터를 분석하여 전문 우주 비행사들의 건강 관리를 돕는 한편, 발전하고 있는 민간 우주 관광 산업에서도 스마트 셔츠는 활용되고 있다.

민간 우주여행 시대의 발전을 이끌고 있는 회사 버진 갤럭틱Virgin Galactic은 조종사 2명과 승객 4명이 탑승할 수 있는 VSS 유니티VSS Unity 우주선을 활용하여 총 7번의 상업 비행을 진행했다. 2023년 11월 2일 진행된 5번째 비행 갤럭틱 05Galactic 05에는 국제 우주 항공 과학 연구소International Institute for Astronautical Sciences, IIAS 소속의 우주 생리학자인 켈리에 제라디Kellie Gerardi가 승객으로 탑승했고 총 3가지의 생체 의학 실험을 수행했다. 이 실험에는 극미 중력 상태에서의 유체 형태를 예측하기 위한 실험, 우주 비행 중 인슐린 저항성을 연구하는 실험, 아스트로스킨 스마트 셔츠를 착용하고 민간 우주 상업 비행 중 변화하는 바이오 리듬 측정 실험이 포함되었다.

현재 버진 갤럭틱은 차세대 우주선인 델타 클래스delta class 우주선 제작에 집중하고 있다. 이르면 2026년 첫 상용 비행을 시작할 전망이다. 새 우주선은 평균 사흘에 한 번 6명의 승객과 함께 비행할 수 있어 기존 월 1회, 4명의 승객으로 비행할 수 있던 VSS 유니티 호에 비해 1회 우주 비용을 획기적으로 절감할 수 있는 엄청난 돌파구가 될 것으로 기대되고 있다.

이렇듯 민간 우주 비행 산업이 우리 곁에 한발짝 가까워짐에 따라 헥소스킨의 스마트 셔츠를 입고 일상생활은 물론 우주여행을 하는 미래 역시 멀지 않음을 예상해 볼 수 있다.

▶ 사물 인터넷 기술과 스마트 셔츠의 미래

현재까지 진행된 스마트 의류의 발전은 일상생활에서부터 우주에 이르기까지 다양한 분야에서 착용자의 안전과 건강에 기여하고 있다. 특히, 코로나-19 팬데믹 이후 디지털 헬스 케어에 대한 관심이 전 세계적으로 높아지면서 많은 국가들이 정책과 규제에 이를 반영하고 시장 선두주자로 나서기 위해 연구를 진행하고 있다.

빠른 속도로 발전하는 사물 인터넷 기술은 향후 스마트 의류의 발전과 확장에도 영향을 미칠 것이다. 단순한 생체 데이터 측정 및 진단을 넘어, 착용자의 패턴을 미리 예상하여 선제적으로 대응할 수 있다.

예를 들어, 스마트 셔츠가 착용자의 비정상적인 체온 상승을 감지한다면 감기를 예방하기 위해 스마트홈 시스템과 연동하여 집 안의 온도와 습도를 조절하고 예상 기상 시간에 맞춘 최적의 수면을 위해 집 안의 조명과 음향을 조절하여 수면의 질을 높이는 데 기여할 수 있다.

고강도 육체 노동자·소방관·응급 구조사와 같은 직업군의 산업 안전 증진에도 유의미한 변화를 이끌어 낼 수 있다. 무거운 물건을 옮기거나 장시간 이동해야 할 때, 첨단 섬유와 외골격exosuit 기반 기술이 접목된 스마트 의류를 입는다면 착용자의 근육을 보조 및 보호하고 신체 피로도도 최소화할 수 있을 것이기 때문이다. 실제로 미국 국방 고등 연구 계획국Defense Advanced Research Projects Agency, DARPA이 군사적인 목적으로 이를 연구하고 있다. 영화에서 본 아이언맨의 나노 수트nano suit의 기술이 하나둘 현실이 되고 있다고 기대해 보아도 좋을 것이다.

캐나다뿐 아니라, 전 세계적으로 스마트 의류에 대한 관심도가 높아지고 있다. 미국의 센소리아Sensoria와 같은 스마트 의류 전문 기업은 물론, 나이키Nike·아디다스Adidas 같은 스포츠 의류 기업도 센서를 부착한 스마트 의류를 출시하고 있다. 한국 역시 산학 연구진들과 아웃도어 브랜드가 함께 스마트 의류 개발에 박차를 가하고 있다.

한국은 전 국민 건강 보험 기반 보건 의료 체계를 갖추고 있고, 전자 의무 기록 시스템 보급률이 90% 이상에 이른다. 이를 인공지능·빅데이터 분석 등과 결합하면 글로벌 시장에서 충분히 경쟁력을 갖춘 스마트 의류를 개발할 수 있을 것이다. 이러한 잠재력에도 불구하고 개인 정보 보호법, 원격 진료에 대한 규제 등으로 인해 산업 발달 속도에 가속이 붙지는 못하고 있다. 하지만 2025년 2월 '디지털 의료 제품법'이 시행됨에 따라 우리나라의 우수한 스마트 웨어러블 기기들이 글로벌 스마트 웨어러블 기기 시장과의 격차를 빠르게 줄일 수 있을 것으로 기대하고 있다.

By 위이정
어릴 적 놀러 왔던 밴쿠버에 주재원으로 다시 와 보니 나는 그대로인 것 같은데 도시는 변했다. 어쩌면 나도 내가 모르는 새에 변했을까. 오로라는 아직 못 봤지만, 변화 속 작은 반짝임들을 매일 발견하는 일이 즐겁다.

시간은 없지만 노래는 부르고 싶어, 사비카라

도쿄

▶▶ 시간 대비 만족도 높이는 놀이 문화

도쿄의 평일 저녁, 회식에 참석한 직장인 야마다 씨는 동료들과 함께 2차로 노래방에 갔다. 노래방에 도착한 일행은 사비카라サビカラ를 선택해 15분 만에 20곡을 신나게 부르고 귀가했다.

도쿄에서는 노래방에서 노래 1곡을 처음부터 끝까지 부르는 대신 노래의 가장 하이라이트인 후렴구만 골라 부르는 사비카라가 Z세대를 중심으로 큰 인기를 끌고 있다. 이는 단순히 시간을 아끼기 위한 선택이 아니라, 시간 대비 만족도를 극대화하려는 타이파タイパ 문화의 일면을 보여 주는 트렌드다.

한국에서도 젊은층 사이에서 SNS를 통해 짧게 편집된 음악 콘텐츠가 유행하듯, 일본에서도 디지털 플랫폼의 확산과 함께 음악 소비 패턴이 빠르게 변화하고 있다. 과거에는 음반이나 라디오를 통해 1곡을 처음부터 끝까지 듣는 것이 일반적이었다. 그러나 이제는 틱톡·유튜브 쇼츠·인스타그램 릴스와 같은 숏폼 콘텐츠를 통해 노래의 하이라이트 부분만 접하는 경우가 늘고 있다. 사비카라는 이러한 시대 변화를 반영한 서비스로, 일본 노래방 문화의 새로운 지평을 열고 있다.

▶ 모두가 아는 그 부분만, 사비카라의 탄생

사비카라는 노래의 후렴구를 뜻하는 사비サビ와 가라오케カラオケ를 합친 말이다. 노래의 하이라이트 부분만 부르는 새로운 형태의 노래방 서비스다. 1곡당 짧게는 15초, 길어도 1분 정도의 자체 음원으로 제작되어 있으며, 현재 일본의 주요 노래방 기업 중 하나인 조이사운드JOY-SOUND에서 2025년 3월 기준, 662곡을 서비스하고 있다.

사비카라는 2021년 겨울, 코로나-19 팬데믹으로 많은 노래방 업계가 휴업하던 시기에 탄생했다. 사비카라를 개발한 주식회사 엑싱株式会社エクシング의 아키바 시게루 엔터테인먼트 전략 담당 실장은, 코로나로 인해 노래방에서 멀어진 사람들에게 마음껏 기분 좋게 노래하는 즐거움을 되찾아 주자는 취지로 이를 개발했다고 전했다. 누구나 쉽게 따라 부를 수 있는 후렴구와 인기 있는 구절만 골라 부름으로써 노래

방에 대한 진입 장벽을 낮췄고 소비자들의 라이프 스타일에도 변화를 주었다.

사비카라의 등장은 일본에서 혁신적인 변화로 평가받는다. 일본의 가라오케 문화는 1970년대 초반 처음 등장한 이래로 꾸준히 발전해 왔으나, 그 기본적인 형태는 크게 변하지 않았다. 노래방의 기술적인 발전은 주로 음질 향상·영상 효과 개선·채점 시스템 도입 등에 초점이 맞춰져 있었다. 사비카라는 노래를 부르는 방식 자체를 변화시켰다는 점에서 그 혁신성이 돋보인다.

사비카라는 팬데믹 이후 일상이 바뀐 많은 사람들의 라이프 스타일을 반영한 서비스다. 팬데믹 기간 동안 실내 활동과 단체 모임이 제한되면서, 많은 사람들이 디지털 콘텐츠 소비에 더 익숙해졌다. 짧은 영상과 음악 클립을 빠르게 소비하며 정보와 즐거움을 얻던 팬데믹 시대의 소비자 취향은 문화로 발전했다. 사비카라는 이러한 변화를 오프라인 노래방 경험으로 자연스럽게 연결시켰다.

▶▶ **틱톡 세대를 위한 노래방 문화**

사비카라가 특히 Z세대 사이에서 큰 인기를 끄는 이유는 미디어 소비 패턴과 밀접한 관련이 있다. 틱톡·유튜브 쇼츠 등을 통해 30초 내외의 짧은 영상이 널리 퍼지면서, 젊은 세대들은 곡 전체가 아닌 인상적인 후렴구 부분에 더 친숙함을 느끼게 되었다. 노래를 처음부터

젊은 세대들을 위한 맞춤형 노래방
출처: 주식회사 엑싱

끝까지 듣던 습관이 사라지고, 짧은 영상을 통해 처음 접한 곡이 마음에 들더라도 전체를 찾아 감상하지 않는 경향이 생겨난 것이다.

이러한 현상은 "후렴구밖에 몰라서 후렴구만 부른다"는 소비자층을 탄생시켰다. SNS에서 인기를 끄는 노래들은 대부분 후렴구 부분이 15~30초 정도로 편집되어 공유되는데, 이로 인해 많은 사람들이 노래 전체가 아닌 그 짧은 하이라이트 부분만 알게 된다. 사비카라는 이런 트렌드에 맞춰 노래의 가장 인기 있는 부분만 부를 수 있게 함으로써 소비자의 니즈를 충족시켰다.

멀티태스킹과 정보를 빠르고 간결하게 처리하는 생활이 익숙한 사람들에게 한 가지 활동을 오래 한다는 것은 효율적이지 못하거나 재미가 없는 것처럼 느껴질 수 있다. 사비카라는 이러한 지금 세대의 특성에 맞춰 짧은 시간 안에 다양한 노래를 경험할 수 있게 해 준다. 후렴구만 부름으로써 같은 시간 동안 더 많은 곡을 부를 수 있다.

"노래방 시간이 종료되기 직전까지 단 1분도 버리지 않고 노래하고 싶어서 사비카라를 선택했다.", "재미있어서 1시간 반 가까이 74곡을 연달아 불렀다"와 같은 소비자들의 반응은 사비카라가 극강의 효율과 재미를 제공한다는 사실을 유추하게 한다. "사비만 부를 수 있어서 평소에 노래를 부르지 않는 사람들도 소비를 하는 것 같다"는 언론의 반응은 사비카라가 가라오케의 문턱을 낮추는 역할을 하고 있음을 시사한다.

▶ 타이파 문화가 만들어 낸 새로운 소비 방식

사비카라의 인기는 일본에서 새로운 소비 트렌드가 된 타이파와 맞닿아 있다. 타이파는 시간 대비 성능タイムパフォーマンス, time performance의 줄임말이다. 투입한 시간 대비 얻는 만족도를 극대화하는 소비 방식을 의미한다. 이는 일본의 젊은 세대가 시간을 매우 중요한 자원으로 인식하고 있음을 보여 준다. 한국에서 가성비(가격 대비 성능)를 중시하는 문화가 확산된 것처럼 일본에서는 코스파コスパ(비용 대비 성능)가 유행했고, 지금은 타이파가 새로운 소비 가치로 부상하고 있다.

타이파 문화는 노래방에만 국한된 현상이 아니다. 일본의 젊은 세대는 음식점에서 기다리는 시간, 통근 시간, 엔터테인먼트 소비 시간 등 일상 전반에서 타이파를 추구한다. 예를 들어 책 1권을 10분 안에 알 수 있는 요약 서비스를 이용한다거나 대면 회의, 오프라인 세미나 대신 줌Zoom과 같은 웹 회의 도구 또는 웨비나를 수강해 시간·돈·노력을 절약하는 경향도 타이파 문화의 일부다. 이러한 맥락에서 사비카라는 노래방이라는 전통적인 엔터테인먼트 공간에 타이파 문화를 접목시킨 혁신적인 서비스로 볼 수 있다.

노래방 입장 직후 첫 곡을 고르기 전과 이용 시간 종료 전 10분 전후로 시간이 얼마 남지 않을 때 사비카라를 통해 '어떻게 하면 최대한 많이 부를 수 있을까'를 고민하는 소비자들의 모습은 타이파 문화의 전형을 보여 준다. 기분을 가장 잘 끌어올릴 수 있는 후렴구만 부름으로써 투입 시간 대비 더 높은 만족감을 추구하는 것이다.

시간이 얼마 남아 있지 않아도 부를 수 있는 사비카라　　　　　출처: 주식회사 엑싱

특히 주목할 점은 사비카라가 단순히 효율성만을 추구하는 것이 아니라, 노래방이라는 공간에서 사람들이 함께 즐기는 공동의 경험을 중시한다는 것이다. "인원이 많아도 짧은 시간 안에 분위기를 고조시킬 수 있는 것이 장점"이라는 이용자의 반응은 사비카라가 개인의 만족뿐만 아니라 집단의 즐거움을 높이는 데에도 기여함을 보여 준다.

▶▶ 레트로를 추구하는 시대

사비카라의 인기 차트를 분석해 보면 또 다른 흥미로운 점을 찾아볼 수 있다. 2024년 사비카라 인기 차트 상위 10곡 중 5곡이 2010년 이전에 발매된 곡들이다. 이에 대한 해석은 두 가지로 요약될 수 있다. 첫째는 사비카라가 Z세대뿐만 아니라 다양한 연령층에게 인기 있는 서비스라는 점이고, 둘째는 1980년대부터 2000년대 초까지의 패션·캐릭터·음악·애니메이션 등의 문화를 즐기는 헤이세이 레트로平成レトロ가 밀레니얼과 Z세대를 중심으로 인기를 얻고 있다는 것이다.

팬데믹을 기점으로 일반적인 노래방 이용이 줄어든 반면, 가족 단위의 이용 비율은 증가했다는 점에서 사비카라는 세대 간 음악적 공감대를 형성하는 플랫폼으로서의 역할을 하고 있다. 또한 1980년대부터 불던 일본의 고도 호황기에서 느껴지는 화려함·유복함·밝고 명랑함 등이 일종의 향수를 불러일으키며 디지털화와 감염병, 그리고 불경기 등을 보내는 Z세대에게 새로운 느낌으로 다가와 그 시절에 대한 갈망

2024년 사비카라 인기 차트

순위	곡명	아티스트명	곡 발매 년도
1	딱정벌레カブトムシ	아이코Aiko	1999
2	사우다지サウダージ	포르노그래피티Pornc Graffitti	2000
3	괴수의 꽃노래怪獣の花唄	바운디Vaundy	2020
4	푸름과 여름青と夏	미세스 그린 애플Mrs. GREEN APPLE	2018
5	마리골드マリーゴールド	아이몽あいみょん	2018
6	366일366日	HY	2008
7	가루눈粉雪	레미오로멘レミオロメン	2005
8	만찬가晩餐歌	츠키tuki	2023
9	Story	AI	2005
10	Bling-Bang-Bang-Born	크리피 넛츠Creepy Nuts	2024

출처: 주식회사 엑싱

을 불러 일으켰다.

2024년 사비카라 인기 차트 상위권에는 아이코의 〈딱정벌레〉, 포르노그래피티의 〈사우다지〉 등 일본의 스테디셀러 곡들이 자리하고 있다. 이 곡들은 특정 세대만이 아니라 폭넓은 연령대가 한 번쯤 들어 봤을 법한 노래들이다. 짧은 시간 안에 모두가 함께 즐길 수 있는 공감대를 형성하는 데 적합하다.

사비카라 인기 차트에서 1위를 차지한 아이코의 〈딱정벌레〉는 1999년 발매된 곡으로, 일본에서 오랫동안 사랑받아 온 스테디셀러다. 이 곡은 후렴구의 가사가 단순하고 반복적이며, 감정을 고조시키는 멜로디가 특징적이다.

이런 특성은 사비카라에 매우 적합한데, 가사를 잘 모르더라도 후렴구만 따라 부르기 쉽기 때문이다. 2위를 차지한 포르노그래피티의 〈사우다지〉도 비슷한 특성을 가지고 있다. 2001년 발매된 이 곡은 일본의 대표적인 록 발라드로, 가사를 모르더라도 강렬한 후렴구만 따라 부를 수 있다. 이처럼 사비카라 문화 안에서 인기를 끄는 곡들은 대부분 강렬한 후렴구와 쉽게 따라 부를 수 있는 멜로디를 특징으로 한다.

눈여겨볼 점은 2024년 일본에서 큰 인기를 끌었던 래퍼, 크리피 넛츠의 〈블링-뱅-뱅-본〉이 10위에 올랐다는 것이다. 이 곡은 랩 부분이 어려워 전체를 부르기에는 난이도가 높지만, 후렴구만 부를 수 있다는 점에서 노래에 대한 부담감을 낮춰 준 것으로 보인다. 이는 사비카라가 복잡한 노래도 접근성을 높여 준다는 것을 보여 주는 좋은 예다. 앞에서 살펴본 표는 일본의 사비카라 문화에서 가장 사랑받은 곡들이다.

▶▶ 기존 노래방 문화의 확장과 새로운 비즈니스 모델의 대두

주식회사 엑싱은 사비카라를 통해 노래방의 개념을 확장한다. 한 곡을 제대로 부르고 싶거나 채점 기능을 통해 고득점을 노리는 기존 이용자뿐 아니라, 가볍게 노래방을 즐기고 싶은 소비자층에게 다가갈 수 있는 콘텐츠를 제공함으로써 노래방의 저변을 넓히고 있다.

또한 '노래방은 노래만 부르는 곳'이라는 고정 관념을 벗어나 노래방의 새로운 활용 방안도 모색하고 있다. 노래방 안의 개별 공간은 영상-음향 시설이 잘 갖춰져 있고, 식음도 가능한 방음된 개인실 공간이라는 특성을 살려 음악 라이브 시청, 애니메이션, 영화, 코미디, 수수께끼 풀기 등 다양한 영상 콘텐츠도 제공하고 있다. 나아가 멀리 떨어져 있는 노래방끼리 연결해 원거리에 사는 친구나 가족이 함께 즐거운 시간을 보낼 수 있는 서비스도 사용할 수 있다.

이러한 새로운 시도들은 디지털 시대에 전통적인 엔터테인먼트 공간이 어떻게 변화하고 진화할 수 있는지를 보여 준다. 노래방은 더 이상 노래를 부르기 위한 장소가 아니라, 다양한 디지털 콘텐츠를 즐기는 복합 문화 공간으로 발전하고 있다. 사비카라는 이러한 변화의 중요한 한 축을 담당하면서 노래방 산업의 방향성을 제시하고 있다.

노래를 부르는 것 외에도 공연 등 엔터테인먼트를 즐기는 공간

출처: 주식회사 엑싱

TV 프로그램 기획에서도 사비카라가 활용되는 사례가 늘어나면서 인지도와 인기가 함께 상승하고 있다. 예능 프로그램에서 출연자들이 짧은 시간 내에 다양한 노래의 후렴구를 부르는 게임, 사비카라 인기 차트를 활용한 음악 프로그램 등이 등장한 것이다. 사비카라는 단순한 노래방 서비스를 넘어 대중문화의 한 현상으로 자리 잡았음을 알 수 있다.

▶▶ 변화하는 문화 소비 방식의 미래

디지털 시대의 소비자들은 이전 세대와는 다른 방식으로 콘텐츠를 경험하고 소비한다. 긴 앨범 전체를 감상하는 대신, 플레이리스트에서 마음에 드는 곡만 선택한다. 3시간짜리 영화보다는 30분짜리 에피소드로 구성된 웹 시리즈를 선호한다. 긴 소설보다는 짧은 웹소설·웹툰을 즐긴다. 콘텐츠 소비 패턴의 변화는 단순히 주의력 감소나 인내심 부족 때문이 아니라, 더 많은 경험과 다양성을 추구하는 새로운 문화적 가치관을 반영한다.

앞으로 사비카라와 같은 서비스는 더욱 다양한 형태로 발전할 가능성이 높다. 이미 인공지능 기술을 활용하여 사용자의 취향이나 음역대에 맞는 곡을 추천하거나 가상 현실, 증강 현실 기술을 접목시켜 아티스트와 함께 부르는 듯한 몰입감 있는 경험을 제공하는 등의 혁신이 이루어지고 있다. 메타버스 플랫폼과도 연계해 가상 공간에서 전 세계 사람들과 함께 즐거움을 공유하는 방향도 기대할 수 있다.

일본의 타이파 문화는 일본의 엔터테인먼트 산업 전반에 영향을 미쳐, 짧고 강렬한 경험을 제공하는 다양한 서비스들이 등장할 것으로 예상된다. 그렇기 때문에 전 세계적으로 짧은 콘텐츠를 다양하게 제공하고 이를 통합적으로 경험할 수 있는 플랫폼이 더욱 중요해질 것이다. 사비카라가 보여 준 것처럼, 기존의 콘텐츠를 새로운 방식으로 재구성하는 비즈니스가 주목받을 시대다. 새로운 가치를 창출할 수 있는 혁신적인 서비스가 미래 엔터테인먼트 산업의 성장 동력이 될 것이다.

By 김현재
글쓰기에 소질도 없고 두려움도 많지만 어쩌다 보니 도쿄 무역관에서 책상에 앉아 통계와 활자를 들여다 보는 일을 하고 있습니다. 어느새 무역관 부임 1년 차가 되는데요, 제가 이곳에 잘 뿌리내릴 수 있도록 도와주신 저희 조사팀 분들께 지면을 빌어 감사의 말씀을 전합니다.

15주년 기념 에필로그

'한국이 열광할 세계 트렌드'가 예측한 비즈니스 트렌드

    대한무역투자진흥공사(KOTRA)는 전 세계 131개 해외 무역관에서 발굴한 생생한 비즈니스 사례를 모아 2011년부터 '한국이 열광할 세계 트렌드' 시리즈를 발간해 왔다. 매년 현지에서 새롭게 부상하는 신선한 제품과 서비스, 비즈니스 모델을 발굴해, 이듬해 유행할 만한 키워드를 국내 독자들에게 소개해 온 결과 어느덧 해외 비즈니스 트렌드 부문 스테디셀러로 자리매김하고 있다.

    그러나 지난 15년간 급격한 기술 발전과 디지털 전환이 이뤄지면서 그간의 트렌드 발굴이 유효했는지 궁금해지는 것이 사실이다. 2012년부터 새로운 트렌드가 될 것이라고 소개했던 아이템 중 현재 일상에 자리 잡은 것들은 얼마나 될까? 이러한 궁금증을 해결하기 위해 2011년부터 2025년까지 발간된 '한국이 열광할 세계 트렌드' 시리즈 도서들을 살펴보며, 지난 15년간 변화와 트렌드 발굴의 유효성을 추적해 보았다. 이 중 현재 국내 시장에서 보편적으로 자리 잡은 12가지 트렌드를 추려 소개하고자 한다.

▶▶ 다채로운 취향의 등장
: 비건, 전자 담배·디카페인 커피(2012)

우유가 아닌 식물성 원료로 만든 비건 아이스크림·무알코올 맥주·전자 담배·디카페인 커피. 지금은 일상에서 흔히 볼 수 있는 익숙한 제품들이지만 불과 12년 전만 해도 국내 시장에서는 생소한 트렌드였다. 2010년대 초반은 소셜 미디어의 급성장과 함께 신선한 소비 트렌드가 폭발적으로 증가한 시기였다. 페이스북·인스타그램·유튜브와 같은 플랫폼은 단순한 소셜 네트워크 이상의 역할을 하며, 사진 공유와 개인 브랜딩이 일상화되었다. 미용·패션·취미 활동·기호식품 등 분야가 성장했고, "소셜미디어에 업로드할 만 한" 아이템이 주목받기 시작했다.

따라서 《2012 한국이 열광할 세계 트렌드》에서는 비건·전자 담배·디카페인 커피 등 새로운 소비 문화를 트렌드로 소개했다. 이들은 당시 국내에서 다소 생소한 소재였기에 책에서도 주로 미국·일본 등 선진 시장의 예를 들어 소개했지만, 이 중 대부분은 현재 보편적인 트렌드로 자리잡았다. 이제 비건 식당에서 점심을 먹고 디카페인 커피를 마신 후 전자 담배를 피우는 일상은 더 이상 놀라운 일이 아니다.

실제로 한국 채식 연합과 한국 농수산 식품 유통 공사(aT)에 따르면, 2022년 기준 우리나라 채식 인구는 150~200만 명으로 추산된다. 2023년 국내 식물성 대체육 시장 규모는 약 252억 원, 2025년에는 295억 원까지 약 17% 성장할 것으로 전망하고 있다. 전자 담배 또한 성장세가 가파르다. 한국 개발 연구원(KDI)에 따르면 궐련형 전자 담배의 판매량이 지속적으로 증가하여 2023년에는 전자 담배 판매 비중이 16.9%까지 상승했다. 2017년 2.2%였던 것과 대비하면 엄청난 성장이다. 디카페인 커피의 경우 2017년 스타벅스 코리아를 통해 도입된 후 2023년 2,110만 잔 판매를 기록하였다. 관세청 수출입 무역 통계에 따르면 디카페인 생두 및 원두 수입량은 2023년 6,521t에 달할 정도다.

▶▶ 덕질 문화
: 한류·오타쿠 문화·키덜트 마케팅(2012~14)

아이돌·애니메이션·게임·피규어 등을 좋아하는 일명 '오타쿠'에 대한 우리 사회의 관심은 2000년대 후반 본격적으로 생겨나기 시작하였다. 2010년대 초반 이러한 문화가 서브 컬처에서 새로운 트렌드로 부상하기 시작할 즈음,《2012 한국이 열광할 세계 트렌드》는 한류와 '오타쿠' 문화를,《2014 한국이 열광할 세계 트렌드》는 '키덜트' 마케팅을 소재로 하여 자신의 취향에 집중하는 이들의 소비 트렌드를 국내에 소개하였다. 당시에는 오타쿠와 키덜트라는 말조차 생소했기에 그 정의를 상세히 다뤘고, 다소 부정적인 시선을 타파하기 위해 그들의 경제 효과를 설명하기도 했다.

그리고 현재, 개성을 중시하고 취향을 파고드는 소비를 즐기는 세대의 등장으로 '덕질 문화'가 보편화되고 있다. BTS·블랙핑크·트와이스 등 케이팝 아이돌이 슈퍼볼 개최 장소인 미국 뉴저지의 메트라이프 스타디움에서 공연할 만큼 세계 시장에서 한국 대중문화의 영향력이 커지는 한편, 수도권 주요 백화점과 쇼핑몰에서 애니메이션 팝업 스토어 행사를 열고, 애니메이션 OST가 음원 차트 상위권을 차지하는 일이 종종 나타난다. 피규어를 전문으로 다루는 매장을 쉽게 찾아볼 수 있고, 해외 직구를 통해 피규어를 구입하는 키덜트족도 급증했다. 통계적으로도 유의미한 수치를 엿볼 수 있다. 세계 주요 음악 서비스 플랫폼 데이터를 합산한 지표인 서클 차트에 따르면 2023년 케이팝 음반 판매량은 1억 장을 돌파했고, 한국 콘텐츠 진흥원(KOCCA)에 따르면 2014년 약 5,000억 원 규모였던 국내 키덜트 시장은 2021년 1조 6,000억 원 규모로 성장, 향후 11조 원 규모까지 커질 것으로 예측된다.

▶▶ 패션의 변화
: 패스트 패션·럭셔리 의류(2012), 애슬레져(2015), 컨셔스 패션(2022)

《2012 한국이 열광할 세계 트렌드》에서는 패스트 패션과 럭셔리 의류를 주목했다. H&M·자라·유니클로·포에버21 등 SPA* 브랜드들이 빠른 생산과 유통을 통해 글로벌 시장을 장악해 가는 양상을 다뤘고, 럭셔리 방한 의류 캐나다 구스와 고가 요가복 브랜드 룰루 레몬도 소개했다. 지금은 국내 소비자에게 익숙한 이 브랜드들이, 당시엔 신흥 트렌드로 등장한 것이다.

국내에서도 무신사·지그재그 등 온라인 패션 플랫폼의 성장과 함께 옷의 소비 주기가 더욱 짧아지면서, 패스트 패션은 대중적 소비 패턴으로 정착했다. 시장 조사 업체 트렌드 리서치에 따르면 2023년 국내 패션 시장 규모는 47조 910억 원으로, 2012년 약 37조 원 대비 큰 폭의 성장을 보였다. 그러나 이 같은 성장은 동시에 생산과 폐기의 악순환을 동반한다는 점에서 주목할 필요가 있다.

럭셔리 의류 소비도 일상 속으로 스며들었다. 길거리에서도 명품 아이템을 쉽게 볼 수 있을 정도로 명품 소비는 더 이상 일부 계층의 전유물이 아니다. 케이팝 스타들이 글로벌 명품 브랜드의 앰버서더로 활동하면서, 청소년들까지 명품 가방이나 지갑을 구매하는 현상도 나타나고 있다. 실제로 2022년 기준 한국인의 1인당 명품 소비는 연간 325달러(약 40만 원)로, 세계 1위를 기록했다고 모건 스탠리는 발표했다.

이후 《2015 한국이 열광할 세계 트렌드》에서는 뉴욕 거리에서 본격적으로 시작된 애슬레저 트렌드를 소개했다. 자칫 어울리지 않을 것 같은 럭셔리한 상의에 레깅스를 입거나 하늘거리는 스커트에 운동화를

* Specialty store retailer of Private label Apparel, 제조 직매형 의류 전문점

신은 패셔너블한 뉴요커의 스타일이 소셜 미디어를 통해 유행하기 시작한 것이다. 애슬레저룩이 건강한 라이프 스타일을 반영하는 하나의 패션 코드로 자리 잡으면서, 액티브 웨어가 일상복으로 활용되기 시작했다. 국내에서도 애슬레저 트렌드가 빠르게 확산되어 지금은 스니커즈와 러닝화가 사람들의 일상복으로 자리 잡았다. 특히 편안함과 스타일을 동시에 추구하는 실용적 패션이 주목받으며, 정장 차림에도 캐주얼 아이템을 더하는 믹스 매치 스타일은 자연스러운 풍경이 되었다.

그리고 지난 몇 년 간, 패션 업계에서 주목받는 또 하나의 키워드는 컨셔스 패션conscious fashion이다. 환경 오염과 과잉 생산에 대한 반성에서 출발한 이 트렌드는 지속 가능성, 윤리적 소비라는 가치를 내세운다. 《2022 한국이 열광할 세계 트렌드》에서는 브뤼셀·스톡홀름·멜버른·댈러스에서 각각 업사이클링 의류, 탄소 포지티브 제품, 포용적 가치 등 다양한 형태로 컨셔스 패션이 구현된 사례를 소개하며, 현재 새로운 패션의 기준이 제시되고 있음을 보여 줬다.

▶ 창업 열풍
: 스타트업 액셀러레이터·크라우드 펀딩(2014)

2010년대 초반은 창업에 대한 관심이 높아진 시기였다. 은퇴 후 미래에 대한 불안, 직장 생활 스트레스에서의 탈피 욕구로 작은 상점부터, 벤처 기업까지 새로운 사업을 시작하는 이들이 증가한 것이다. 실제로 2013년 창업 관련 기사가 5만 6,000건에 달했고, 비즈니스 인큐베이터, 크라우드 펀딩 등 창업가들을 위한 지원 프로그램과 자본 조달 기법이 주목받기 시작했다. 따라서 《2014 한국이 열광할 세계 트렌드》에서는 당시로서는 생소한 용어였던 '스타트업'을 키워드로 하여 중국의 위탁 판매 형식의 미니 상점인 커즈디엔, 광저우의 의류 창업 트렌드, 실리콘 밸리 창업 환경, 스타트업 액셀러레이터 등 창업 관련 다양한 해외 트렌드를 발굴하여 소개했다. 특히 실리콘 밸리에 위치한 미국 최대 규모의 스타트업 액셀러레이터 기업인 Y 컴비네이터의 사례를 통해 창업 사관 학교, 기업가 네트워킹 프로그램 등 실리콘 밸리의 창업 환경을 상세히 알린 바 있다.

현재, 한국에도 스타트업 바람이 불어왔다. 중소 벤처 기업부에 따르면 2000년대 초반 제1벤처 붐 지표를 2배 이상 경신한 제2벤처 붐이 도래했다. 2012년 이후 신설 법인 수는 매년 역대 최고치를 경신하다가 2020년 12만 개를 돌파하였다. 벤처 투자 또한 2016년 이후 급등하여 매년 최고치를 경신했고 2019년 4조 원을 돌파했다. 창업 지원 프로그램도 과거 대비 크게 개선되었다. 2018년 이후 창업 기업에 대한 부담금 면제, 세제 부담 완화, 연대 보증 폐지 등 창업 정책 마련으로 국내 창업 생태계가 전보다 훨씬 역동적으로 변화하고 있다. 무신사·마켓컬리·토스·야놀자 등 기업들이 단기간에 기업 가치 10억 달러 이상의 유니콘 기업으로 성장한 것을 보면, 우리나라에서도 기업 가치 100억 달러 이상의 데카콘, 1,000억 달러 이상의 헥토콘 기업이 등장하는 것도 멀지 않아 보인다.

▶▶ 모바일 혁명
: 애플리케이션·플랫폼 경제(2016~22)

스마트폰 사용이 대중화되고 애플리케이션 개발이 가속화됨에 따라 2010년대 중반부터 온라인 쇼핑, 배달 애플리케이션 등 애플리케이션 기반 플랫폼 경제가 주목받았다. '한국이 열광할 세계 트렌드'는 2016년부터 온라인 쇼핑몰, 배달 애플리케이션, 직원 복지 플랫폼, 구직 플랫폼 등 플랫폼 경제는 물론, 모바일 결제, 현금 없는 결제 등 모바일 핀테크까지, 다양한 모바일 기반 비즈니스 모델을 소개했다. 대표적인 예로 배달 애플리케이션이 있다. 코트라는 미국 도미노피자가 자체 개발한 제로 클릭이라는 애플리케이션을 통해 간편하게 피자를 주문할 수 있는 법을 소개했다. 당시 책에 "만약 이러한 주문 방식이 보편화된다면, 직접 피자 가게에 전화를 걸어서 직원과 몇 분간 통화해 원하는 피자를 주문하던 시절의 이야기는 역사책에서나 볼 수 있는 우스갯거리로 취급될지 모르겠다"는 문장이 있는데, 그로부터 10년도 지나지 않은 지금 그 상상이 실현된 것이다.

현재 플랫폼 경제는 우리 일상을 주도하는 트렌드로 자리잡았다. 배달의 민족·쿠팡 등 플랫폼 기업의 약진으로 식료품·생필품·음식은 물론, 전자 제품 등 고가의 제품들까지 터치 몇 번만으로 하루 만에 받아 볼 수 있는 환경이 조성되었다. 또, 현금을 가지고 있지 않더라도 각종 페이 애플리케이션을 통해 현금 없는 결제가 가능하다. 실제로 애플리케이션 시장 분석 플랫폼 데이터에이아이에 따르면 2023년 한국의 모바일 애플리케이션 시장 규모는 78억 6,000만 달러(약 10조 3,700억 원)로 전 세계 4위를 차지하는 등, 통계적으로도 트렌드의 정착을 확인할 수 있다. 편리성과 속도를 중시하고, 새로운 것을 빠르게 받아들이는 한국 소비자의 특성을 활용해 단시간 내에 성장세를 이뤄 낸 것이다.

▶▶ 구루 마케팅
: 유튜버·인스타그래머(2017)

    2010년대 중반, 여러 소셜미디어 플랫폼의 경쟁이 시작되면서 소셜미디어도 각자의 특성을 살려 발전하기 시작했다. 사진을 기반으로 한 인스타그램, 영상을 기반으로 한 유튜브가 폭발적인 인기를 얻기 시작했다. 이에 따라 사진과 영상으로 자기 자신을 표현하고 여가 시간을 즐기려는 사람들이 늘어났다. 이러한 흐름 속에서 《2017 한국이 열광할 세계 트렌드》는 유튜버, 중국의 왕홍 개인 방송, 인스타그래머 등을 주요 세계 트렌드로 소개했다. 일본에서 등장한 '유튜버'라는 신조어를 소개하면서 앞으로는 이들이 광고 시장에서 핵심적인 역할을 할 것으로 예측한 바 있다.

    놀랍게도 이러한 예측은 몇 년 만에 현실이 되었다. 유튜버는 실제로 소비 시장의 주요 트렌드로 부상했다. 과학 기술 정보 통신부와 한국 전파 진흥 협회에 따르면, 2023년 한국의 디지털 크리에이터 미디어 산업 규모는 4조 1,254억 원에 달하며, 3만 5,375명이 유튜버 등 크리에이터 업계에 종사하고 있다. 이러한 유튜브 시장의 성장에 따라 유튜버들도 광고, 공중파 방송 등으로 활동 범위를 넓혀 가며 새로운 문화 권력으로 부상하였다. 2023년 발표된 국세청의 '1인 미디어 창작자 수입 현황'에 따르면 상위 1% 고수입 유튜버 342명의 연평균 소득이 7억 1,300만 원이라고 하니, 유튜버가 문화 트렌드로 확고히 자리 잡은 것은 명백해 보인다.

▶▶ 스마트한 재배
: 스마트 팜·스마트 온실·식물 공장(2012~18)

《2012 한국이 열광할 세계 트렌드》에서는 기술을 접목하여 작물과 가축의 생육 환경을 원격·자동으로 적정하게 유지 및 관리할 수 있는 농장, 즉 '스마트 팜'을 새로운 트렌드로 소개하였다. 당시에는 '시티 팜'이라는 이름으로 도심 한가운데서 공장형으로 식물을 재배하는 형태를 소개하였는데, 점차 그 형태가 발전하여 2018년에는 '플랜 테크'라는 키워드로 가정 재배·스마트 온실·식물 공장·옥상 농장 등 다양한 스마트 팜의 형태를 소개한 바 있다. 2012년 책에서 "사람들은 향후 자신들이 먹는 식물성 음식이 이러한 공장에서 나오는 것에 익숙해질 것"이라고 예측한 바 있는데, 실제로 최근에는 소비자가 직접 작물을 재배할 수 있는 기계까지 소매 시장에 등장하며 '스마트한 재배'는 익숙한 트렌드가 되었다.

스마트 팜은 단순한 산업 트렌드를 넘어 국내 농업의 문제를 해결할 수 있는 대안적인 모델로도 주목받고 있다. 이상 기후로 인해 농산물 수급 불안이 가중되고 농촌 고령화로 노동력 부족이 심화되면서, 효율적이고 안정적으로 작물을 재배할 수 있는 스마트 팜에 대한 관심이 높아진 것이다. 실제로 한국농수산식품유통공사(aT)에 따르면 국내 스마트 팜 시장 규모는 2025년 4억 9,000만 달러(6,860억 원)로 성장할 것으로 예상되고 있다. 또한 최근에는 인공지능·IoT·로봇 등 첨단 기술을 접목한 스마트 팜이 등장하고 있어, 앞으로도 스마트 팜의 발전은 계속될 전망이다.

▶▶ 반려동물
: 펫코노미·펫밀리·펫 헬스 테크(2017~19, 2022~24)

《2017 한국이 열광할 세계 트렌드》에서는 반려동물용 프리미엄 서비스를 세계 트렌드로 소개하였다. 반려동물을 위한 맥주·놀이방·스파·고급 미용실 사례를 통해 반려동물을 넘어 삶을 함께하는 자녀이자 동반자로 인식되는 사회적 변화를 소개했다. 펫밀리Petmily라는 새로운 가족 형태의 등장을 예고했다. 이후에도 펫코노미 관련 트렌드는 종종 등장했다. 반려견의 건강을 체크해 주는 스마트 워치, 반려동물 용품과 식품 구독 서비스 등 새로운 제품과 서비스가 만들어 내는 비즈니스 기회를 보여 줬다.

실제 국내에서도 반려동물을 유치원에 보내거나, 미용·호텔 등 종합 케어 서비스를 이용하는 경우가 늘어나고 있다. 반려견과 함께 여행할 수 있도록 옆 좌석에 태울 수 있는 항공권까지 등장했다. 이처럼 국내에서도 반려동물을 가족처럼 여기는 인식이 확산되고 있다. KB 경영 연구소가 발표한 자료에 따르면 2022년 기준 국내 반려동물 양육 가구는 약 552만 가구이며, 이 중 약 82%가 반려동물을 가족의 일원으로 여기는 것으로 나타났다. 이에 따라 산업 규모 역시 빠르게 성장 중이다. 농림 축산 식품부에 따르면, 2022년 한국의 반려동물 산업 시장 규모는 약 8.5조 원으로 추산되며, 2032년에는 약 21조 원에 이를 것으로 전망한다.

▶ 친환경
: 업사이클링·친환경 포장재·제로 웨이스트 상점·
친환경 플라스틱(2016~24)

2015년은 제21차 유엔 기후 변화 협약 당사국 총회에서 체결된 파리 협정, 같은 해 유엔 총회에서 채택된 지속 가능한 발전 목표SDGs, Sustainable Development Goals 등 지속 가능성에 관한 국제적 합의가 활발히 이루어진 해였다. 환경 보호에 대한 국제 사회의 목소리로 시작된 친환경 트렌드는, 팬데믹 이후 기후 변화와 생물 다양성에 대한 논의가 증가하면서 ESG 담론이 등장하자 물살을 타기 시작했다. 이에 《한국이 열광할 세계 트렌드》도 2016년부터 지금까지 업사이클링·제로 웨이스트 상점·태양광 발전·친환경 플라스틱·친환경 콘크리트 등 친환경 관련 키워드를 꾸준히 소개해 왔다. 초기에는 재활용·순환 경제 등에 초점을 맞춰 트렌드가 형성되었으나, 갈수록 신재생에너지, 친환경 소재 등으로 트렌드가 심화되는 것을 확인할 수 있었다.

사실 친환경 트렌드는 아직 현재 진행형으로, 우리나라에서는 주로 소비 분야를 중심으로 친환경 전환이 이루어지고 있다. 예를 들어, 친환경 포장이나 제로 웨이스트 제품 등 친환경 제품에 대한 소비가 크게 증가하고 있다. 한국 소비자원에 따르면 친환경 관련 소비 시장 규모는 2010년 16조 원에서 2020년 30조 원으로 2배 가까이 성장했다. 그러나 최근 친환경 전환이 소비 부문을 넘어 지속 가능한 생산, 제조업의 저탄소 전환 등을 통해 산업 부문에서도 빠르게 진행되고 있는 만큼, 친환경 산업 트렌드도 지속 발굴할 필요가 있다.

▶ 웰니스

: 디톡스(2017), 웰빙 집콕 라이프(2021), 마음 케어(2022)

《2017 한국이 열광할 세계 트렌드》에서는 바쁜 일상 속 스트레스로 인한 만성 질환과 정신적 피로를 해소하는 방법으로 '디톡스' 트렌드에 주목했다. 점심시간마다 사무실 근처 피트니스 센터를 찾는 독일 직장인들, 홍콩의 낮잠 카페, 미국 기업들이 출시한 수면의 질을 높여 주는 다양한 기기들. 이후 웨어러블과 헬스 케어 애플리케이션이 대중화되면서 시공간 제약 없이 자신의 건강 상태를 실시간으로 확인하고 관리할 수 있게 되었다.

2021년에는 팬데믹으로 집에 머무는 시간이 늘어나면서 웰빙 집콕 라이프가 새로운 건강 트렌드로 부상했다.《2021 한국이 열광할 세계 트렌드》에서는 프랑스 기업의 스마트 워치를 그 대표 사례로 소개했는데, 이 제품은 수면 중 신체 데이터를 수집해 수면 무호흡증을 감지한다. 이처럼 웨어러블 기기를 활용한 슬립 테크 기술 덕분에 언제 어디서든 자신의 수면 상태를 손쉽게 모니터링할 수 있게 되었다. 슬립 테크는 건강 관리를 위한 필수 기술로 자리잡고 있다. 실제 한국에서도 수면 부족 국가라는 인식과 맞물려 관련 산업이 빠르게 확장 중이다. 한국 수면 산업 협회에 따르면, 국내 수면 시장 규모는 2022년 약 3조 원에 이른 것으로 추정된다.

2022년에는 웰니스의 중심이 신체에서 정신으로 이동하면서 마음 케어가 핵심 트렌드 키워드로 떠올랐다. 심리 치료 챗봇 서비스, 명상을 돕는 웨어러블 기기, 뇌 활동에 도움을 주는 음료와 같은 새로운 웰니스 제품과 서비스 사례들을 소개했다. 이처럼 '한국이 열광할 세계 트렌드' 시리즈에서 소개된 다양한 건강 트렌드는 모두 기술 발전과 더불어 개인 중심의 건강 관리라는 공통된 흐름 속에 놓여 있다.

▶ 실버 산업
: 액티브 시니어(2020)

　노년층은 주로 보호와 돌봄의 대상으로 보았다. 하지만 이제는 시니어들도 적극적으로 사회와 일상에 참여해, 액티브 시니어라는 새로운 소비 주체로 부상하고 있다.《2020 한국이 열광할 세계 트렌드》에서는 실버 산업이 질병 치료와 캐어뿐만 아니라 건강하고 활력 있는 노후를 추구하는 시니어를 위한 제품과 서비스로 확대되고 있음을 조명했다.

　실제 일본 도쿄에서는 액티브 시니어를 겨냥한 프리미엄 기저귀, 맞춤형 건강 보조 식품, 생활 맞춤형 가전뿐만 아니라 쇼핑몰 내에서 운동·식사·쇼핑·문화 활동을 모두 경험하는 시니어 체험 소비가 뜨고 있다. 이러한 흐름은 시니어들의 적극적인 사회 활동을 기반으로, 건강과 여가를 위한 소비와 체험이 중요해지고 있음을 보여 준다. 실버 세대가 더 이상 '보호의 대상'이 아닌, 어쩌면 새로운 시장의 중심축으로 자리잡을 수 있을 것이다.

　통계청에 따르면 우리나라 2차 베이비붐 세대(64~74년생)는 약 954만 명으로 전체 인구 대비 18.6%를 차지한다. 2차 베이비 부머는 1980~90년대 경제 성장 덕분에 이전 세대에 비해 교육과 IT 활용 수준이 높은 편이다. 자기계발·문화·스포츠 등 다양한 활동도 즐긴다. 이러한 특성을 고려할 때, 향후에도 활발한 사회 활동과 여가 생활을 향유하고, 디지털 기기나 IT 기술을 적극적으로 활용할 가능성이 크다.

한국 보건 산업 진흥원에 따르면, 2030년에는 한국 실버 산업 규모가 168조 원으로 성장할 것으로 전망하고 있다.

▶ 로보틱스
: 로봇 식당·로봇 점원·방역 로봇·건설 로봇(2014~24)

로봇은 '한국이 열광할 세계 트렌드'에서 가장 꾸준히 다뤄 왔던 소재이다. 2014년 '로봇'을 하나의 소주제로 하여 교육용 로봇·로봇 식당·커뮤니케이션 로봇 등을 다룬 이후, 2015년 일본 로봇 시장, 2017년 인공지능 로봇, 로봇 점원, 2018년 웨어러블 로봇, 간호 로봇, 노인 돌봄 로봇, 2019년 택배 배달 로봇, 2021년 방역 로봇, 경비 로봇, 2022년 반려 로봇, 인공지능 해양 정화 로봇, 2023년 조리 로봇, 휴머노이드 로봇, 2024년 움직이는 가구 로봇, 자폐 아동 돌봄 로봇, 건설 로봇 등 다양한 종류의 로봇을 국내에 소개해 왔다.

로봇은 첨단 기술의 꽃으로서 10년 이상 대중의 많은 관심과 기대를 받아 왔으나, 상용화에는 비교적 오랜 시간이 걸린 것이 사실이다. 제조 공장에서 협동 로봇과 산업용 로봇을 도입하여 제조 혁신을 가속화하고 있지만, 실제로 소비자들이 변화를 체감할 수 있는 가정용·서비스용 로봇, 인간을 대체할 수 있는 휴머노이드 로봇은 아직까지 상용화가 더딘 편이다. 다만 최근 국내에서도 서빙 로봇을 활용하여 홀서빙을 하거나, 로봇이 치킨을 튀겨 제공하는 식당이 등장하고 있어 점점 로봇 상용화에 대한 기대가 높아지고 있다.

통계적으로도 로봇 산업은 성장세다. 산업 통상 자원부·한국 로봇 산업 진흥원·한국 로봇 산업 협회가 공동 실시한 '2022년 로봇 산업 실태 조사'에 따르면 2022년 로봇 산업 매출은 전년 대비 5.1% 증가한 5조 8,933원을 기록했다. 이러한 추세라면 5년 후에는 실제로 가정과 매장에서 인간과 어울려 살아가는 로봇을 볼 수 있지 않을까 기대해 본다.

코트라는 해외 현장에서 직접 취재한 데이터를 기반으로 각 산업에서 발생하는 변화를 추적하고, 그 변화가 일상과 비즈니스에 어떠한 영향을 미치는지에 대한 통찰을 제공하고자 했다. 그 결과 '한국이 열광할 세계 트렌드' 시리즈는 지난 15년 동안 독자들이 급변하는 세계 비즈니스 흐름을 이해하고 선견지명을 기르는 데 중요한 지침이 됐다.

올해에는 2026년 트렌드 키워드 발굴을 위해 산업을 10개(제조·IT·환경·모빌리티·의료·소비·문화·공공 서비스·인프라 등) 대분류로 나누고, 그 아래 60개의 소분류를 통해 각 분야의 주요 키워드, 비즈니스 사례와 동향을 종합적으로 분석했다. 이를 위해 전 세계 131개 무역관에서 조사한 1,300개 이상의 키워드를 바탕으로 현재 부상하는 세계 비즈니스 흐름을 포착할 수 있었다. 세계 각국에서 각 산업이 어떤 방식으로 진화하고, 변화가 어디로 향하고 있는지를 보여 주기 위한 시도였다.

《2026년 한국이 열광할 세계 트렌드》에서는 기술 트렌드가 대전환 시대를 이끄는 중심축이 되고 있는 것을 확인할 수 있다. 기존 산업과 혁신 기술이 융합하고 인공지능의 발전은 로봇 기술의 가속화를 이끌고 있으며, 인간과 기계가 협업해 만들어 가는 미래가 우리 코앞에 다가왔음을 실감할 수 있다. 기존의 비즈니스 모델에 혁신 기술이 더해져 새로운 가치를 창출하는 방식으로 비즈니스가 재정의되고 있다.

올해에도 코트라가 엄선한 2026년의 트렌드가 독자들이 다가오는 미래를 준비하는 데 중요한 지침이 되기를 바라며, 앞으로도 현장 취재와 예리한 분석을 통해 새로운 트렌드를 지속적으로 발굴하고 제공할 수 있도록 노력할 것이다.

KOTRA 무역투자연구센터

2026 한국이 열광할 세계 트렌드

초판 1쇄 발행일 2025년 9월 5일
초판 5쇄 발행일 2025년 9월 22일

지은이 KOTRA

발행인 조윤성

편집 구민준 **디자인** 김효정 **마케팅** 박주미
발행처 ㈜SIGONGSA **주소** 서울시 성동구 광나루로 172 린하우스 4층(우편번호 04791)
대표전화 02-3486-6877 **팩스(주문)** 02-598-4245
홈페이지 www.sigongsa.com / www.sigongjunior.com

글 ⓒ KOTRA, 2025

이 책의 출판권은 ㈜SIGONGSA에 있습니다. 저작권법에 의해
한국 내에서 보호받는 저작물이므로 무단 전재와 무단 복제를 금합니다.

ISBN 979-11-7125-851-2 (03320)

*SIGONGSA는 시공간을 넘는 무한한 콘텐츠 세상을 만듭니다.
*SIGONGSA는 더 나은 내일을 함께 만들 여러분의 소중한 의견을 기다립니다.
*잘못 만들어진 책은 구입하신 곳에서 바꾸어드립니다.

WEPUB 원스톱 출판 투고 플랫폼 '위펍' _wepub.kr
위펍은 다양한 콘텐츠 발굴과 확장의 기회를 높여주는
SIGONGSA의 출판IP 투고·매칭 플랫폼입니다.